经典精益管理译丛

世界级运营管理

全球知名企业 WCOM 案例与模型

［意］卡罗·巴隆切利 （Carlo Baroncelli） 诺拉·巴莱里奥 （Noela Ballerio）	主编
埃非索	组译
聂　昕　彭新国　王丽君　周鸿良 高　洁　金　晶　王利萍	译

机械工业出版社

本书是埃非索咨询公司众多咨询师多年来运营管理工作的实践经验分享。书中内容所涉范围广泛，包括世界级创新、世界级采购、世界级供应链、世界级制造、世界级业务流程、世界级增长、世界级可持续等多个方面。

　　本书通过对世界著名企业贝勒、毕玛时、欧莱雅、圣戈班、利乐的案例分享，拆解了 WCOM™ 模型，详细介绍了 WCOM™ 理念在研发、采购、供应链与人员动力等方面的影响与作用。鉴于数字化是未来发展的趋势，本书经授权在原书英文版本的基础上增加了数字化章节的内容，详细介绍了数字化的历史发展与技术、价值核心，并将数字化的发展与 WCOM™ 理念相结合，使埃非索 WCOM™ 运营管理思想更加完善。

　　本书可供企业运营人员、管理人员、精益推进与改善人员使用，也可供需要系统了解运营管理的人员阅读。

First published in English under the title
WCOM (World Class Operations Management)：Why You Need More Than Lean
edited by Carlo Baroncelli and Noela Ballerio，edition：1
Copyright © Springer International Publishing Switzerland，2016 *
This edition has been translated and published under licence from
Springer Nature Switzerland AG.
北京市版权局著作权合同登记号：图字 01-2021-4230 号。

图书在版编目（CIP）数据

世界级运营管理：全球知名企业 WCOM 案例与模型/（意）卡罗·巴隆切利，（意）诺拉·巴莱里奥主编；埃非索组译；聂昕等译. —北京：机械工业出版社，2022.9
（经典精益管理译丛）
书名原文：WCOM（World Class Operations Management）：Why You Need More Than Lean
ISBN 978- 7- 111-71445- 3

Ⅰ.①世… Ⅱ.①卡…②诺…③埃…④聂… Ⅲ.①企业经营管理-案例-世界 Ⅳ.①F279.1

中国版本图书馆 CIP 数据核字（2022）第 150688 号

机械工业出版社（北京市百万庄大街 22 号　邮政编码 100037）
策划编辑：孔　劲　　　　　责任编辑：孔　劲　李含杨
责任校对：薄萌钰　李　婷　　封面设计：鞠　杨
责任印制：张　博
北京华联印刷有限公司印刷
2023 年 1 月第 1 版第 1 次印刷
169mm×239mm · 16. 75 印张 · 2 插页 · 311 千字
标准书号：ISBN 978- 7- 111-71445- 3
定价：119. 00 元

电话服务　　　　　　　　　网络服务
客服电话：010- 88361066　　机 工 官 网：www.cmpbook.com
　　　　　010- 88379833　　机 工 官 博：weibo.com/cmp1952
　　　　　010- 68326294　　金 书 网：www.golden-book.com
封底无防伪标均为盗版　　机工教育服务网：www.cmpedu.com

推荐序一

2018 年底，我在玛氏上海松江工厂参与聆听埃非索（EFESO）北美公司陈干图（Konto Chan）先生的辅导。我们的话题包括如何在薄荷糖包装车间实现一线员工团队的自主管理、世界级生产运营的愿景，以及如何在公司生产部门以外的部门推进世界级运营。他提到埃非索公司编撰的一本书，对我们讨论的话题很有帮助。2019 年春节刚过，我就拿到了 WCOM（*World Class Operations Management*）：*Why You Need More Than Lean* 这本封面通红的英文原版书。

我自 1992 年大学管理系毕业就加入了宝洁广州黄埔工厂，一直从事生产和供应链相关的管理工作。我在车间现场参与首次深度清洁时，看到自己负责管理的生产线上干涸的洗发露和链轮润滑油脂黏结在一起；在分析生产线设备零件故障时，我将直接原因当成根本原因，因而受到了公司总部高级顾问的辅导；在我参加高绩效团队管理培训回来后，我的上级经理在她整洁的办公室里问我"为什么尊重一线员工很重要？"；后来，我在天津西青工厂参与全球和亚太区上级经理和世界级运营专家对工厂运营管理的现场评估和讨论；在广州中国区总部和客户服务及供应计划的同事们一起细分我们的产品组合，提升数据的颗粒度和改进计划落实的及时性，利用解决问题的工具来提升我们各个产品组合的订单满足率。这些场景至今历历在目。

对工厂生产运营一线的同事们来说，通过世界级运营的学习和实践，我们在一分钟生产 600 颗碱性电池的高速全自动生产线上，实现了 60 分钟不停机生产；在一分钟生产 1800 片的片状口香糖生产线上，实现了 45 分钟不停机生产。我们一线的同事们不再在生产线上疲于奔命，而是通过学习、实践、交流和总结，成为设备负责人和工艺工程师，成为生产运营管理工具和流程的负责人，提升了自己的成就感、自豪感和对公司的认同感与归属感。同时，生产运营一线过程指标的改进，降低了生产成本和生产安全事故率，提升了车间的劳动生产率和生产质量，也提升了公司新产品在生产线试产和投产的速度与产能。

生产运营管理，是公司运营管理的核心和基础。运营管理，从基础级运营成熟度提升到可靠级，再到高效率级和供应链同步整合级，任重道远。每个公司都有自己的风格和不同名称的运营管理体系。关于世界级运营，关于卓越运营，关于精益生产和精益管理，线上公众号的工具和框架，实体书店里的书籍，林林总总。

我在 2019 年曾阅读过本书英文版的部分章节；在 2020 年上半年，我从头到尾仔细阅读了这本书。它有以下几个特点。

首先，这是一本由 18 位作者共同撰写而成的大作。他们来自不同行业、不同职业，但对世界级运营管理有着相同的激情和丰富的实践经验。其中有从业超过 30 年的管理顾问公司的副总裁，有跨国集团推进世界级运营的副总裁和总经理，也有供应链和运营管理的教授。

其次，这本书的第 1 部分"WCOM™案例与最佳实践"特别引人入胜。5 家来自不同行业的世界级运营管理的实践者以问答的形式，针对一些具体和相同的问题分享他们的真知灼见，包括为什么要启动世界级运营管理这个项目，碰到过什么障碍，如何处理操作人员和中层管理人员的关系，在项目开始时遇到过什么困难，有什么事情在事后来回顾时发现可以做到不一样，对其他准备启动这个项目的人有什么建议。

第三，这本书的第 2 部分"WCOM™模型"内容严谨，有深度和高度。模型从业务需求和损失出发，强调对"零损失、零事故、零缺陷"的追求，强调全员参与，以及对基层员工的尊重和激发。从为什么和目的出发，从损失分析和优先级着手，推进世界级管理的策略重点和资源落实。同时，把追求零损失这一持久的旅程，分为 3 个阶段，一步一步，稳扎稳打，容易理解，操作性强。

第四，这本书内容全面，从世界级运营模式的愿景和规划，到落实和总结；所分享的案例涉及多个行业；涵盖了公司从生产制造、研究开发，到供应链、采购和业务流程管理的所有部门；第 3 部分"人员部分"，包含如何引领变革和展示领导力的行为，如何分解目标和指标，如何聚焦一线员工可以直接控制行动指标，以及基于 10 个基本原则的系统工具结果的新乡模型和起源于美国在第二次世界大战期间的业内训练（也称一线主管技能培训）。

最后，这本书还有一个特色，就是它有很多直观简要、通俗易懂的图表。这些图表有各种类型和作用，包含对具体步骤的分解和罗列，对复杂概念的简单描画和提炼，对各个要素复杂关系的直观描述和解析，以及对不同理念的对比。因此，我们也可以通过书中的图表来阅读和理解书中所要表述的主要内容。

这本书适合不同的群体，包括公司运营管理团队，公司运营管理提升专家，管理咨询公司的合伙人和咨询师，学校和其他机构运营管理的学习者、研究者和实践者。这本书对生产运营、供应链运营、研究开发、采购、工程、人力资源、财务部门，以及有兴趣了解运营管理的公司高层管理团队来说，都是很好的资料。

管理学论点和管理实践不断推陈出新，企业和运营管理的情景极致多元化。这些情景的要素，大到包括国际政治和经济动态、企业所属产业和竞争特性、企业对产品系列在生命曲线上的认知、企业的增长和创新策略，小到包括企业实际控制人和核心团队的领导风格、中层管理人员对高效的管理思维和工具的学习积累的能力，以及基层员工的动力和对各级管理人员的信任和尊重。

不管你是哪一层级的运营管理人员，或运营管理提升的技术骨干，都可以思考以下3个层面的问题：

首先，在目的和目标层面，公司的增长策略是什么？运营团队如何助力公司实现业务成功？基于分析和调查，我们应该聚焦哪几个关键的，并且是我们可以影响控制的绩效目标和能力目标？如何在各种沟通场景下，分享自己在运营管理提升上的信念和故事？

其次，我们可预期的回报是什么？需要投入什么样的资源？谁来负责推进我们提升关键指标的路线图？为了实现这个路线图，我们需要什么能力建设，包括如何寻找损失，分析和消除损失？我们如何在消除损失和解决问题的过程中，不断建立标准和改进标准？作为一名管理人员或技术骨干，本人应如何以身作则，学习实践和辅导一个运营管理提升的工具或流程？

最后，我们如何维持问题解决后的成效？如何在班前会和运营例会上管理绩效偏差，及时辅导和解决问题？如何建立跨部门和跨工厂的学习交流平台，以加速运营管理业绩和能力的提升？

埃非索中国公司积极组织人力和其他资源翻译出版 *WCOM（World Class Operations Management）：Why You Need More Than Lean* 的中文版。这本书内容细致，作者背景各异，专业用语和特殊词汇繁多；翻译出版这本书，实属不易。我曾经托人在国外买过这本书给我的朋友，费时费钱，实在太不精益。这让我想起在20多年前，指导我们工厂运营管理的高级顾问曾经推荐的一本书，书名为《加工制造业的TPM》（*TPM In Process Industries*），我当初曾托人从国外购买学习，收获颇丰，后来也推荐给了有志于系统学习TPM的朋友；那本书，国内不见中文版，令人遗憾。今天，我看到这本《世界级运营管理——全球知名企业WCOM案例与模型》如此系统和经典的书即将出现在读者面前，特别欣慰。我预期读者们和我一样，会认同这是一本值得阅读、实践和收藏的好书。

世界级运营管理，从公司发展层级来说，可助力公司长远战略和中短期经营目标的实现；从生产运营层级来说，是对产品质量和过程控制零缺陷的追求，是对工序和作业损失的分析和消除，也是对产能瓶颈和新产品开发交付时间瓶颈的释放，是持久的、可延续的和累积的；对所有参与世界级运营管理的基层员工和各级管理人员能力和思维模式的改变，是系统的和全面的。

世界级运营管理的框架已经得到持久和广泛的检验，是值得大家推广和推进的。让我们从公司的业务需求出发，学习、思考、实践、交流、总结和积累，提升运营和公司长远发展所需要的优势，为公司的基业长青做出我们的贡献。

陈敏（Martin Chen）
玛氏箭牌供应及生产运营原副总裁

推荐序二

当今世界，我们正处在一个技术变革、数字便利和不确定性干扰因素增强从而导致变革速度不断加快的时代，许多曾经让人感到舒适的常量演变成了变量，曾经可以预测的东西变得难以预测，在领导和管理工作中传统的模式也因此受到严峻的挑战。在组织尤其是在大型组织中，管理艺术再也不是简单地将管理理念和要求自上而下地传递给运营人员让其执行就可以了。运营管理的关键挑战来自于如何将组织的各级人员打造成组织能力适应变化的积极能量来源，从而为整体的卓越运营创造自治的体系和条件，使员工自发地接受赋能，并积极投身到为达到卓越运营而建立的系统之中。WCM 就是这样一个能够赋能和助推可持续卓越运营绩效的务实体系。掌握并运用这个体系来提升组织的核心竞争力变得比以往任何时候都迫切。

我最早接触 WCM 是在 2005 年。当年在全球排名第一的拥有 80 多家石膏板工厂的 British Plaster Board（BPB，英国石膏板）公司被我所在的公司法国圣戈班集团（一家超过 360 年历史，2019 年销售额达 426 亿欧元，有 17 万名员工，在 68 个国家开展业务，拥有超过 1200 家工厂的大型工业集团）收购。我在参观其位于上海浦东的石膏板制造工厂时，被其集 TPM 精益和六西格玛等思维于一体的［具体包含安全健康、环境保护、客户服务、专项改进、自主性维护（AM）、专业维护（PM）、早期设备管理、全员质量管理、人员发展和成本降低十大支柱］WCM 系统所震撼。当我看到 WCM 作战室满屋子的支柱展板和各种可视化图表时，感到既新鲜又好奇，在参观完其现场和听完绩效汇报后，顿时耳目一新。基于 2005 年 BPB 业务推行 WCM 的良好示范作用，随后在 2006 年，圣戈班集团决定与埃非索公司合作，在所有工业部门推进 WCM，并将集团 WCM 结构定义为基础和支柱两部分，基础部分包含标准化、5S、自主和可视化管理、焦点改善、全员参与、价值流分析和成本分解；支柱部分包括健康和安全、环境和财损预防、可靠性、工业效率、质量过程控制、客户聚焦和服务、人员发展、创新发展八大支柱。最有意思的是，当时圣戈班在工业运营方面奉行的是去中心化的策略，因此在集团层面没有设立全球工业总监和运营总监的岗位。起初，WCM 项目是由集团环境健康安全总监（一位资深的负责过一个业务综合管理的人员）负责成立一个指导委员会，并负责该项目的总体协调和管理，而这也间接促成了非常有特色的圣戈班的 WCM 模型：任何改善项目都必须同时提交两个结果，一个是由财务人员验收确认的以财务货币计量的损失减少值，一个是由 EHS 经理确认验收的基于安全健康风险的风险消除和风险分数降低值。也就是说，任何支柱和小组在项目过程中都必须同时将该项目涉及的区域风险、设备风险、活动中的职业健康风险和安全风险消除或降低，这绝对可以称为圣戈班集团在 WCM 中的一个创举。

我从 2009 年开始担任圣戈班亚太区（辖 12 个国家和地区 102 家工厂）EHS 总监，并在之后先后兼任亚太区 WCM 总监、财损预防和智能制造 4.0 项目负责人。在这些年中，我既见证了集团最早的两家 WCM 金牌工厂（两家圣戈班韩国汽车玻璃制造工厂）、中国区首家 WCM 银牌工厂（位于上海闵行的汽车玻璃制造工厂，它为包括特斯拉在内的世界一流品牌汽车提供高品质汽车安全玻璃）、位于泰国的生产石膏板的 WCM 银牌认证工厂和其他 10 家 WCM 铜牌认证工厂的诞生，也被因管理人员的变动和由于工作放松而造成系统绩效下滑，从而导致个别铜牌工厂摘牌的情景所触动。最令我印象深刻的是，我们一家位于安徽马鞍山的制造球墨铸铁管道和管件的生产基地，在克服了工艺复杂（集高炉炼铁、离心铸管、管件铸造、管道管件喷涂、大型场站存储和转运等为一体的大型工业制造基地）、生产环境恶劣的挑战后成功地推行了 WCM，工厂面貌焕然一新，运营绩效大幅提高，令人颇有"沉舟侧畔千帆过，病树前头万木春"的感念。这些案例与切身体会加深了我对 WCM 这一系统的认知。

- WCM 不是一个有完成时间节点的单个项目，也不是一个复杂的项目管理系统，而是一个有起点没有终点的永久可持续改善系统。识别损失、消除损失和预防损失的基本路径，阶梯式持续改善及日常控制的无限循环流要深入全体人员的骨髓，渗透到全员日常工作的方方面面。

- 集团可以建立统一的模型（包括关键支柱的构成、基础部分包含的要素等），但系统框架又要有足够的弹性以适应不同业务的特点，这些弹性主要体现在优先支柱的选择及审核标准的刚柔并济上，这需要我们的审核人员有足够的经验和专业素养。

- 系统的设计和年度优先项目的开展要紧紧围绕"三高"展开，即高价值、高痛点、高风险。

- 要认识支柱长的重要性，要能明白普通的精益改善项目正是通过支柱活动转变为长期可持续的卓越运营体系。它受旨在指引特定领域内的"零损失"路线图的支柱路径的指导。

- 从项目开始就要能回答不同相关方的一个基本问题："我个人能够从中得到什么？"显然，这里的"什么"并不只是指钞票，更多的是指被赋能后获得"多快好省"的能力和机制回报。

● 先试点后推广，工厂内部的模范区、业务内部模范工厂的榜样示范作用非常重要。

● 虽然这个系统在"识别损失、消除损失和预防损失"的无限循环流中崇尚的是"自下而上"的主动参与和贡献，但"自上而下"的及时认可和领导力示范也必不可少。

● 建议推行此项目时（至少是前几年）与外部专业的咨询公司合作，因为它能让你少走弯路。圣戈班集团 WCM 的成功就得益于与埃非索的合作。埃非索是目前市面上少有的辅导 WCM 最专业的公司之一，其不断更新的多语种工具库令人印象深刻。

我最早接触到此书的英文版 WCOM（World Class Operations Management）: Why You Need More Than Lean 是在 2017 年，犹记得书的封面上的提示语 "Why You Need More Than Lean"，翻译成中文就是"为什么你需要的不只是精益"，那本书是在与埃非索的一位集团高管做年度项目回顾时获赠的，当时我就惊讶于埃非索的开明及其"海水不怕瓢舀"的自信。圣戈班集团是该书五大案例企业之一，我的同事 Yannick Courtial 先生在书中做了精彩的分享。现在，以王利萍为首的埃非索中国区专业团队要翻译出版此书的中文版，我坚信这本著作能给我们广大从事卓越运营的中国读者、精益专家和综合管理者们带来实实在在的价值。

结合个人的体会，我给阅读此书的读者的建议是：对于已经有丰富精益、TPM、六西格玛实践经验的人，可以按照本书的编排顺序对照自己组织所处的环境、痛点和自己遇到的困惑仔细研读本书，相信一翻开这本书，就会被它吸引住。如果您对精益、TPM 和六西格玛等没有太多了解和实践经验，建议先从本书的第 2 部分 "WCOM™ 模型"和第 3 部分"人员部分"开始阅读，随后再来阅读本书的第 1 部分 "WCOM™ 案例与最佳实践"；最后，回到本书的第 4 部分"开始与结尾"。在这本书里有许多困扰您已久的问题的答案和解决之道，拿起您的书好好阅读和体会吧！

周会东

远景科技集团 EHS、ESG 及碳中和负责人

圣戈班集团原亚太区 WCM 总监和 EHS 总监

负责亚太区 WCM、EHS、财损预防和智能制造 4.0

推荐序三

飞鹤乳业（以下简称飞鹤）始建于 1962 年，当时还是黑龙江省农垦总局下属的赵光农场老八连乳品厂。2001 年由董事长冷友斌先生持"飞鹤"品牌转至齐齐哈尔克东县，成立黑龙江飞鹤乳业有限公司，开启了二次创业之路。2007 年，飞鹤甘南现代化工厂一期投产，并于 2010 年成功推出超高端婴幼儿配方奶粉——星飞帆系列。到 2017 年，飞鹤已经拥有了甘南、龙江两大现代化工厂，克东、镇赉、泰来等其他工厂或升级改造，或投建新车间，蓄势待发。

飞鹤从一开始便秉承全产业链内部建设和管理的理念以确保产品质量，特别是在过去 10 多年的市场环境下，飞鹤飞速发展，2018 年突破 100 亿销售额。

随着企业规模的扩大，工厂数量的增加和团队的增长，前端销售快速发展，为了提升后端运营管理，确保供应保障，需要全面提升企业管理水平，期间我们尝试做了一些精益、TPM 等方法培训，当时有一个感受是培训的时候感觉都挺好，可回到工厂后却很难落实到日常工作中，走了不少弯路。

在这样的背景下，经由飞鹤在食品及相关设备行业具有丰富国际化管理经验和视野的董事会成员推荐和建议，我们开始了解和接触埃非索公司及其世界级制造（WCM）体系。在 2017 年 4 月进行了初步调研后，于同年 7 月初，正好是飞鹤 55 周年庆活动前夕，在飞鹤龙江工厂首先启动了 WCM 体系建设工作。WCM 的详细路径方法和埃非索咨询团队手把手的辅导方式，改变了我们以往对管理方法的学习方式，真正让我们实现了学以致用，开启了我们全面升级管理之路。

这本书第 1 部分阐述了五家国际知名企业选择 WCOM 体系的五大驱动力，那么对于飞鹤来说，推行 WCM 的核心驱动力是：

1）以用户为中心的不断变革、动态管理，以及持续改善生产过程，特别是建立质量支柱来提高用户亲密度和满意度。

2）把不同工厂的管理语言标准化、系统化。

3）通过降本增效的活动来保持成本竞争力。

4）最重要的是，要提高人员管理水平，通过系统化的人才培养和认证工作来发挥组织的潜力，以支持公司的快速增长。飞鹤总裁蔡方良先生站在公司最高决策层的角度所讲的："迈向世界级制造，WCM 助力，打破部门壁垒，建立学习型组织"正是我们最为关注的，这为飞鹤的快速发展提供了保障！

从 2017 年 7 月龙江工厂开始，到 2017 年 10 月甘南工厂，再到 2018 年初克东工厂，截至 2021 年，共有 6 家工厂全面推行了 WCM 体系，期间公司销售额增长了约 400%，设备效率从 50% 提升到 75%，而生产端人员仅小幅增加。人员和设备效率的大幅度提升确保了飞鹤的竞争力，同时也节约了大量的固定资产投资，特别是在齐齐哈尔地区人才获得难度较大的情况下，我们实现了大量的人员自我培养和工厂之间管理人员的输出，实现了可持续发展。

五年多的时间过来，我们也遇到了一些挑战，其中最大的挑战是推行 WCM 管理体系，它带给企业的是一场重大变革，而变革肯定就会有各个方面的阻力，这就需要企业有自上而下的决心和高层管理人员的直接参与，并匹配相应的人员培养和发展制度，让个人和组织在这场变革中都能得到成长和进步的机会。特别是在团队前期具体实践过程中 WCM 改善小组的路径方法，它要求遵循问题解决的每一个步骤的学习和实操，对大家的时间投入和学习能力都带来了巨大的挑战，但只有通过持续不断地学习，才能提高我们的管理水平和效率，才能享受到风雨之后见彩虹的满足和喜悦。特别是我们在 2020 年初拿到由日本 JIPM 颁发的生产管理领域的国际标杆奖项 TPM 大奖的时候，我从我们团队成员激动的泪水中看到了幸福和成长。

值此《世界级运营管理——全球知名企业 WCOM 案例与模型》出版之际，我受邀作序，有感而发。飞鹤还在飞速发展，我们在哈尔滨的新工厂即将投入试生产，在齐齐哈尔的新工厂也正在破土动工，我们将继续全面推动 WCM 体系，坚持以消费者满意为考量标准，追求质量零缺陷。在推行 WCM 管理体系过程中，我们将不断识别、消除和预防损失，持续输出预防标准，精进项目管理，以消费者需求为先，从根本上保障产品品质，保障极致新鲜，不断构筑竞争壁垒，以高品质产品满足消费者的多元化需求，实现我们的世界级制造和世界级管理水平。在此，衷心祝福我们的读者可以在这本书中找到你们的共鸣，推动我们大家共同的进步！

张永久

飞鹤乳业副总裁

译者序——感恩，持续改善，共建 WCOM™

埃非索自 20 世纪 80 年代开始发展世界级制造（WCM）体系，并在之后逐步将识别损失、消除损失、预防损失的管理理念延伸到供应链、采购、研发和间接部门办公管理等更多的职能领域，打造了端到端的全面的世界级运营管理体系 WCOM™。并在 2016 年由公司和该体系的主要创始人之一卡罗·巴隆切利（Carlo Baroncelli）先生主导，撰写了 *WCOM*（*World Class Operations Management*）：*Why You Need More Than Lean* 一书。

我们中国团队也早就有了将本书翻译成中文版出版的想法，但受限于资源，特别是我们中国团队整体上对 WCOM™ 整个管理体系的理解有一个逐步提升完善的过程，为了确保翻译的质量，一直没有下定决心。直到 2021 年春，在一次和我们的老朋友陈敏先生（他也是为本书作序的嘉宾之一）的交流过程中，提到了该书的全面性和实用性，以及它在宝洁、箭牌等公司为众多朋友所认可的程度，他问我为什么不翻译出版中文版，那个时候我才有醍醐灌顶之感，的确也是觉得不能再等待了，于是我们团队就开始着力于整个翻译和出版工作。

这本书从 5 大国际性企业发展 WCOM™ 的案例出发，深入浅出。当时的采访嘉宾更是在听说了中文版即将出版而特地为我们录制了祝福视频，感恩之余，也希望我国更多热衷 WCOM™ 体系的读者们，能够受到鼓舞，并和我们一起去践行、推广该体系。

借此机会，对为本书作序的陈敏先生、周会东先生和张永久先生表示感谢，他们是 WCOM™ 体系推动过程中践行管理层掌握细节并带动整个团队发展的典范。

同时，也要感谢机械工业出版社从一开始的悉心指导和支持。

更要感谢我们的翻译团队在疫情时咨询行业需求繁忙的工作状态下，还能够坚持翻译本书，同时也要感谢没有出现在译者名单中的团队伙伴们，正是他们在客户项目上的努力付出，才使得我们的翻译团队能够更加专注。

如此专业的管理类书籍翻译出版，对一些特有名词和词句的翻译一直都是一个挑战，我们尽量遵循中文语法的表达，但是肯定还有不妥之处，比如说我们一直都强调 WCOM™ 是一个企业应该长期去执行和优化的体系而不是一个短时期的项目，在英文中我们用 "WCOM™ programme" 来表达，但是在翻译的时候为了通顺，我们也会在不同的地方翻译成 WCOM™ 项目，还请大家理解。更多的是希望能够百家争鸣，欢迎大家到我们埃非索公众号专栏—— WCOM™ 知识园地——提出你们的看法，发表你们的意见和建议，共同打造一个更适合中国市场的 WCOM™ 管理体系。

王利萍

埃非索管理咨询全球副总裁、中国区总经理

序

为什么你需要的不只是精益?

这本书的书名代表了所有"精益书籍"的作者所面临过的最可怕的问题。在一个清新的、刮风下雨的黄昏,你穿着最好的衣服在那里等待,感觉很冷,手心的汗却印在你的手稿上。门一打开,你能感觉到自己的心快要跳到嗓子眼,期待着聆听建议或准备接受批评,但却没有预料到这个问题:你站起来准备握手,却觉得浑身空空如也,像攀岩者一样头晕目眩,像被闪电击中一样震惊。你以前从来没有想过这个问题。

我们俩都是有 20 多年教学经验的学者,教过本科生、硕士生(含 MBA)和博士生。同时,我们喜欢在运营和供应链管理领域为企业和公司提供咨询。在过去的几年里,我们阅读并修订了几本书,其中一些只是为了保持对我们领域内发生的事情的更新,还有一些是同事编著的,或者是我们为自己的课本寻找灵感。

我们从未见过一本书的视角与我们熟悉的书如此不同。而且概率小到令人惊讶的是,我们与 Baroncelli 先生分享了过早去世的 F. Turco 教授的遗赠——这两位都是我们的前同事,Baroncelli 先生也是埃非索的创始人之一。

上面的评论使我们想到一个主要问题:是否有必要写这本书。答案是肯定的。事实上,这本书填补了两个空白。

一方面,WCOM™作为一种现象,其构成因素是技术、工具、实践等,同时包括人员和他们的行为、技能、能力等。实际上,WCOM™不同于这些元素,你必须通过阅读这本书来找出它是什么。我们必须考虑到关于 WCM/WCOM™的文献几乎是稀缺甚至是并不存在的事实。如果你用谷歌搜索"Lean books"(精益书籍),会发现 5900 万个结果,搜索"WCM books"(WCM 书籍),结果会少得多,包括 R. J. Schonberger 的书。而如果搜索 WCOM™,则几乎搜不到任何结果。从某种程度上讲,这是令人惊讶的,因为除了受访的五家企业之外,还有大型跨国公司,如菲亚特克莱斯勒汽车公司(FCA)、喜力、宝洁、美利肯等,均采用了 WCM/WCOM™方法。

另一方面,关于为什么你需要的不仅仅是"精益"的原因有三点需要考虑。第一,从一时的突破到持续改善的转变。精益转型本身就是一种突破,而不是某种持续改善：WCM/WCOM™系统地将两个无限循环组合在一起。前者包含了改善，后者包含了绩效控制系统，从而创造了一个永无止境的循环系统，在这个系统中，改善和变异控制和谐地结合在一起。

第二，人的因素。这本书传达的信息是：在我们的行业中，一切都与人有关。自主管理（AM）中的这一开创性概念在本书的第 3 部分重点介绍。人在车间和管理板作战室都发挥着重要作用，他们是解锁随处可见的潜在收益的关键。并且通过翻阅本书，人这个起初几乎被忽视或被认为是硬币的一面的元素，逐渐显露，成了本书的主角。这引发了一些对超越"精益"的真正需求的额外见解。尤其是，本书提供了一个信号："首先是人，其次才是模型"。有趣的是，我们所习惯的是相反的方式，首先教授模型，仿佛它可以脱离人更好地运行一样，然后再强调人、行为的影响，等等。

第三，长期可持续性。除了无限循环之外，支柱系统还可以消除组织的跨职能损失。事实上，这需要基于损失内在的跨职能性质，这使传统的组织结构不适合永久性地消除损失的需求。基于支柱的系统使得学习型组织能够利用知识进行持续改善，这给在传统精益系统中几乎未曾听闻的持续改善系统提供了长期的可持续性。

这本书分为 4 个部分。在第 1 部分中，5 个大型跨国企业的领导者将讲述一些成功案例，每个案例都概述了原因、取得的成功和存在的阻碍，并为那些愿意开启 WCM/WCOM™转型的人提供建议。第 2 部分专门描述 WCOM™模型：你将突破工厂和实际存在的壁垒，用更广阔的视野来俯瞰端到端供应链。第 3 部分侧重于人的方面，涉及领导力和行为的主要原则。最后，第 4 部分概述了与价值链各支柱相连接的主要内容。

总而言之，不管是经理、总监还是学生，对于任何想要深入了解 WCM/WCOM™方法，以及了解超越"精益"方法论的人而言，这都是一本好书。

罗伯托·西戈里尼（Roberto Cigolini）

安德里亚·西亚内西（Andrea Sianesi）

意大利　米兰

前　言

几年来，圣戈班启动了一项世界级运营管理（WCOM™）计划，即在我们组织中应用持续改善原则。

与所有大公司一样，圣戈班必须适应全球化所创造的新世界。

考虑到圣戈班所拥有的悠久历史：它于 1665 年在法国成立，350 年前由路易十四创建，当时名为"皇家镜子制造厂"（Manufacture royale de glaces de miroirs）。1684 年，圣戈班赢得了制造镜子的订单，这些镜子至今仍装饰着位于巴黎南部的凡尔赛皇宫的镜廊。从那时起，创新一直是集团的核心业务，在其生命的不同历史阶段，集团一直在重塑和调整业务模式，使其处于领先地位。

我们在过去 15 年中经历的全球化进程主要意味着三个挑战。

- 更广泛的战略领域，使公司规模扩大，提供了更多的发展机会。
- 本组织的复杂性增加。
- 竞争也更加激烈。

面对这三个挑战，WCOM™ 似乎是最合适的方法，因为

- 它能创造成果。
- 它建立了一个共同的工业文化，确保同一公司不同业务和不同地区的人之间的凝聚力。
- 它通过共同的文化，发展公司的战略灵活性和反应能力。
- 最重要的是，它给车间员工赋能，发展他们的自主权，以适应并永久地改善组织。

同时，管理的艺术已经发生改变。管理层试图将他们的想法灌输给那些假装执行的员工的情况一去不复返。现在的趋势是，在分权的组织中创造最佳的成功条件。为了快速且简单务实地解决问题，我们必须给车间员工授权，让他们变得更加积极主动。

在我们的世界里，大型公司不可能由几个人管理，问题必须在它发生的地方由大量被授权的员工来处理和解决。

当然，战略、投资、创新的导入也很重要，但全体员工的积极性和知识是关键。还有什么比赋予所有操作人员更多的责任，给他们的工作和业绩施加更多的影响这样更好的激励方式呢？

我们认为，与创新和新市场扩张一起，WCOM™代表了我们成长之旅的第三个支柱。我们现在正在将这种方法扩展至整个价值链，因为我们认为，除了已经取得的成果，还有更多的成果有待实现。

Jean Pierre Floris

圣戈班集团包装与创新材料业务首席执行官

法国巴黎

致　谢

除了本书的主编和参编，我们还要感谢以下人员的宝贵意见：

他们是 Fjodor Ardizzoia（YellowHub），Giovanni Brembilla（Tenaris，特纳瑞斯），Jasper Boers（Bel Group，贝勒集团），Wiebe de Vries（EFESO，埃非索），Steve Ellam（Carlsberg，嘉士伯），Stefano Erba（EFESO，埃非索），Daniela Gementi（EFESO，埃非索），Bas Koetsier（EFESO，埃非索），Günter Kröhn（Lenzing，兰精），Giorgio Levati（EFESO，埃非索），Ross D. Lichtenberg（YellowHub，黄色枢纽），Filippo Mantegazza（EFESO，埃非索），Emanuela Nizzolini（EFESO，埃非索），Jennifer Proctor（APICS，美国生产与库存控制协会），Natasha Puim（Kotter International，科特国际），Kenneth Snyder（SHINGO Institute，新乡学院），Luca Stoppino（EFESO，埃非索），Lucas van Engelen（EFESO，埃非索），Jean Veillon（EFESO，埃非索）和 Jon Woolven（IGT Institute，IGT 研究所）。

作者简介

主 编

卡罗·巴隆切利（Carlo Baroncelli），埃非索联合创始人，米兰理工大学工业工程硕士，研修了美国麻省理工学院和日本工厂维护协会（JIPM）的硕士课程。拥有超过35年的运营战略和世界级运营管理的经验，为跨国公司领导了诸多从产品开发到供应链领域的项目。他的相关经验主要集中在造纸、钢铁、包装、机械、汽车和制药等资本密集型行业。自2007年以来，一直是埃非索董事会成员，曾负责埃非索集团的知识发展。在学术领域担任多个职位，在热那亚大学管理学院负责制造和物流领域，是ISTUD（意大利著名商学院）、MIP（米兰理工大学硕士）和贝加莫大学的讲师，也是物流工程师协会意大利分会的前副主席。

诺拉·巴莱里奥（Noela Ballerio），埃非索高级知识经理，米兰大学法律人类学与民族学学士，在知识和语言学管理和培训方面有15年的经验。

大学期间，为儿童和残疾人当游泳老师；大学毕业后，从事律师工作，并通过参加米兰戏剧学院以及戏剧治疗和冲突管理研讨会培养了对社会科学的热情。

Noela于2001年加入埃非索，担任翻译经理、知识与传播经理和知识高级经理；在埃非索工具箱（Toolkit）团队工作，从事知识开发，尤其是在变革管理，以及培训和人员开发领域。同时，还编写并绘制童话，翻译书籍和其他读物。

参 编

马克·贝克（Mark Baker），30年来在30个国家从事运营领导力和质量管理工作。他的职业生涯开始于本田汽车公司的机械工程师，参与生产系统技术的开发。获得工商管理硕士学位后，在世界上最大的工业集团之一圣戈班工作了20年，担任各种运营和质量领导职务。作为新乡学院（Shingo Institute）的前任执行董事，Mark持续积极地帮助世界各地的高管在汽车、钢铁、高性能材料、金融服务和医疗保健等多个行业实现世界级的绩效。

罗伯托·西戈里尼（Roberto Cigolini），米兰理工大学管理经济和工业工程学系供应链管理和生产管理教授，主要研究领域为商业计划与控制、间接采购、合同谈判、房地产管理等。

他以优异的成绩毕业于米兰理工大学管理工程专业，是米兰理工大学商学院全球高管运营与供应链管理硕士（GEMOS）专业的主任，曾担任 MBA 项目联席主任。他也是房地产管理行政课程的联席主任，以及米兰理工大学管理工程博士和半导体工厂自动化技术委员会的创始成员。

亚尼克·库蒂亚尔（Yannick Courtial），圣戈班卓越运营副总裁，毕业于里昂国立应用科学学院（INSA Lyon）材料科学与工程专业。在达能工作了 15 年，在圣戈班工作了 12 年之后，成为圣戈班卓越运营（世界级制造/世界级供应链）副总裁。

乔瓦尼·德·菲利波（Giovanni de Filippo），利乐集团资本设备业务前副总裁。获米兰理工大学电气工程学位，毕业后，于 1976 年加入倍耐力在米兰的轮胎部门，担任技术经理，负责倍耐力在约旦佩特拉工厂的工程和维护服务，并成为工厂经理。随后，被任命为倍耐力气动协调公司轮胎部门工业效率部主任。后跳槽到联合信号制动系统（欧洲），担任欧洲区精益制造经理，主要职责是在欧洲工厂研究和实施最现代的精益制造方法，特别是 TPM（全员生产维护）。他被任命为售后业务部门的董事，售后业务是一个新的欧洲业务单元，他负责创建、组织并召集员工；在 1996 年 4 月博世集团收购了联合信号制动系统之后，他也一直负责这项任务。1998 年 12 月，他在意大利摩德纳加入利乐，担任全球转换总监。在那之后，他还担任过几个管理职位，直到 2006 年被任命为利乐供应链资本设备业务的副总裁。

Giovanni 于 2014 年底从利乐退休。

马里奥·加拉西尼（Mario Galassini），埃非索创新知识团队负责人，米兰理工大学管理工程硕士，于 1993 年加入埃非索，在工程、产品开发、WCOM^{TM} 和供应链项目方面拥有超过 20 年的经验，在产品和工艺开发、跨国公司战略新产品开发项目（新产品、新项目、新工艺、工业化和产品范围优化）、各领域服务设计和再工程方面均有着丰富的经验，他还为跨国公司和中型工厂提供了从产品开发到供应链领域的世界级运营管理实践。

Mario 协助了许多工业领域的客户，遍布汽车、食品、个人护理、机械工程和公共管理等行业。他支持埃非索知识管理系统的开发，将埃非索集团国际专家的许多经验汇集到了 WCOM^{TM} 的工具箱（Toolkit）中。

克莱夫·盖尔达（Clive Geldard），埃非索负责全球零售和供应链业务的集团副总裁，拥有 25 年以上的端到端供应链、物流和分销渠道管理领域（包括实际运营和咨询）的经验。他曾在欧洲、中东和非洲的新兴国家的市场从事复杂的多渠道 B2B 和 B2C 业务。他最初在汽车售后市场和分销部门工作，后来进入零售和消费品领域，与艺康、联合利华、欧莱雅、帝国烟草、利乐、苹果等公司合作，并与沃尔玛、合作社、Pick n Pay（南非第二大连锁超市）、Primark（爱尔兰服装零售商）和 Jerónimo Martins（葡萄牙食品零售商）等零售商合作。他职业生涯的大部分时间都花在了管理和实施变革上，与客户合作，帮助他们建立战略供应链转型和持续改善的能力。

Clive 是论文《董事会中的供应链——缩小执行差距》和《新兴市场的成功供应链战略》的合著者。他对复杂性管理、供应链设计和市场路径有着浓厚兴趣。

马克·古德温（Mark Goodwin），在埃非索担任领导职务时有着非常广泛的经验，他曾从事过五种不同的职业：外交、咨询、制造业、热带农业和心理治疗。在牛津大学获得核物理硕士学位后，他加入了英国政府在南太平洋的外交部门。他在欧洲师从亚历山大·普劳德富特（Alexander Proudfoot），学习了车间咨询方法，并于 1983 年晋升为总监。他是 Booker Tate 的创始人兼首席执行官，该公司在 1983—1990 年期间是全球最大的热带农业企业。他曾是欧洲最大的金属包装公司巴黎 Carnaud Metalbox 的人力资源负责人，并在这里与埃非索合作，建立了新的工厂文化。他还是一名训练有素的心理治疗师，是群体分析研究所和英国心理治疗师协会的成员。他在全球 166 个国家、众多行业积累了丰富的经验。

托马兹 P. 格鲁伯（Thomaz P. Gruber），康奈尔大学工商管理硕士（市场营销和金融方向），康奈尔大学约翰逊管理学院和麦肯齐大学（巴西圣保罗）化学工程学士，毕玛时（美国）高级副总裁，高层执行团队成员，向毕玛时总裁汇报，负责供应链和运营、实现新组织的愿景，以及安全、质量、服务和成本方面的指标。还负责制造（25 家工厂，6000 名员工）、工程、WCOM™、质量、图形设计、物流。曾在巴西、美国和欧洲的毕玛时担任领导职务。

弗朗西斯科·莱西斯（Francesco Lecis），机械工程师，六西格玛黑带大师，获"工作量分析师"执照。在泰纳瑞斯（Tenaris）开始了其职业生涯，在生产和制造方面担任不同的职务。于 2002 年加入埃非索。在埃非索，主要在机械装配部门的精益转型和供应链再造方面，他积累了卓越运营的专业知识。2012 年起，他担任埃非索副总裁，并负责推动精益生产和世界级运营管理的全球项目。

Francesco 现在负责全球范围内所有的业务流程实践，并领导跨国公司的大型精益实施项目。

胡伯特·梅耶（Hubert Mayet），毕业于巴黎农业技术学院（ENSIA），贝勒集团总经理，执行委员会成员，负责制造和技术指导。自 1979 年加入贝勒集团以来，曾担任不同职务，包括研发、生产、工厂经理（Minibabybel）和加工奶酪活动的工业总监。

乔治·梅利（Giorgio Merli），制造管理硕士，埃非索高级副总裁，米兰比可卡大学、比萨圣安娜高等学校教授，贝加莫大学战略大师，著有 30 多本以多种语言出版的书籍。其职业生涯始于飞利浦，并在那里担任制造总监。自 1978 年以来，在意大利和跨国公司进行了多次重组项目，特别参与了先进管理和计划流程、卓越业务模型和精益生产/精益组织（WCOM™）的实施。目前，正在创新事务和商业模式的演变领域从事研究、教学和咨询。曾担任 IBM 意大利负责人（2002—2009 年）、普华永道意大利公司总裁兼首席执行官（1999—2001年），以及两家公司运营战略服务部门的欧洲、中东、非洲区主管，毕马威高级顾问（2010—2011 年），加尔加诺集团高级合伙人（1978—1998 年），意大利工业协会（CONFINDUSTRIA）咨询领域总裁（2008—2009 年），法国电力公司（EDF）企业可持续发展小组成员（2009—2011 年）。

安德里亚·蒙特米尼（Andrea Montermini），1972 年出生，毕业于米兰理工大学管理工程专业，埃非索副总裁，主要领导集团在航空航天和国防工业、战略成本管理和诉讼支持三方面的业务活动。自 1998 年开始担任咨询顾问，在业务计划、交易、成本管理、供应链、采购、组织等方面具备核心能力。主要协助来自不同行业的公司，如航空航天和国防、汽车、运输、机电和电子。在加入埃非索之前，曾担任 Blupeter（意大利）的董事和联合创始人，以及 Solutions International 的高级经理和集团的国际技术委员会成员。

中村努（Tsutomu Nakamura），在 1989 年毕业于日本专修大学工商管理学院后，加入日本工厂维护协会（JIPM）。在成为总经理之前，曾担任过各种显赫的职位。同时，他是《全面生产维护》和《质量和可靠性统计百科全书》（2008年 2 月出版）的作者。在 *Nikkei Nonodukuri* 杂志发表了《欧洲公司竞争力的来源》（2007 年 1 月刊）和《欧洲制造业中的日本式制造业》（2005 年 12 月刊）。

安德里亚·西亚内西（Andrea Sianesi），米兰理工大学管理经济与工业工程系主任，米兰理工大学商学院院长，在几所意大利大学任职，有丰富的教学经验。

他曾在其他国家的大学担任客座教授和研究员，也是 ASFOR（意大利管理发展协会）和 ANIMP（意大利工业工厂工程协会）管理委员会的成员。在国际知名期刊和会议上发表了大约 100 篇文章。

拉金德·辛格（Rajinder Singh），埃非索印度区副总裁兼董事、总经理，制造和服务组织运营转型专业培训师、导师和教练。在设计和实施基于精益原则的制造系统方面拥有超过 30 年的实践经验。他在福特和德尔福等跨国公司的丰富经验，以及他对精益思想的热情，使他成为印度领先的精益顾问之一。作为顾问，他在印度、迪拜、埃及、新加坡、德国、中国和毛里求斯等地实施了多个高影响力的项目。

尼尔·韦伯斯（Neil Webers），埃非索荷兰副总裁兼常务董事，集团域管理团队成员。作为一名绩效行为专家，他发表了许多文章，并以他的专长撰写了相关书籍：《人的行为与组织绩效之间的联系》。在创立自己的行为绩效改善公司之前，他学习了商科知识并从事过零售运营工作，该公司于 2013 年被埃非索收购。他在《绩效行为》一书（2012 年出版的美国版）中揭示了在可持续的行为性组织变革驱动下提高绩效的秘密，以及如何使行为可测量，并解释了不同的行为概况、指导、问责结构和行动指标——促进测量和指导行为所必需的关键因素。这种独特的方法在创造所有权、纪律和责任方面设定了新的标准，以持续改善公司的业绩。

埃里克·沃尔夫（Eric Wolff），化学工程博士，拥有食品工业和生物技术领域的经验。于 1992 年加入欧莱雅，从研发领域开启了其职业生涯。曾担任比利时欧莱雅工厂质量经理、北美全球（9 个工厂和全球实验室）质量经理、加拿大蒙特利尔欧莱雅工厂厂长等职位。自 2011 年以来担任欧莱雅集团全球质量与生产总监，直接向欧莱雅全球集团首席运营官汇报。

盖亚·赞帕格里奥内（Gaia Zampaglione），工程师，毕业于米兰理工大学，2010—2015 年在埃非索担任顾问和知识专家，支持组织和领导者为了打造更好的组织而做变革。她的主要专业领域是端到端价值链的卓越运营和精益实施，同时她还具有通过知识管理活动和平台维持变革的能力。加入埃非索之前，她曾在全球改善协会（Kaizen Institute）担任过两年的顾问。

格诺特·谢弗（Gernot Schäfer），毕业于德国卡塞尔大学机械工程系，于 2019 年加入 ROI 担任副总裁，负责数字创新和未来工厂领域的业务发展和咨询。他在制造业开始职业生涯后，30 多年来一直在业务和 IT 优化以及创新数字技术的战略调整领域工作，并在国际咨询公司和 IT 解决方案供应商中担任管理职务。此外，他还曾在国际性大学担任过该主题领域的教师。

他的核心能力是在变体管理、供应链整合、生产管理、基于机器学习或人工智能的计划和调度、ERP/PLM 和 MES/APS 实施等重点领域。在制造领域中，他也是 IIoT 平台、工厂数据管理、模拟、数字孪生和区块链等前沿数字解决方案的可靠顾问。

目　录

第 1 部分　WCOM^{TM}案例与最佳实践

第 2 部分　WCOM^{TM}模型

第 3 部分　人员部分

第 4 部分　开始与结尾

引　言

　　我第一次接触卓越运营是在 1984 年 11 月，在一家大型电器公司的工业部门工作了几年后，有幸参加了由日本工厂维护协会（JIPM）组织的长期海外学习培训项目。当时，与我们的工业领域相比，日本在生产系统方面处于令人惊叹的领先地位。绩效和文化上的差距是巨大的。我们这些由大学和国际工业企业的代表组成的参观者们甚至无法提出正确的"问题"。我们询问他们的计划、控制和 IT 系统及他们的自动化实施和组织结构，而他们却无法理解我们的问题。他们的回答是，成功是基于原则、理念、参与和投入，这就好像我们在说两种不同的语言。

　　第二年，当参加 Richard Schonberger 在美国举办的讲座时，我终于开始有了一点了解。1985 年夏，在两个月的时间里，我们和 Filippo Mantegazza（时任埃非索集团 CEO）一起，对日本的跨国工厂和创新企业进行了一系列访问。在俄勒冈州一家全新的惠普印刷厂，一位非常善良的流水线领导向我们解释了"拉动"系统。直到前年夏天，这位女士还一直在驾驶拖拉机（她曾是一位农民，信息和通信技术产业在西海岸发展起来后进行了转行），她对 MRP 或威尔逊的经济订货量公式没有任何倾向性。虽然如此，在没有任何预设方法的情况下，她轻松地采用了 Womak 和 Jones 在麻省理工学院研究后被称为"精益"的方法。

　　从那时起，30 多年过去了，全球整个工业领域已经迈出了新的步伐，从基于泰勒和福特的整合模式过渡到现代生产方法。

　　多年来，我有机会与最有创意的创新团队之一（埃非索团队）合作，这是西方世界最早逐步引入这种有利的方法论和方法的团队之一。

　　从最初尝试引进约束理论所支持的准时化生产（JIT）和全面质量，到采用全员生产维护（TPM），再到世界级制造（WCM），以及最近基于变革管理、绩效行为和新乡研究所原则的方法，这 30 多年在弹指一挥间过去了，我们高度集中精力应对严峻的挑战，帮助大型集团进行"变革"，以实现生存和繁荣。

　　世界级运营管理（WCOM™）是各大洲数百个成功案例的结合，横跨各个纬度和各种文化背景。除了和谐地整合精益、TPM 和六西格玛这些解释"什么"

的方法，WCOM™模型还通过对"为什么"和"如何"的有力解释来增加价值，在这个时代，这些问题是最重要的。

本书与管理学教科书的不同之处在于，它并不只关注成功的秘诀，还讲述真实的故事，包括困难、障碍和可行的对策。

考虑到我们希望这本书能够提供卓越运营方面的最佳实践，我们将大型工业集团的经验及最有创意、最有趣的方法结合起来。这些元素共同构成了WCOM™经验的基础。

特别感谢所有的参编人员，他们的经验在本书中起到了很大的作用。

所有这些经验交织在一起，融合了数百年的工作经验，我相信，各个国际性集团的转型和走向卓越运营的经历，将可以为众多企业提供参考。

卡罗·巴隆切利（Carlo Baroncelli）

第 **1** 部分

WCOM™ 案例与最佳实践

第1章 贝勒案例

胡伯特·梅耶（Hubert Mayet）

公司简介

　　贝勒是一家拥有 150 年历史的公司，是全球第三大品牌奶酪生产商，拥有超过 4 亿的消费者，2014 年生产奶酪 40 余万吨，总产量达 170 余亿份，单个部门销售额占集团销售额的 58%。

　　贝勒拥有员工 11000 名，以及 30 个国际和本地品牌，其奶酪销往约 130 个国家。

1.1 开启 WCOM™ 项目的原因

　　在贝勒，我们已经有了生产力计划，但我们需要超越传统的方法来进一步提高效率。实际上，我们没有遇到任何危机要使我们不得不启动 WCOM™ 项目。因此，当我们开始寻找合作伙伴时，这甚至让一些咨询公司感到惊讶！

　　事实上，第一个倡议是在荷兰的一家工厂发起的，当时我们面临着成本竞争力和产能方面的巨大挑战。

　　但在决定采用具体的方案之前，需要了解有哪些潜在的风险和机会，因此我去参观了不少已经实施精益生产项目的公司。我明白启动这样一个项目不仅仅是一个技术层面的决定，更是一个对公司的组织管理有着巨大潜在影响的决定，因此我们需要格外注意技术进步和人力资源演变的结合。

　　之后，在 2009 年的年度研讨会上举办的一次培训课程中，（全球 28 家工厂的）生产经理团队意识到我们可以从这种项目中获益。

　　该项目于 2010 年初正式启动，共有 3 个志愿试点。在这样一个项目中，沟通是关键，所以我们决定将我们的项目命名为"Boost（短期绩效突破）"。

目前，该项目已在贝勒的所有工厂开展，荷兰工厂的倡议也被纳入该项目，并为其他启动该项目的工厂提供了参考。

启动 Boost 的另一个非常重要的目的是明确贝勒的标准和通用工具，以便能够在内部对不同工厂的工作情况进行对标。

此外，公司的预期增长需要一个统一的运营管理商业模式，而 Boost 可以帮助公司达到这一目标。例如，我们还决定设立这样一条新规则：当我们建立一个新工厂时，在启动它之前，我们应该实施 Boost，采用它的方法与标准，并对相关人员进行相应的培训。

1.2　回报和结果如何？

在谈到回报和结果之前，必须意识到投资的重要性，因为如果没有专门用于项目的资源，你将永远不会成功。这就是为什么我们在一开始就成立了一个由外部顾问支持的小型公司团队，来明确行动方案和制定商业计划。此外，从一开始就让人力资源参与指导是十分关键的，因为实施这种计划需要管理的改变和培训的调整。最后，我们需要授权所有的管理团队，特别是那些必须参与并致力于项目成功的工厂经理。从这个角度来说，Boost 更像是一个管理变革和文化变革项目，而不是一个技术变革项目。

在回报方面，6 年的经验告诉我们，投资回报最晚在 18~24 个月出现。

我们的明确目标还包括赋予工人更多的权力，从而提高生产率。

Boost 项目能够使贝勒提升生产率和能力。我们已经学会了优化已有的设备与生产线，减少了购买新设备的需求。

我们以目视化管理为项目导向，创造了一个基于绩效的沟通模式并将它应用在了各个场景；这改变了车间的思维定式。如今，操作人员的工作方式与过去完全不同。

我经常参观工厂并且观察到不同的情况，但相同的是，操作人员会直接解释他们的机器的性能及如何优化，而之前这是由中层管理人员来解释的。现在，通过 Boost，一线操作人员拥有了绩效管理的自主权。

我还需要提到 KPI 标准化的最大影响，即提高数据的可靠性。数据的可靠性使我们工厂之间的标杆更有可比性，因此使我们能够提高全球范围的绩效。KPI 的标准化带来的收益远不止成本降低。同时，我们可以在日常工作中看到一些文化变革，如维修人员快速进行"5Why"分析来解决问题，员工能够主动建议设定更高的目标，等等。总之，尽管遇到了很多困难和变革的阻力，但最后还是获得了积极的收益。

1.3　你们是如何设法改变操作人员和中层管理人员之间的关系的？

经理们比车间工人更难沟通协调，尽管他们自己认为情况正好相反。

如上所述，在这些项目中，领导力和授权方面确实是我们需要努力的。在所有公司中，具有最重要影响的往往是中层管理人员，对我们来说也是如此。

为什么呢？因为这个项目要求他们改变工作方式，而这并不是一件容易接受和理解的事。他们必须给操作人员充足的自主权并使其产生责任感。这是一个需要一步一步完成的过程，以免出现人员不稳定的情况。操作人员最终会变得自主、负责并感到有一定掌控局势的能力，他们为自己的工作感到自豪，能够在出现问题时，主动做出贡献并提出解决方案。

如前所述，人力资源的作用是绝对关键的。Boost 不仅仅是一个工具，我们也需要对人员进行培训和指导，监督他们的行为并强调这个计划会带来的改变，使他们成为积极的、有影响力的榜样。例如，我们开发了一个完整的培训模块用于向所有员工解释 Boost 的基本原理。目前，它已经被翻译成了多种语言，遍及整个集团。

1.4　你们在开始时是否遇到过困难？

起初，人们倾向于认为 Boost 仅仅是一个项目，并且会像一个普通的项目一样在某个时刻终止，但情况并非如此。持续改善是一个永恒的旅程。人们还倾向于认为他们已经参与在项目中，仅仅因为他们知道或使用了一些工具。然而，以上这些理解都是片面的，理解一个完整系统的差异和需求是需要时间的。

关于遇到的困难，我们可以用"非我所创症"来解释，即这个方案并不是我们原创的，限制了经验分享，所以在实施的时候遇到了阻力。

以前，我们从不干涉工厂经理在当地安排工作的方式。管理控制系统被应用于一些资产和绩效方面的管理，包括机器和投资、安全、质量和人力资源。工厂经理组织会议的方式、与会者的角色和责任、沟通方式、操作人员在生产线上的行为都不会被详细地询问。但有了 Boost 后这些都改变了。

最大的困难之一是让各级管理者接受委派和授权并成为指导者，而不是要求他们有好的想法和做出所有决定。除此之外，我们还意识到不同国家的文化和思维模式都有很大的差异。我们有标准，但每个国家的理解和衡量方式都不一样。为了取得成功，我们需要将文化因素纳入理解和考虑。例如，在 Boost 项目实施初期，一些国家反响很热烈，但在实施过程中却失去了热情；而另一些国家虽然启动速度较慢，但在走向成功的道路上却提高了速度。

如果我们必须克服这些困难，就需要认可并分享成功。我们必须祝贺那些成功的团队，并永远支持他们。"车间"团队必须要明白最高管理层也参与了进来。贝勒的首席执行官（CEO）就非常了解 Boost，他定期更新 Boost 项目，并且每个人都知道他们可以依靠 CEO 的支持。

1.5　您是否会觉得在某些事情上自己本可以做得更好？贝勒对未来的期望是什么？

我们在未来几年有一个雄心勃勃的增长计划，我们的工业足迹将会更加国际化。我们将持续为我们的消费者提供最优的质量、成本和服务。很明显，Boost 将会继续成为我们战略的一部分。此外，Boost 还是团队凝聚力的显著因素。它强化了我们的三个价值观：勇敢、关心和承诺。

1.6　您是否计划将 Boost 扩展到整个价值链？

是的，我们将把 Boost 扩展到两个部门：工程部和供应链部。我们也在考虑将来继续把它拓展到其他职能部门，如财务部和市场部。我相信有很多经验和方法都是可以应用于制造业以外的其他部门的。用精益的方式思考问题在任何地方都会取得成果，这也是管理层的责任。

1.7　您对初学者有什么建议吗？

1）最高管理层和 CEO 的参与是首要前提。

2）特定的内部资源必须分配给项目开发，他们需要接受培训并持续参与项目。

3）外部的咨询协助对于获得用于领导项目的知识和工具至关重要。

4）要考虑不同国家的文化差异，因为项目的成功实施往往取决于这样一种理解：你必须以不同的方式领导，才能取得共同的成就。

5）将 WCOM™ 计划视为一个长期计划：简单的目标会很快实现，并且最初的好处显而易见。但你必须接受，在某些阶段实施此类变革可能会导致低速运行或遇到其他问题，因为变化并不总是线性的，需要时间来坚持。

6）中层管理者必须不断地引导和指明要遵循的方向。

7）最重要的是让人力资源部门参与到这样一个过程中，因为这是一个和人息息相关的计划，它是一个变革计划。

8）在沟通中要明确指出，该计划的目的是提高公司的全球业绩，而不是减少生产中的资源数量。它改变的不是操作人员的数量，而是他们工作的内容和精神。

9）要毫不犹豫地分享认可和微笑！

第2章 毕玛时案例

托马兹 P. 格鲁伯（Thomaz P. Gruber）

公司简介

毕玛时是一家全球软包装制造商，2014 年持续经营净销售额为 43 亿美元。公司的领导地位在于其在聚合物化学、薄膜挤出、涂布、覆膜、印刷、转印等方面具有雄厚的技术基础。公司的关键战略是专注增长和加速创新。材料科学仍然是创造可持续竞争优势的主要工具。随着公司的技术越来越复杂，毕玛时通过整合独特的功能来满足客户需求，从而持续打入新市场。目前，其阻隔膜、包装结构和包装机械的创新仍在不断发展，以满足现代世界不断变化的需求。毕玛时总部位于美国威斯康星州的尼纳市，在全球 11 个国家的 60 个制造工厂拥有约 17000 名员工。

2.1 是什么原因让您创办了这个项目？

开始的时候，我们的战略有三个主要分支：客户亲密度、创新和卓越运营。目前的理论认为，大多数公司必须选择其中之一：要么以客户为导向，要么选择低成本生产者，要么创新，但我们认为，如果对其中的每一个都有正确的策略，我们就可以一起实施这三个战略。

因此，我们选择 WCM 的**第一个原因**是，在卓越运营下，公司已经在使用一些 TPM（全员生产维护）元素，但使用方式并不全面。我们收集数据，但没有应用 5S 原则，尽管我们有一个对制造公司来说非常干净的环境。我们一直在寻求持续创新，但没有办法实现改善且持续在运营中获益。

第二个原因是我们参观了我们在巴西的**主要客户**，这是一家全球性的食品公司，是一个人造黄油制造商。在参观结束，看到 TPM 项目的实施在生产率、减少浪费、降低成本及提高质量等方面所取得的成果和改进后，他们的拉丁美洲供应链副总裁告诉我们，**如果我们想在未来继续成为他们的供应商，就必须使用 TPM**，因为他们只保留那些实施了类似 TPM 项目的供应商。

在 2000 年，我们的供应商曾与一位日本顾问合作，在试验所对人造黄油、酸奶、水和糖果的桶和盖子进行挤压、热成型和印刷的测试。也是在那一年，我们决定与这位日本顾问一起开始 TPM 项目。

当时，我们的一个股东，同时也是巴西一家纸板制造商的股东，是利乐的主要供应商之一。我们发现利乐也在实施 TPM，不过采用的是一种不同的方法，称为 WCM。我们参观了他们的一家工厂，看到了他们的 WCM 项目与我们正在应用的 TPM 项目相比的优势。WCM 提供了更快的结果：TPM 虽然提供了一些可靠的结果，但原先设想的步骤是在对所有设备"恢复基本状态"后，再寻找其他损失，这需要很长的时间。这意味着该项目的第一阶段对我们来说将持续 3 年，因为在进入下一阶段之前，我们有超过 60 台制造设备需要恢复。我们进行了恢复，也获取了一些收益，但我们仍决定开始在所有的工厂实施 WCM 项目。

2.2 引导你们选择 WCM 而不是 TPM 的主要因素是什么？

TPM 的方法需要较长时间，因此得到结果的时间会比较晚。作为一家上市公司，我们迫切需要更快速地看到结果。WCM 的途径与 TPM 的途径非常相似，但 WCM 方法更适合西方公司。

2.3 您是否在公司内扩展了该项目？

我们首先将 WCM 扩展到南美洲所有的 Dixie Toga 工厂。2005 年，毕玛时收购了 Dixie Toga。一年后，我被邀请去欧洲担任运营副总裁。我的目标是整合 5 家欧洲工厂并应用 WCM 方法。

毕玛时欧洲是通过收购成长起来的，所以每家工厂都有自己的文化，并且它们之间没有协同效应。这些工厂分别位于比利时、法国、芬兰和英国。

在第一次访问这些工厂之后，我设想了一个可以应用 WCM 的示范领域。例如，在其中一家工厂，当我问他们的浪费是什么时，他们并不知情。我告诉他们如何按照 WCM 的方法计算浪费，然而得出的结果非常高。然后，我寻找能够帮助我在所有国家的我们的工厂实施 WCM 的公司，埃非索就是我要求投标的公司之一。基于埃非索的知识储备和他们的顾问在需要消除语言障碍的欧洲各地的可用性，我们决定与埃非索一起在所有的 5 个生产基地推进项目。

我们分阶段部署了 WCM，首先进行试点，并经历了所谓的"大爆炸"、扩展和稳定阶段。我们从 2006 年开始在所有工厂中首先应用主要支柱：渐进质量支柱、焦点改善支柱、教育和培训支柱，以及自主管理支柱。

2.4　你们的成功、成果、战略和组织影响及遇到的困难是什么？

在欧洲，我们有两个有趣的故事可以讲讲：一个在芬兰，一个在威尔士。

在芬兰，我们曾收购了一家软包装公司，这家公司最初是由一家造纸公司建立的。它非常精益，几乎是一个无纸化工厂，同时也非常注重效率，且对目前完成的成果非常自豪。因此，引入 WCM 是一个真正的挑战。

开始 WCM 之前需要一些基础要素，也正是通过实施这些基础要素，我找到了向他们展示这个项目优势的机会。

3 个基础要素或前提条件是：

1）有一个安全文化。

2）应用 5S 来创建一个有组织的、干净的工作环境。

3）采集数据。

如果没有这 3 个基础要素，就无法启动 WCM 项目。

芬兰的工厂拥有我们需要的所有数据和良好的安全文化，但它需要改进 5S。我每个月都会拜访每家工厂一次，在我第二次来到芬兰时，我告诉他们要部署 5S，并询问他们是否需要帮助。他们说他们已经知道了 5S，不需要帮助就能实施！这让我很兴奋。一个月后，在我第三次访问时，他们做了一个演讲，并通过第 3 步展示了 5S 的成果。我很高兴看到他们的进步，也很想参观工厂，看看车间里的成果。

然而，我们去车间参观的过程很尴尬：他们明显没有在做 5S。

我中途打断了参观，让厂长把部门经理都请到会议室开会讨论 5S。我给他们看了一个关于 5S 的 Power Point 演示，并详细介绍了每个步骤和他们的相关交付产物。最后，我邀请他们一起参观了工厂，我直接向部门经理提出了我对 5S 实施不力的原因的看法。我们针对每台机器和每个部门都详细地列出了问题所在，然后回到了会议室。他们自己的结论是"让我们重新开始这个项目，让我们把它做好"。

然后我要求他们把 5S 项目的主导权交给质量经理，因为几种常规审核里通常包含 5S 内容，而质量人员很擅长制定审核方案。

几个月后，在一次跟踪拜访中，我问质量经理，为什么尽管他们都很积极、很有干劲地开始实施项目但第一次尝试却失败了。他回答说："你知道的，我们认为这只是一个很快开始并会结束的项目，它不会坚持下去!"这正是企业普遍存在的问题，他们不断地应用市场上开发的最新技术，但这些技术并没有得到验证，也不是永久的。

这让我大开眼界。我明白了让员工参与该项目的重要性：如果员工不相信这个项目，也没有得到适当的培训，他们就不会参与变革，项目也不会成功。我很感谢他提供的信息，我把工厂的领导团队拉到一起，重申了 WCM 一定会实施，并且它必须成为工厂管理的新方式。

我们确实要关注内部人员。在 WCM 的启动过程中，我们加强了教育和培训项目来评估人员的能力和技能，并对他们进行培训，让他们参与进来，了解 WCM 的意义及如何管理团队，如何解读数据，找到项目中的阻碍，以便运用对策。此外，我们还将车间的激励措施与方案的可交付成果挂钩。然后我们成功了。

第二个故事发生在威尔士，这是一个成功的故事，尽管他们所处的情况导致开始的时候非常糟糕。我们从 WCM 所需的基础要素入手，这让他们大开眼界：在他们眼皮底下的机会如此之多，他们终于可以看到并抓住这些机会。不像其他工厂，他们很快接受了 WCM，尤其是工厂经理，他很快就开始通过 WCM 管理工厂。在我第一次访问这家工厂时，他们并不知道自己的损耗，我不得不回到财务经理那里，告诉他计算一下，结果损耗率是 24%。然而，在我们的业务中，成功则意味着损耗率应低至个位数。

当时有一则趣闻：在这个工厂有一个只有两台机器的部门，当我问部门经理损耗情况时，他说他们的损耗率是负数!"你们在生产过程中得到的材料比投入的还要多吗?"我问道。当他们给我看他们的 KPI 时，我发现他们是以英尺为单位测量他们的投入和产出的。他们应用的工艺是将材料加热，使其在机器中延展。他们得到的英尺数比投入的多，所以他们认为损耗率是负数!

"告诉我你投入多少磅，产出多少磅，我就告诉你损耗是多少。"我告诉他们，他们必须对材料进行称重，要用秤来测量，而不是用英尺的长度来测量。这就是这个项目的第一个阻碍。该公司欧洲地区的财务经理看到一个 1.5 万英镑的采购订单用于购买秤，他打电话问我是不是疯了，为什么要花这么多钱买秤。我说那笔小投资可以带来很多机会，并向整个领导层解释。于是他批准了采购订单，我们测量了废料并且发现损耗率为 2%。通过应用 WCM 原则，我们可以使损耗率大幅减少。然后，我们购买并在所有工厂安装了秤。

获取数据和测量实物的好处是，被测量的东西往往会受到关注。仅仅通过数据测量与设备的目视化管理，损耗率就从 24% 降到了 18%。

当时，那家工厂想要在外面建造一个仓库，因为他们的空间已经不够用了。当我第一次参观该工厂时，我认为我会迷路，因为我甚至看不到机器在哪里，原来它们都在库存和废料后面。我否决了他们建造仓库的提议，并建议他们把废品处理掉，为货物库存开辟足够的空间。

他们在 5S 方面做得很出色，因为他们很快就看到了其中的好处。这让我们有了很好的基础来启动 WCM 项目，而且我们没有在外面建造仓库。

数据也是一个大问题，在两个工厂中，我们都没有自动化采集数据。因此，我们必须创建表格，培训我们的员工采集数据，并向他们展示数据带来的优势，使用设备板，并将数据反馈给操作人员。这些工厂的成功首先来自于他们理解了 5S 带来的好处，其次就是向 WCM 的过渡。

在试点阶段，我们建立了**工厂模型**，这也让他们大开眼界。模型以金钱作为衡量标准展示了整体机会的大小，而且它比人们通常认为的要高得多。

我们在所有的工厂都开展了 WCM 项目，并且每年都设定了改善目标：损耗率至少降低 10%，生产率净增长至少 2%，我们正在取得这些进步。

2.5　您有遇到其他的阻碍吗？

在有些地方，我们也遇到了一些阻碍。在芬兰工厂，当我们要求运行设备板时，他们已经有了自己的报告系统，并且不想改变他们看待 KPI 和应用标准的方式。它是在 WCM 实施之前开发的，所以想要改变比较困难。我们必须与员工一起努力，使 WCM 的实施方式标准化，并使各部门之间产生协同效应。

WCM 系统的一个优点是，可以应用同样的方法，以同样的方式看待同样的损失，以同样的方式报告 KPI、团队成果、目标、标准，使用同样的管理板，以便向其他工厂学习，并通过一些持续改善（Kaizen）团队快速应用这些学习成果，而不需要走弯路。

我们还组织了一年一度的 WCM 会议，让所有的 WCM 或"持续改善经理"在会上交流他们的成功故事。我们在欧洲的前三年历程非常成功，公司随后邀请我去美国实施 WCM 并担任 Curwood 的总裁。我开始了同样的旅程，首先评估了 3 个基础要素（安全、5S 和数据）。然后，我们开始在 11 家工厂开展 WCM，到 2010 年增加到了 15 家，然后由于并购，又变成了 25 家工厂。2012 年，毕玛时决定，全球 60 家工厂［位于美洲（包括拉丁美洲和北美洲）、欧洲和亚洲］都必须启动 WCM。

我们在发现损失、部署团队和消除损失方面取得了成功，但在持续改善方面却表现得不稳定。绩效控制系统在这方面帮助了我们加速捕捉机会和取得成果。

我们的目标仍然是将损耗率降低 10%，生产率净增长至少 2%。我们非常注重人力，注重对员工的培训，并确保中层管理人员加入 WCM 行列。我们也在与高层管理人员接触并对他们进行培训，以确保在参观一个工厂时，知道必须关注的 WCM 的主要元素是什么，这样我们就不会发出混杂的信息。

我再讲一个帮助我们**获得人心**的轶事。

我们总是告诉厂长，我们收集的所有数据都是为了找到最大的机会，并将其反馈给操作人员，让他们了解自己的工作是否做得很好，并强化他们对设备的责任感。

我在欧洲的时候，每次参观工厂都会观察安全、数据和 5S。其中，我最恼火的是操作人员和维修人员把机器当作桌子和板子，把工具放在上面，在机架、机柜和人机界面上贴纸条。当我发现这些问题时，我提出了一个很简单的问题："你知道这台机器多少钱吗？"他们会看着我说："不知道，但肯定很贵。"而我回答说："这台设备的成本是 200 万欧元，但忘掉这个数字吧，把它看成是 8 辆法拉利的同等成本。试想一下，如果你的车库里只有一辆法拉利，你会在它上面放工具、贴便签，让它像你保管的这台机器一样脏吗？"于是，他们明白了这个信息，并开始爱护他们的设备。如今我们也一直在用这个例子。

2.6 在您所管理的不同地区，您是否看到在执行方面有任何文化差异？

在**拉丁美洲**，我们有一支非常有创业精神的工作队伍，他们渴望学习新的技术，不惧怕实验。他们没有"非我所创症"。实施 WCM 是很容易的，挑战在于如何维持它，不失去对它的关注。

这在很大程度上取决于工厂经理：如果他/她对实施 WCM 感到满意，并通过 WCM 来管理工厂，那么它就会奏效。困难在于大家将 WCM 视为平行项目的实施。他们总是试图回到过去的做事方式。所以必须打破这种倾向，通过指导委员会和支柱来引导 WCM 的实施。此外，**你也要迅速评估工厂的领导层是否有变革意识，如果他们没有，就必须更换领导层，不能迁就他们。**

欧洲有很多不同的文化。我的管理风格一直是授权和控制，并试图达成共识，因为我认为人们需要理解**为什么要做事情**。

在**芬兰工厂**，大家很难达成共识，我不得不下达命令。在**英国工厂**，大家很有创业精神，愿意接受改变，我们也很成功。在法国和比利时工厂，大家总是有一个借口来解释为什么事情没有完成，工会和管理部门必须明白其中的好处，否则他们会破坏这个项目。在美国，当我们正在进行一个大的变革管理项目时，结果总是喜忧参半的：2010 年，我们与 Alcan 公司合并后规模扩大了一倍。在应用 WCM 原则的同时，我们也在融合两种不同的文化。Alcan 公司的工厂有一个非常正式的基于精益六西格玛原则的持续改善计划。这些工厂了解

WCM 的好处，因为我们将 WCM 建立在持续改善计划之上，他们很快就意识到 WCM 填补了其计划的空白：维持收益。在年度会议上他们审视了损失，并准备在下一年部署损失消除团队来实现他们的目标，但他们没有一个系统来维持收益。

毕玛时的传统工厂有一个名为"向损耗宣战"的项目：他们成立了一个业务流程改进部门，将一些研发工程师委派到工厂来减少损耗。当时的损耗率高达两位数，该团队有很多容易实现的目标来帮助减少损耗率，然而他们所做的一切并非都是可持续的。他们认可 WCM 的方法，因为它比"向损耗宣战"更有纪律性，尤其是当容易实现的目标已经达到时，要保持 WCM 之前的成功越来越难。

关键是 WCM 是一个完整的系统，而其他方法不是。一个系统必须包含损失识别、损失消除和损失预防，因为这样才能保证长期成功，否则就会有风险：早期会很成功，四五年后就没法维持了，成果就会缩减。

2.7　您说您的管理风格是授权和控制：您在所有的工厂中应用还是调整？

我一直采用授权和控制的方式，因为我总是非常善于分析，并且非常渴望数据和 KPI，然而，在没有达成共识的地方，我也没有进行调整：这些地方我会下达命令让他们遵守，如果他们不遵守，我就必须改变管理方式。我需要每家工厂的领导都对 WCM 充满热情，并完全接受它。

2.8　对于一个刚开始应用该项目的公司，您会推荐哪种领导风格？

1）**首先要与公司战略愿景完全一致。**

2）**对 WCM 充满热情。**

3）**在启动 WCM 之前**，先做好基础因素的工作：安全、5S 和数据。

4）**确保每个人都参与**：这就是关于人员的问题。谁不愿参与，谁就应该知道公司里将没有他/她的容身之地。

5）当你处于这个"卓越运营"的进程中时，**不要忘记你在制造方面的优势**，如创新和技术。你要继续在标准操作程序和控制方面下功夫。

6）**收购后对公司文化不要太过激进**：一家公司的存在和成功都是有原因的。我们都知道，过去的成功经验不能确保未来的成功，然而适应新的挑战所需要的改变通常没有我们想象的那么大。首先，要确定该公司有哪些你不想改变的东西，找到它在人员、流程和技术上的优势，并继续强化它们。然后，把重点放在你想改变的事情上：一种价值观、一种原则、一种做事方式、你需要的人才类型。

2.9　WCM 如何在并购后的过程中帮助集团？

WCM 提供了一种快速而有力的方式来创造一种共同的文化：从第一天开始，就要定义你要在所有工厂实施的文化，它是一个明确的信息，提供了一致性，并促进了战略的执行，以达到你想要完成的目标。

第3章 欧莱雅案例

埃里克·沃尔夫（Eric Wolff）

公司简介

一个多世纪以来，欧莱雅一直将其精力和能力专注于一项业务：美容。欧莱雅是全球美容行业的领导者，它选择为全球女性和男性提供专业服务，满足他们无限多样的美容愿望。欧莱雅致力于以合乎道德和负责任的方式履行这一使命。集团拥有32个国际化、多元化、互补性的独特品牌组合，2014年销售额达225亿欧元，全球员工超过75000人。作为全球领先的美容公司，欧莱雅在所有的分销网络中都有体现：大众市场、百货商店、药店和药房、美发造型沙龙、旅游零售店和品牌零售店。欧莱雅运营的关键数字：全球有43家工厂，生产超过60亿件化妆品，拥有153个配送中心和45万个交付点。

3.1 欧莱雅是一个典范企业，在产品质量、创新和营销上都很优秀：为什么这样好的现状要让欧莱雅启动改善计划？

故事开始于10年前，当时欧莱雅集团确立了征服全球**10亿新消费者**的战略。要知道，10亿消费者是欧莱雅已经达到的销售目标，这就意味着要将生产能力再提高一倍左右。对于欧莱雅的运营来说，显然不能仅仅通过复制现有的生产模式来达到目标，还需要对现有资产进行优化，同时找到瞄准新兴国家的路线，在这些国家加快现有的生产能力。当我们开始朝这个方向努力时，我们意识到，与其他工业领域相比，一方面我们有一些改进的空间，另一方面我们还必须针对新兴国家开发一个差异化的模式：而在这里，针对这两个挑战，我们在整体设备效率（OEE）上有一个有趣的改进空间……这就是我们的出发点。

3.2　你们是从哪里开始的？

我们开始分析我们已有的工具、方法和流程，以及如何使用它们。我们制定了一些基准，并拜访了一些其他工业领域的公司，如机械工程、汽车、食品等。我们具体地看到了所有与持续改善相关的方法，如精益、六西格玛、TPM，这些方法我们已经开始使用了，但我们需要扩大规模和专业化的模式。我们试图彻底了解我们的工业环境和特殊性，并寻找最佳的实践方式。

我们当时决定在 4 个工厂进行试点，其中 3 个工厂在欧洲，1 个工厂在美国。我们得到了 4 家不同的外部咨询公司的支持。4 个试点工厂运行得很好，我们学习了方法，积累了一些经验，并初步取得了积极成果。我们还了解到成功的另一个关键因素，即实践和方法与欧莱雅的文化和语言要相适应，这样我们才能创造出自己的方式。

在同一时期，我们还在内部成立了一个特别工作组，由欧莱雅工厂的一些经理组成：他们详细阐述了实现高水平业绩的做法，他们的业绩高于我们全球工厂的平均水平。从此，我们确定了一套 12 项最佳实践方法，并开始在集团所有 43 家工厂实施。

我们的行业处于一个非常有活力和需求的市场中：我们的产品组合中有很大一部分（超过 25%）每年都在变化，新产品和创新产品不断涌现，其他的产品在不断退出。与其他行业相比，这带来了变化灵活性的特殊挑战。我们也需要找到适应这种产品组合变动大的对策。顺便说一下，这很可能就是为什么在过去，即使我们已经很努力地改善业绩，但却没有达到我们所追求的可持续业绩水平的原因。

通过 12 个最佳实践和 4 个工厂的试点，我们在技术实践、设备技术知识、维护技术、快速换模（SMED）和一些对我们来说非常新的东西之间找到了平衡：一种"自下而上"的管理结构化的方法。我们的想法是让管理人员在车间里以一种更有条理的方式听取在生产线和包装线上工作的工人和技术人员的意见，以确定和实施解决方案。这逐渐成为新的模式。这是一种逐步扎根的文化变革，我们在培训和指导方面做了大量的投资，让每个人都参与进来，从一线工人到一线经理、中层经理、生产经理，都参与到改进实践和技术中来。

在 4 个工厂取得试点经验并确定了我们的最佳实践后，我们开始向集团所有工厂推广。在这一阶段，我们建立了维持项目的结构：在每个工厂都任命一名绩效经理，也是工厂管理委员会的成员。他/她的职责是跟踪工厂最佳实践的部署，并确保该项目得到良好的实施。同时，我们在全球范围内统一了所有的

KPI，并为我们的工厂推出了 WW ERP，使各地的实践、报告和改善措施得以共享和基准化。

3.3 人们对文化变革的反应如何？

从全球范围来看，反应是积极的：我们很快就看到实施的方法产生的积极结果，并且这种结果引起了公司大多数人的兴趣。

我们也努力将结果传达给大家，让大家都能理解这种方法带来的好处和改进。我们认为，要让大家**感受**到正在发生什么，为什么要利用绩效改进项目进行变革，这一点非常重要。我们的"十亿新消费者"战略给我们的感觉是：如何在不进行大规模投资的情况下达到优化生产的目的，同时也是为了创造一个更好的车间环境，在改善人机工程学和让机器正常运转的情况下，使操作人员在一个整洁干净的地方工作。我们通过改善工作条件和环境来提高绩效。我们也希望操作人员对他们的工作场所和交付的成果有责任感和自豪感。

由于产品结构和业务模式的高低和基线不同，每个工厂的优先级略有不同，我们决定在每个工厂采取不同的工作方式：这是一套一样的操作，一套一样的目标，但要根据每个工厂的特点，量身定做。我们与每个工厂的绩效经理一起，通过绩效经理，根据工厂的目标功能，调整改善方案。最后，有些工厂以灵活性为优先考虑，他们特别在设备上下功夫，而有些工厂主要在损失上下功夫，有些工厂则在产能上下功夫，等等。

3.4 你们遇到过什么障碍吗？

总的来说是成功的，在最初的 5 年里我们取得了非常令人满意的结果。在那之后，我们也经历了一些变化，如大型工厂的重新设计，机器从一个工厂转移到另一个工厂，一些工厂的生产范围发生了重要的改变，我们收购了新的公司进入欧莱雅等，即便这样，我们也必须将我们的项目加入进去，而这些变化影响了改进的动力。人们专注于转型过程，从而影响了结果。从这样的经历中，我们明白了要想建立一个永久可持续的体系，绩效改进的文化需要渗透到日常工作的方方面面，并对完成的每件事进行反思；而这种扎根需要时间。

关于遇到的障碍，其中一个可能是"需要耐心"。这一点在快速消费品的世界里是不容易被接受的。这不是弹指一挥间就能得到的：当然，你会取得快速的成果，但对于一个永久的持续改善系统来说，还需要一个团队的承诺，包括车间人员、一线经理，甚至运营总监等。有一些实践方面是很容易建立的，但**可持续性是一个长期的成果**。我们的座右铭是"当最佳实践成为'惯例'时，才是完全的成功"。

此外，还必须**建立强大的层级一致性**。该项目不能是一个单一工厂或生产车间的举措，**公司结构必须能够帮助项目的实施**：将全球所有工厂联系起来，发挥参考点功能，成为实践和方法资本化和共享化、制定和交流基准的中心。在欧莱雅，我们实施了一个**卓越运营管理系统**，在这个系统中，知识在各工厂之间进行整合、交流和分享，以创造最佳的协同效应，这样每个人都可以在一个或另一个实践中跟随和学习已经做出成绩的先行者。

我们还有一个**关于绩效的公司社交网络**，以便让所有人都可以通过这个网络进行交流和建设，并即时得到反馈。

3.5 是管理者还是生产线员工更容易接受持续改善的概念？

高层管理人员从一开始就给予了支持和承诺，他们认为这是实现"十亿新消费者"目标的关键解决方案。**生产线员工**也积极主动地参与到这个项目中来，因为他们有机会以自下而上的方式参与项目，提出解决问题的建议，改进生产线，并对自己的工作更加负责。

一开始，需要我们更多陪同的是**中层管理人员**。我们必须让他们明白，这将会改变他们的角色，"他们不再是单纯的解决问题，而是要帮助生产线的员工发现问题，找到解决方案。他们不再是唯一的问题解决者，而是教练，是领导者"。这对他们来说，是在技术能力的基础上，发展管理能力的很好的机会。

3.6 您认为对他们来说最困难的是什么？

这种变化最初可能会带来空虚感："如果我不是解决问题的人，那我现在应该做什么？"

问题的关键是，他们的议程随着他们角色的新诠释而改变：这就是为什么通常对一线经理的培训和辅导的主题之一是关注他们的标准议程，以及他们应该遵循并检查的日常事务、日常工作的组织和他们的新任务。

3.7 能否描述一下您在生产领域的组织结构？

关于我们的卓越计划，可以说，我们的生产组织是由非常多的孤筒组织起来的：我们有质量、生产、安全环境和物流领域。

我们已经实施的最佳实践表明，如果我们想要提高绩效，就必须同时在所有领域之间建立一致性，一个词表示就是：跨职能的方式。例如，质量部门遵循的是基于控制的逻辑。当我们开始实施绩效改进系统时，在最初的 6 个月里，车间人员只谈论他们的技术和机械问题。6 个月后，技术问题解决了，大家开始谈论质量问题，并提出切实可行的改进生产的建议。他们还谈到了人体工程学的问题。车间人员还向我们展示了**持续改善的发展会影响设备的正常运转率，但同时没有质量或安全的绩效也是不可行的**。这些事项之间的联系非常紧密，一定会相互影响。因此，更加协作的工作方式是每个解决方案的一部分。

我们努力在所有这些议题上有一个通用语言和一致的方法。如今，绩效经理能够帮助提高生产率、减少损失、降低耗损量、提高质量等工作。

3.8　你们实施支柱模式了吗？

我们开始做了，但是要把这个支柱理念、支柱的内部功能说清楚是相当困难的。在我们的组织中，我们已经有了一个质量经理、一个安全经理和一个绩效经理，所以支柱的逻辑并不可行。人们并不明白支柱的理念能在现有的组织结构之外带来什么。有些工厂成立了支柱小组，现在还在运行，但在集团层面并没有得到扩展。

3.9　您对未来有什么想法？

可以说，我们绩效改进计划的第一步就是**实施改进方法，并建立健全的管理组织**，使绩效改进过程得以持续。

如果去看我们仍然存在的损失，我们会意识到，这些损失是由于机器的可靠性问题造成的，我们需要在维护计划上进一步努力。在这样一个快速发展的市场中，另一个课题是在设备起动时间上下功夫，以确保最佳的灵活性。当然，还有变革管理和早期设备管理。

我们的第二步应该是在设备的定义和功能与管理流程之间建立更强有力的联系。这意味着我们必须改进我们在所有维护方面的工作，我们必须重新构思我们的设备概念，使维护更容易，简化设置部分，主要是快速换模和设置时间。因为我们不是一个单一产品的行业，设置部分往往非常复杂。换句话说，下一步就是要**以更强的方式重建设备和流程之间的联系**。

3.10　如果让您评价这个改进计划，您是否看到欧莱雅在运营方面的竞争地位有所改变？

是的，在过去的 7 年里，我们节省了，或者说释放了 20% 的产能。这对于

"十亿新消费者"战略具有重要意义。我们还致力于提高生产线的速度，所有这些都会带来生产力的提升。

当我们开始致力于竞争优势的时候，我们是平均水平，或者说是平均/低水平。如今，我们是中等，或中等/高水平：我们不是同类中的佼佼者，我们仍有改进的余地，但我们正处在成为同行中佼佼者的路上。

即使我们在质量、安全和绩效之间的一致性方面已经达到了卓越的水平，但提高我们的正常运行率和产能有助于提高质量和安全这一点依然很重要，并且生产线上的员工已经向我们证实了这一点。这种动力让我们能够在该领域更进一步：在安全方面，我们有很好的成绩；在质量方面，在化妆品行业内，我们也处于世界最佳水平。

因为战略目标的原因，绩效项目更多关注的是正常运行率，但我们学到的东西同时带来了很多其他方面的积极作用。

3.11 所以我们可以说，在工厂之外，在全球业务中，欧莱雅制造业的竞争地位已经发生了变化。那么关于敏捷性、前置期、客户服务和上市速度，您觉得这些方面是领先的吗？

这不是这个项目前期的目标，但是随着我们的推进，我们开始考虑了两个更进一步的主题。

首先是**如何在概念领域更好地使用这个绩效项目**。

我们的产品周转率相当大，一次正确率对于运营绩效非常重要。例如，持续改善计划、早期的设备管理和风险通过概念团队逐步推进，以改善包装概念。在流程和制造"配方"的定义上，我们也开始做同样的工作。2014年，我们对包装和流程的概念管理体系进行了全面审查。

其次是**如何找到改善产品上市时间的方法**。这在化妆品市场是非常重要的，因为化妆品市场的变化趋势相当快，我们需要非常快速地投入市场。在每一个项目或产品推出之前，考虑整体产品组合的复杂度，开发团队在此之前就已经定义了更优化的产品开发方法。以前我们常说"一刀切"，现在，我们有了一个更加细分的方法，以确保每个项目都能在第一时间以最有效的方式完成。

3.12 如果可以的话，您想用哪几个词来描述欧莱雅的文化？

我们是一个注重绩效和卓越的网络组织。我们拥有一个在世界各地具有同等地位的全球网络，大家在上面可以分享结果和改进，并且每个人都可以在其责任领域应用实施这些改进方案。我们还赋予了大家权力，促进企业家精神。

我们也相信个人，相信个人的能力、创造力、业绩和多样性：丰富解决方案，而不是只采用单一的"自上而下"的方法。它是一个中央团队建立大项目、系统和流程，建立培训和组织的最佳实践分享及本工厂/本区域操作实施和交付业绩，同时通过当地的发现和倡议来丰富全球解决方案的混合体。

3.13 您是如何将您的价值观——"企业家精神"——与一致性结合起来的？

我们有一个相当严格的框架，因为我们有非常结构化的质量体系、安全体系，同时也为积极性和个人发展提供空间：我们在这个框架内寻找提高业绩的能力。严格的框架与提供空间之间总是保持平衡。

这个框架的存在有很多原因。其中一个原因就是我们是一个受监管的行业，在化妆品行业，我们有主管部门明确规定什么可以做，什么不可以做。

那么，作为化妆品行业的领头羊，我们的责任就是在很多方面为别人做出榜样。当我们说到安全或质量的时候，是因为我们要保护我们的员工和消费者。但是，还有新的倡议空间，然后仍有一些举措可以成为新的标准：这就是前面说的网络绩效精神。

3.14 如果您能改变这个项目，您会做什么不同的事情？

我不会改变部署的方式。在像欧莱雅这样的公司里，我们不是自上而下管理的。你需要说服别人，我们的做法是做试点，展示成果，并且让领导参与，让这些试点的领导作为项目的见证者，然后告诉其他人，这个项目实施起来很方便且有效。

这就是帮助我们进步的原因。如果我们说："这就是我们要在全世界实施的计划，这就是我们要走的路，现在就去走吧。"那我们永远不会成功。

也许从一开始就应该更注重给大家一个能动性的意义：明确地定义这个项目的意义，并把它转化为对每个人自己的意义，因为它对一个厂长、对一个车间主任、对一个生产线上的技工来说，意义并不完全一样。这也是我们一开始做得不够好的地方。

另一件我会更加努力去做的事就是赋予 KPI 的意义。我会从一开始就尝试如何更好地将组织的重要 KPI 与绩效改进计划联系起来。例如，通过观察消费者的投诉来提高质量是很明显的，但我的意思是，也要观察正常运行率，将其与生产力、直接成本、产品成本和产能联系起来。

3.15 在其他公司，他们发现很难让人力资源或供应链、分销部门和销售部门参与进来。在矩阵式组织的公司中，地区负责人并不支持当地的全球倡议

可能会有这样的问题出现，但实际上我们并没有遇到，因为我们不是那样自上而下管理的公司。当你有 40 家工厂的发展方向是正确的，有 5 家工厂的发展方向不正确时，并不是说你忽略了这 5 家工厂，而是在某些时候，他们会加入进来；或者，如果不加入，他们也要解释为什么他们带来的结果与其他 35 家工厂不同。如果你在结果与计划之间建立了明确的联系，那么管理者就很难不遵循计划。

3.16 您对于开始实施改善计划的人有哪些建议？

1）适应性是很重要的：系统和方法论必须适合采用它的文化和组织。

2）一定要给自己所做的事情赋予意义：做业绩不仅仅是为了业绩，背后总是有原因的，每个人都必须知道。

3）要有耐心：项目不是三个月就能给人永久的效果，要想做一些可持续的事情，需要好几年的时间。

4）基准：寻求公司以外的专家的支持是很不错的。

——分享和基准化想法，确认优先事项，以及如何开始……

——深入了解与项目有关的知识、背后的原因、方法和工具。

5）争取赞助人：在组织内部确定将推动计划实施并一直维持该计划的人员。

6）做好变革的准备：意识到组织变革是改善计划的一部分。

7）最后非常重要的一点，积极倾听别人的声音：尽可能多地给予同情和支持。牢记这是一个团队项目。

第4章 圣戈班案例

亚尼克 · 库蒂亚尔（Yannick Courtial）

公司简介

圣戈班拥有350多年的历史，由4个业务部门组成：创新材料、建筑产品、建筑分销和包装。

主要数据

销售额：410亿欧元

拥有超过180000名员工

占所在市场销售额的79%

分布在66个国家

拥有945个生产基地，近4400个销售点

是全球100家最具创新力的公司之一

4.1 什么原因使圣戈班启动了 WCM？

采用 WCOM™ 的决定可以追溯到2006年9月，当时圣戈班举行了一次战略高层管理会议，并首次赞助了 WCM 项目。在这次会议上，汇报了两个相关实践经验。

第一个是2005年被圣戈班收购的 British Gypsum（英国石膏）公司，它是 British Plaster Board（英国石膏板）公司在英国的运营部门。英国石膏公司与日本工厂维护协会（JIPM）的 Yamashina 教授一起实施了 WCM 的 TPM 方法。他们在全球有80家工厂，虽然在各个工厂都采用了同样的技术，但有些工厂的交付结果比其他工厂更好。英国石膏公司在各地都需要一个持续的标准流程，有不停机的生产线和适当的速度：必须杜绝影响生产线的短停、速度损失和故障

现象。他们的 TPM 经验是非常成功的：在两年内，他们大大提高了产量，同时大幅降低了损失。

第二个好的实践经验是圣戈班巴西公司，该公司在不同的技术中都采用了精益生产的方法，因为圣戈班巴西公司有不同的业务部门，如磨料磨具、陶瓷等，而英国石膏板公司只有一种技术。这表明，精益原则对每一项技术都很有效。

这就是为什么 2006 年圣戈班决定在所有工业部门推进 WCM 这样一个务实的体系，因为有证据表明它确实可以发挥作用。

4.2　为何急切地采用 WCM 计划？

圣戈班在其所有活动领域都排名第一或第二。竞争总是非常激烈的，采用 WCOM™ 体系是维持和提高领导力并在市场上有所作为的必要条件。我们的策略是在可持续成本的基础推动非常创新的产品，同时不能有过高的产品价格。成本差异应该建立在更好的质量和服务的基础上。我们需要确保自己能够继续成为最可靠的供应商。我们提出的一个大问题是："如何保持成果？"我们的紧迫感来自于要领先竞争对手一步，同时成为客户的可靠供应商。

4.3　如何部署计划？

我们完全是从零开始的，很少有组织准备好启动这样的项目，因为当时我们没有变革领导者或 WCOM™ 协调员；治理必须一步步建立。英国石膏公司确实有一些经验，但它只占圣戈班的 5%，所以不可能让英国石膏公司来引领整个公司的项目。

我们需要一个咨询合作伙伴来帮助我们在全球范围内启动这个项目，并与我们分享他们在这个项目上的知识，所以我们发布了一个招标书，以便选择合适的咨询合作伙伴。

圣戈班分为几个部门，每个独立的部门都有自己的资源。在公司层面有几个组织，包括财务团队与 CFO，人力资源团队和 H&S 团队。当你投入运营时，还有创新材料部门。部门负责人下面有分管总经理，然后是质量经理和工业总监等。公司层面没有工业总监和运营总监。由健康安全总监负责成立指导委员会，并确定协调项目的团队。

巴西地区总代表、WCOM™ 计划的主要赞助人 Jean Pierre Floris 被指派向董事会报告进展情况。

我本人于 2003 年加入圣戈班，担任香水、化妆品和制药行业玻璃瓶生产部门的质量总监。我在达能工作了 15 年，在那里我是一个业务部门的质量副总裁，负责管理 WCM 项目：这就是为什么 Floris 让我从达能跳到圣戈班。2007 年 3 月，我换了工作，成了高性能材料部门的 H&S 和 WCM 总监，该部门包括磨料磨具、陶瓷、塑料和玻璃纤维。我因此能够开始领导 WCM 项目，不是作为一个额外的角色，而是将其嵌入到我的角色中，我对此感到很满意。

4.4 该项目部署是如何实施的？

我为高性能材料部门选择了埃非索的 WCM 项目，因为他们可以为我们所有不同的部门和技术提供全球服务。考虑我们集团的高度多样性，这一点是最重要的。我相信，结构化的 WCM 方法、损失识别、方法路线，包括支柱系统，都能让我们与众不同。此外，埃非索有一个知识工具包（Toolkit），可以被翻译成我们需要的所有语言，这能促进各个地区在文化层面的参与和技术诀窍的转移。

我们决定不在现有的组织内建立一个庞大的额外组织结构。我们希望与现有的管理人员一起发展项目，给他们更多的工具和方法，在 WCM 培训的基础上发展他们的技能。我们希望避免一个平行结构带来的风险，因为这将使经理们失去责任感。

我们首先与咨询合作伙伴一起确定了试点工厂，并在那里启动该项目。其范围内包含了 250 家工厂。我们决定在每个地区的每个部门都设立一个试点工厂。一开始，这个项目涉及 12 家工厂和他们当地的管理层。为了以标准化的方式进行，我们制定了一个总计划，其中包括一个记录所有项目阶段的路线图。我参与了路线图的设计，以便在第一家工厂启动该项目。第一步是组织工厂管理层召开启动会议，解释 WCM 项目。

我们举办了为期 2 天的研讨会，议程的要点是精益原则和如何制作价值流图。价值流图的最大优势是分享工厂如何组织流程的愿景：我们看到了实际存在的障碍，并且经理们明白要实施该计划的唯一方法就是大家一起协作。这树立了一种团队精神和当前的工作方式必须转变的意识。价值流图还帮助我们确定了第一轮项目。每个试点工厂都按照基于改善（Kaizen）的 WCM 方法，遵循消除损失的原则开展了一些试点项目。试点阶段持续了 6 个月，但第一批项目在 3 个月后结束，并取得了非常好的效果。基于所有 12 家工厂取得的成果，2008 年，我们在全球 250 家工厂中推广了该项目。我们决定在工厂层级设立 WCM 协调员，在每个事业部设立 WCOM™ 总监，以保证该项目在事业部层级的领导力。我们在工厂进行了辅导，同时还组织了为期 4 天的 WCOM™ 绿带培训，在培训中我们向生产、维护、客户服务和质量经理们解释了方法和支柱概念及相关方法。然后，他们参加了考试，由学员进行改善项目的演示，最后成功获得证书。

作为总管，我为圣戈班设计了具体的 WCM 项目，其中包括 8 个支柱和圣戈班的 WCM 愿景：挑战全球各地每个车间活动的最佳绩效，提高我们的竞争地位。WCM 是一种方式，它的基础要素帮助组织了项目中的变革管理部分，以确保每个人都参与到培训和工作条件的改变中。我们切实地实施了工作条件、5S、自主管理和早期设备管理（EEM），还实施了日常控制系统和可视化管理。

4.5　员工的反应如何？

最初我接手时，人们对 WCM 并不热衷：很多人说公司已经在进行持续改善，他们不认为增加一个项目有什么价值。

他们的第一反应是："有什么新的东西？我们为什么要改变？我们已经做了 PDCA 和 Kaizen，以及精益和六西格玛。我们已经知道该做什么了，并且已经有足够的能力来管理我们的活动了。"

正是 WCM 试点项目的成功表明，只要正确理解损失原理，进一步改善是可能的，而且可以取得更好的效果。在圣戈班，经理们都是非常优秀的工程师，他们习惯于对偏差做出反应并遵循 KPI 指标，但当时他们更多是用来解决问题，而不是识别损失和预防损失。

除此之外，还必须考虑经理们已经有很多事情要做了，而 WCM 项目需要占用他们额外的时间。在这方面，试点项目也证明了花费额外的时间是有价值的，因为这显然是有益的，通过让大家参与到流程中来，减少了补救和快速修复反应，从而节省了时间。

4.6　成功的关键因素是什么？

通过试点工厂来证明 WCM 可以发挥作用。

另一个关键因素是，我们确定并决定与积极的人合作。我们在 50 个国家有 1200 家工厂，我们决定选择积极主动的经理人作为项目的发起人，而不是那些有抵抗态度的人。我们选择了那些想开始、有强大领导力、并且认为自己已经准备好改变的厂长。他们能够将组织中的变革层层传递到车间。

首先，我们进行了成本分解，了解了我们需要在哪些方面下功夫。这时，人的因素变得至关重要：如果高层管理人员不和你站在一起，方案就不会成功。

第一轮项目是成功的。在法国、德国和意大利的所有团队，一线操作人员都参与进来了，我们还让工会代表参与进来，让他们了解这个项目。

但工会消极地看待这个项目，因为他们认为这个项目只是为了减少人员数量：我们称之为精益的黑暗面。所以我决定不使用精益的术语以避免这种误解，但我使用了精益的工具。这让我们说服了越来越多的经理。

4.7　项目的成功、结果、战略和组织影响及你们遇到的困难是什么？

我们在许多工厂都取得了成功，也收到了很多积极的反馈。

一开始，管理层必须努力学习新的工具和新的管理方式。最困难的是说服他们，让他们明白如果他们利用一些额外的时间在活动中插入 WCM，就可以减少故障和事故，因为他们在预防和预测方面进行了投资。

我的工作重点是创造条件来快速展现良好的效果，创造一个可视化的工厂，并确保每个人（从操作员开始）都能在个人的日常工作中受益。

2010 年，我们要求所有的工厂实施 WCM 项目。

一开始，我们只是默默地实施项目，尽管我们带来了效益，并开始实施支柱，但工厂没有明显的变化。后来我们实施了更多的可视化管理，当再次来到圣戈班工厂时，看到了巨大的差异；WCM 是立即可见的，机器处于掌控之下，外部访客可以感受到良好的工厂管理。操作人员感到更加舒适，他们有更安全、更好的工作条件，由于减少了调试、停机和故障，他们与机器的互动也减少了。DCS（日常控制系统＝机器板）和可视化的机器状况监控为操作员创造了更好的条件，使他们能够实时识别生产线上是否有偏差。

以前，很多数据的收集都是在计算机中完成的，管理者在第二天才能看到结果，但这已经太晚了。现在，我们处理绩效的方式完全不同：操作员能够持续地看到每一小时，一切都在掌控之中。如果出现偏差，操作员会在发生故障、产生速度损失或短暂停机之前进行干预。班次结束时，我们总是知道是否达到了绩效要求，并采取相应的行动。我们有一个称之为绩效控制系统的自下而上的方法，它推动了这种预防方式。

4.8　所以我们可以认为从解决问题到预防和预测问题的过程是一个模式的转变

经过 3 年的时间，我们设计了圣戈班的 WCM 模型，包括 8 个支柱和 3 个基础，我们进入了扩展阶段；因此，我们决定用强大并切实的变革管理方法来扩展损失预防系统，不仅交付了项目，并且开发了"示范区"（我们实施支柱步骤和建立基础的地方）。除此之外，我们还建立了一个**审计系统和表彰系统**，从铜牌开始，对最佳工厂进行表彰。要获得铜牌，工厂必须满足两个条件：WCM 项目的结果（健康和安全支柱及工厂的优先支柱，如质量和工业效率），以及示范区的绩效必须达到基准水平。这非常有激励性，员工们为获得表彰而感到非常自豪。

现在，我们在全球有 30 家工厂获得铜牌，占我所在领域的 8%。要做到这一点并不容易，但它是有积极作用的，因为它证明了该计划的可行性。我们在世界许多地区都有铜牌工厂，如波兰、法国、德国、西班牙，还有印度、美国、墨西哥、巴西、中国，也涉及了不同的行业（如连续加工、车间、手工制作等）。我们有从 24~1000 多人的铜牌工厂。这是一个挑战：越来越多的工厂经理想要实现这一目标，这创造了一种积极有效的方法。

在我们的沟通中一次次地重复这一点：让我们关注并强调最好的。

现在，跑得快的工厂在挑战银牌，我们也正在努力扩大已获得铜牌的工厂的变革管理计划。他们希望做得更好，并向银牌迈进，银牌的要求是：80% 的关键设备达到最高水平的绩效指标；有最好的 OEE、最好的质量、最好的安全条件，换句话说，就是实现一个非常稳定的工厂。

经过 6 年的 WCM 计划，得益于审计系统和铜牌的例子，我们能够覆盖 90% 的工业工厂周边。我们已经成功培训了大部分的管理人员和大部分的操作人员。我们已经在全球所有地区培训了超过 5000 名 WCM 绿带和 10000 名黄带管理人员，这是一个非常重要的成果。

我们已经在文化变革和"自下而上的管理方式"上取得成功，现在我们有了能够实时控制绩效的自主的操作人员。

在财务方面，我们经常实现重大节约。自 2007 年以来，我们的年度绩效增长了 2.5 倍。技术指标，如 OEE、缺陷、故障、WIP 及我们的安全记录和环境足迹，都有显著改善。

我们有 30 家铜牌级别的工厂，但仍有 470 家工厂尚未达到这一水平。因此，仍有改善的空间。但这也与各地区管理层部署项目的能力有关：集团 WCM 团队在各地提供相同的目标、指南和培训，然后实施情况取决于地方管理层和部门管理层的采纳情况。有时，他们声称自己没有时间和资源，有其他优先的事情要去做。6 年后，我们仍有经理不完全相信该项目能够帮助我们。毕竟我们是一个大集团，有 20 万名员工，在全球有 1000 多家工厂。

4.9 如果重新开始这个项目，您会做什么不同的事情？

关于这个项目，我们已经建立了一种能力并且组织已经整合了这个项目。

我们可以在试点工厂投入更多的内部资源，特别是在某些部门：内部资源数量和顾问之间的平衡是至关重要的；支付太多咨询费不一定被接受，但没有资源就会出现问题。

事实上，那些在资源充足情况下制定方案的部门，其工作得非常好。

4.10　有没有什么给大家的建议？

根据 2 个标准，确保第一批团队成功。

1）与优秀的合作伙伴一起部署和实施方案，并了解方法论。

2）在 3 个月内，必须提供第一个正向的结果。

一般情况下：

1）让最积极的、愿意参与变革的人参与进来，必要时让操作人员和工会参与进来。

2）确定试点工厂，并使其成为其他工厂的标杆。

3）部署需要的资源（不能少），通过咨询的方式来引导和指导。

4）培养和培训管理人员，扩大实施范围，他们是变革的领导者。不要创建平行的组织结构。

5）平衡资源管理和车间自主权。

6）平衡外部顾问和内部倡导者。

7）从补救转向预防，从而树立预防思维。

8）要考虑每个工厂的执行速度是不同的。

9）学习前者的经验，因地制宜，因势利导。

4.11　除了制造环节，您将把项目扩展到整个价值链。您发现的主要问题是什么？

我们正在努力将其扩展到供应链，在这一领域有着更高背景的高级经理人都认为自己所了解的够多了。在制造环节，你要展示成果，此时就比较困难了。但我们已经推出了一些好的项目，只要我们能给出结果，有内部训练有素的力量，就能成功。下一步是世界级的采购、销售与市场。我们还没有扩展至研发领域，但我们也知道，当我们推出新产品时，肯定也会面临一些问题。

在圣戈班，高层管理者不会强迫员工去实施，直到员工自己觉得已经准备好了，管理者会尝试并展示证据，因为他们看到的结果比语言和指令更有说服力。

第 5 章　利乐案例

乔瓦尼·德·菲利波（Giovanni de Filippo）

公司简介

"一个好的包装应该创造比它成本更多的节约"，这是利乐公司创始人鲁本·劳辛（Ruben Rausing）的宗旨。

新公司往往是通过推销一项技术发明而起家的，而鲁本·劳辛则是通过研究市场来开始自己的事业的，以便能够规划出他未来的公司能够做什么。之后，他又研究了技术要求。鲁本·劳辛有强烈的创造新事物的野心，他的基本想法是通过实用的消费品包装和合适的运输包装，使食品杂货的分销更加合理化。

他是推动四面体包装发展的发起人：他的想法是用纸管进行成型、灌装和密封包装。

基于鲁本·劳辛的想法和他的合伙人艾瑞克·阿克兰德（Erik Åkerlund）的投资，利乐在瑞典诞生。

1933 年春，鲁宾·劳辛成为公司的唯一所有者。

1952 年 9 月，利乐给瑞典隆德乳业协会交付了第一台设备。同年 11 月，该乳制品厂开始销售 100ml 四面体成型包装的奶油。此后，该公司取得了极大的发展。

利乐是世界领先的食品加工和包装解决方案供应商。

产品分为包装、加工设备、灌装机、配送设备及服务产品，每天满足全球 170 多个国家数亿人的需求。利乐集团拥有超过 23000 名员工，分布在 85 个国家。

如今，利乐仍然是一家家族企业，由鲁本·劳辛的孙辈 100% 控股。

5.1 能否介绍一下您在 WCM 项目中的经历？

1998 年，我加入利乐公司，担任包装材料生产部门的主管。

我来自倍耐力（Pirelli）公司，那里的高层管理人员在公司内部自上而下地层层推行 TPM 项目。

但在利乐，只有我熟悉了解这个项目。

在最初的分析阶段，我决定参观世界各地的包装材料加工工厂，以了解先进技术状况。在参观过程中，我看到一个拥有强大内部网络系统的**高度独立自主的组织**。

我还清楚地看到，包装材料加工为企业的成功做出了巨大的贡献，而这一点并不能在企业层面得到一致认可。

这些工厂主要从技术角度进行管理，因为工厂的方向掌握在工程师手中：工厂负责人对机器的了解非常详细。例如，在我参观的过程中，工厂经理可以很容易地提供有关其关键设备（如印刷机）速度的准确数据。但当我问及产品质量或 OEE 时，他们给出的细节就显得很粗略了。

生产率的提高是通过**投资**来**实现**的，如购买性能更好的新设备，或者对现有设备进行大量的改造管理。与互联网时代之前的许多跨国公司一样，在利乐，**每个工厂都是独立于其他工厂进行测量的**；事实上，总部需要一系列名义上相同的数据，而这仍需各个工厂建立和共享具有标准定义的统一测量系统。但这些数据很少被重新处理，工厂之间的对标也很少。此外，前任 CEO 为了从市场上获得订单而推出的口号是**每家工厂都要与其他工厂竞争**，从而形成了统一集团内各自"独立"的工厂，这些工厂不进行沟通，只在其内部管理改善，来实现通过最低成本获得订单的能力。

与地理分布广泛的其他公司一样，对生产系统进行决策的工厂经理的高度独立性，意味着产品在不同地区并不总是统一的：在印度生产的包装材料与在巴西生产的包装材料相比可能就略有不同。

这种配置必须结合当时的市场背景。事实上，工厂的独立性是利乐成功的决定性因素。利乐是由先驱者建立起来的：真正的企业家们带着产品样品来到全球各个国家，开设办事处，自己创造市场。正是这些伟大的企业家精神和自主性**创造**了利乐的市场：**纸包装市场**。

5.2 什么原因促使利乐质疑工厂的自主权？

2000 年，市场变化莫测，竞争在加剧，塑料业在进步。因此，变革变得更加必要。在历史上一直发挥作用的组织框架需要打开新的市场格局，并采取相应的变革。

当时我只有三个合作者，他们都是包装材料加工工厂所在地的负责人。我的三位合作者和其他工程师一样，拥有丰富的技术知识与独立性。

我的分析准确地指出了一种双轨战略：第一条轨道包括**测量**，以便了解现有的技术现状，确定改善领域，设定目标和实施相关行动计划。第二条轨道涉及 **WCM 项目的实施**。

我们与刚到包装材料加工部门的控制员一起，开始确定容易与实际操作联系起来的简单测量方法，因为我们很清楚，任何复杂的测量方法都会导致不被使用或误用。

在确定了 20 个测量值后，我们对每一个测量值进行了定义，并在多次会议上与所有的工厂经理进行了讨论，以统一他们的意见、吸收他们的观点、进行必要的修正和完善定义，以获得一套大家都认同的测量值和公式，并且每个人都承诺会使用。

尽管存在一些阻力，我们还是将测量的**报告制度**由原来的每季度一次改为**每月一次**。然后，我们向所有工厂发出要求，要求他们在下个月，用约定的定义上报上一年重新定义的数据、本年度的预算及当月和本年度至今的状况，我们惊喜地发现，所有工厂都按时做出了回应：我们最终达到了更上一层的状态。

另一个改变企业文化的因素是：当我们收到各工厂的所有数据时，我们对其进行分析、整合，在各工厂之间进行对标，并**将数据、分析、整合和基准发送给所有工厂、厂长和总监**。此外，我们还将数据**发送给总部和 CEO**。

每个工厂都能看到其他工厂的数据：这是对以往模式的颠覆，**点燃了工厂之间的竞争**，在数据和改善方面滋生了一种保密意识。这无疑是一种文化冲击，可以理解的是，并不是所有人从第一天起就接受了新的理念。毕竟，这是一种全新的管理方法。

新模式的指导原则仍然是竞争：一个对集团和工厂都有利的良性模式。新方法的结果是，他们掌握了对标基准和数据，**各工厂开始相互模仿**。

2000 年，巴西一家工厂的厂长成为"世界级"项目的协调人，我们一起创建了一个内部标杆系统，这是我遇到的第一个正常运作的系统：所有的工厂都向总部发送他们的改善措施，建立团队，并使用搜索系统。这样，如果遇到问题，他们就可以验证其他工厂已实施的、可行的解决方案。

我们的座右铭是"**投入越多，收获越多**"，这也是共享知识管理经济的基本原则。遵循这一良性循环，我们产生了"**以复制为荣**"的奖励制度：我们奖励那些复制并实施了最多创意的厂长。

在一次参观某工厂时，我记得厂长很自豪地说："**我们是被复制最多的工厂，也是复制最多的工厂。**"

按照现在大型跨国公司还在使用的 **QCDH**（质量、成本、交付、人力资源）模式，该系统提供了 20 个 KPI，不仅有技术上的，还有管理上的。突破性的内容是与我的合作者一起**根据 KPI 每月都与工厂进行会议**，而不是只讨论技术问题。在这些会议上，我进行了辅导环节，即从一个指标开始，我解释了它与其他指标和运营之间的相互联系。

另一个革命性的贡献是 **OEE**，它迫使人们改变了思维方式：机器的速度不再被认为是一个绝对的衡量标准，它必须与 OEE 相结合。

起初，这个概念很难理解：如果一台机器以 500m/min 的速度运行，OEE 为 10%，而另一台机器以 400m/min 的速度运行，OEE 为 50%，那么机器就应该被设置为 400m/min。

在此之前，速度一直是一个口号，它有助于提高机器的效率，但人们没有考虑到它必须在相当长的时间内可持续发展，如在轮班时。

5.3　从战略的角度来看，为什么利乐要通过 WCM 项目提高效率呢?

当时，业内有很多其他纸包装公司，纸包装与塑料的竞争比以往任何时候都要激烈，因为一些降低成本、节约材料的方案已经应用在塑料上了。为了保持竞争力，公司必须提高纸厂的效率，从而降低纸张生产成本。于是，我们意识到 WCM 系统可能会有所帮助。

为了适当强调这一点，我们将 WCM 作为一种**全新的、不同的管理体系**引入，而不仅仅是改善设备和工厂的制度。

5.4　您是如何管理项目的沟通的?

项目的沟通基于以下几点：

1）如果没有外部专家的技能与知识支持实施，WCM 项目在内部是不适用的。

2）为了成功实施，有必要有一个公正的外部观察者，因为"**我们不能自己评判自己**"。

3）**WCM 不是一个工具箱，而是一个系统**，它需要人的参与、意识和工作方法，只有与此相协同，才能学会如何使用具体的工具。这是最复杂的变革，因为稍不注意，就很容易将项目简化为工具箱。

我们在引进这个项目时是一丝不苟的。我在每一次的介绍中都谈到了世界级，当我参观一个工厂时，总是在审核他们的世界级历程。我担心的一点是，"世界级"会被视为一种强加的权威，然后，如果没有我的监督，它就有可能崩溃。

当时，我参观了我们的一家工厂：我知道自己已经陷入了一个困难的境地，当看到工厂时，我认为要改变它是非常困难的。在一个周六的上午，我向厂长介绍了这个项目，表明这是恢复工厂最后的机会，并营造了变革所需的紧迫感。

一年后，我回来了，了解到这个项目有了一个很好的开始，但我感觉到了一种自己也无法理解的尴尬气氛。

首先，为了启动这个项目，我们制定了一个项目标志：一个齿轮里面的小人，上面写着"世界级制造"。

他们怯生生地问我，能不能换个形象，因为他们曾和全厂的人讨论过，要找一个能代表他们项目的标志，他们已经找到了。

就是那一刻，我意识到**大家开始认定这个项目是他们自己的**，他们真的相信这个项目，于是我用热烈的掌声鼓励了这一举措。

然后，我们决定在全球范围内对项目形象进行招标，这样一来，倡议的过程就可以在各地扩展。

总的来说，我们的目标是实现方法的一致性，但一些"差异"也被接受了，因为它们代表了创造力和方法的智能发展。

WCM 项目的试点工厂分别位于巴西、美国和新加坡。美国的工厂取得了非凡的成果：我和厂长都为这个项目奉献了心血。如今，他除了被提拔到最高层，还成为最受尊敬的世界级大师之一。

此外，我们也遇到过一些棘手的案例。例如，有一家工厂的厂长以 KPI 是敏感数据为由不公开相关数据。

5.5 在变革管理中，我们讽刺地说："如果你不能改变所有人，那就改变一些人。"在您看来，反抗的原因可能是什么?

要排除一般的障碍，可以为人们提供适当的授权和培训，这样就可以在工厂生活中消除这些障碍。但仍然有一些人在性格上是叛逆的，想要改变他们非常困难。如果你在他们身上投入太多时间，可能会有很多全心全意接受这个事业的人，最后因为一只"害群之马"被忽视，而你也因此面临着失去他们的风险。

5.6 我们发现了这样一个情况，企业文化较强的工厂，对变革的抵抗也较强。您怎么看待这个问题？

我必须说，90%的工厂反应良好。我认识到，部分位于瑞典的历史悠久的利乐工厂，是在经历了很痛苦的过程后，才接受了自己仍需改善的事实。

我还记得在南美洲的一家工厂发现的一个困难的情况，期间我不得不把厂长叫到一边，告知他这种情况是不可接受的。

我质疑了我的一些同事，因为他们一直对工厂持乐观的态度。但6个月后，厂长跑来感谢我，因为我的现实立场促使他改变了这种状况，并且改善了工厂业绩。

5.7 该项目成功背后的因素是什么？

成功的一个因素是**在自愿的基础上进行推广**。所有其他工厂都遵从了，因为他们看到了试点工厂的成功。

最高管理层的承诺是另一个关键因素。例如，在参观了美国的一家工厂后，我见到了当地的总经理，我告诉他，我知道改善工厂成果的系统，但我不能向他展示；他必须信任我，让我来实施。于是，他给了我充分的授权，陪我一起去考察，并给予我大力支持。结果正如我所说的，效果非常显著。在年度高层管理会议上，我介绍了世界级制造，那个经理说美国工厂的节约大大促进了北美的业绩，并展示了一张幻灯片，上面有我的电话号码，他说："如果你想尝试，给他打个电话吧。"他的话给了我很大的鼓舞。

另一个我们非常坚持的、引导变革的因素是**"你不知道你所不知道的东西是什么"**的概念。

关键是，你应该管理和领导的不仅仅是给合作者提供解决方案，还要辅导他们能够自己找到解决方案。因为他们比你更接近问题。这一点对于那些以技术方法来解决问题的管理者来说尤为重要：声称提供解决方案的管理者并不能促进员工的发展。管理者的任务是给员工提供寻找解决方案的方法。

厂长不一定是技术型的，但一定要是管理型的。

5.8 除了给出正确的答案，我们还需要提出正确的问题

确切地说，工厂经理必须了解机器和生产过程。但最重要的是，他/她必须

知道如何管理和领导员工。

所有这些因素都引发了变革：分享技术诀窍，分享成果，互相模仿，确保人们了解如何认识问题，分析和解决问题，并努力做到谦虚。可能解决方案不在我们手中，但方法和工具肯定在我们手中。如果我们试着用"**你不知道你所不知道的是什么**"来保持谦虚，并互相支持，我们会更容易、更快速地找到解决方案。

另一个促成这一切的因素是组织**总裁审核**。我陪同公司的 CEO 参观了一些工厂。在参观过程中，他回顾了他们的 WCM 推进历程：人们急切而自豪地向总裁展示他们所取得的成果令人印象深刻。

5.9　利乐的立场发生了怎样的变化？

我们很快就减少了大量的浪费，投诉也大幅减少。OEE 得到了改善，并且在没有购买新设备的情况下，大幅减少了投资。

利乐用同样的机器生产的产量是 10 年前的 3 倍。

我们获得了很多赞誉：利乐的许多工厂获得了"TPM 持续卓越奖""TPM 特别成就奖"和"TPM 卓越奖"等奖项，这些奖项都是由日本著名机构 JIPM（日本工厂维护协会）颁发给优秀企业的。

5.10　基于在包装部门的成功经验，该项目被应用到机器部门。包装部门的问题是高产量和少品类，而机器部门的问题是低产量和高产品复杂性。那么，WCM 项目实施的主要区别是什么？

在包装过程中有一个明确的生产流程，即从原材料到成品。而对于机器而言，情况并非如此：我们从供应商那里收到成品模块，然后进行组装，最后进行功能测试。

例如，在机器生产环境中，不可能以传统的方式应用自主维护，因为传统的方式侧重于人/（生产）机器的关系。

然后，我们引入了全面运营管理（TOM）自主团队。我们把合适的人放在一起，在自主维护原则无法应用的领域培养自主意识。目的是让班组人员改善工作方法和程序，培养班组之间的标杆。最终的目标是让自主维护小组组长参加与生产经理的定期会议，并在详细了解制造每个不同机器模型所需的时间后，帮助确定各小组的最佳工作负荷分配，以提高产量。

5.11 您对开始实施 WCM 的人有什么建议？

1）这个项目需要坚定的信念和全身心的参与。不能仅仅为了做而做，你必须非常想要它。如果被其他优先事项分散注意力，肯定会危及项目的实施，因为员工是通过我们来寻找灵感和指导的，一旦他们察觉我们心中优先级的改变，就会失去兴趣并降低责任感。

2）保持谦逊的态度。要相信"**你就是不知道你所不知道的事**"。一切都可以从你并不知道所有的事情这一假设出发，这是你能够与其他人成功合作的一个机会。在一个 400 人的工厂里，他们可以全面地把控细节。**你不知道的是他们知道什么**：你的工作是帮助他们理解并进行合作。朝着这个方向走，就可以实施文化变革，这涉及了项目领导思维方式的转变。

你必须坚信这是改善的途径：你是改善过程的主人，你必须承担起领导改善的责任。

3）尽管制定了战略，但由于**管理层缺乏责任感**，进程往往会失败。事实上，在项目开始时，工作量就增加了因为有必要做出一些凌驾于其他活动之上的额外任务，使工作恢复到更好、更有成效的状态。而这只有在管理层的领导和积极参与下，该项目才会生根发芽。

4）使用简单的指标进行**衡量**，让这些指标对于那些必须使用它们的人来说是可以理解的。

5）要有一种**方法论**，并且非常严格地遵循，特别是在开始的时候。

6）**不要急于下结论**，因为 99.9% 的情况下你会出错。

7）**将改善小组的审核转变为改善的支持工具**。审核最初被视为恐惧，被视为惩罚和评判的工具。大家都把注意力集中在分数和演讲上，从而失去了改善方法的逻辑。因此，我建议去掉分数，转而进行定性评估，在评估中讨论方法，检查是否遵循了项目的方法，并询问不符合的地方背后的原因，提出不同的方法：这样做结果会令人惊讶。

我建议审核员遵循各小组给出的解释的逻辑流程。因为对于很多小组来说，审核员对他们的工作了解得并不很详细：在这种情况下，如果审核员在听取解释时发现了逻辑上的漏洞，他/她应该停止讨论并要求进一步解释。这是因为，通常情况下，在解释的逻辑漏洞背后，往往隐藏着问题。与团队进行深入讨论将有助于他们的改善工作。

这样一来，我们就从单纯的**绩效考核**变成了**绩效和逻辑考核**，其中主要的问题是"为什么"而不是"多少"。现在，人们都是要求通过考核来帮助解决自己的困局并接受指导，而不是害怕考核。

5. 12　专制主义和权威：您说最初是以专制的方式来领导这个项目的，后来才意识到为了项目的可持续发展，有必要建立一种信任的氛围，让人们变得负责任和可靠，然后转向更权威的领导。这个转变是如何进行的？

起初是非常困难的。这个项目在两年内就开始了，我们很早就取得了第一批积极的成果。这种快速的方法需要一个非常强大的管理体系。并且我承认，我没有意识到专制达到一定程度后人们会害怕我。

变化发生在公司，也发生在我身上。管理这个项目让我变成了一个不同的人，因为我所宣扬的东西被内化了，它已经成了我的一部分。一切都从"你不知道你所不知道的东西"开始。这个项目不仅改变了工厂和组织，还改变了人，包括指导这个过程的管理者。如果不这样做，改变也不会发生。我已经改变了很多，这个系统对我来说已经变得非常自然，以至于我把它应用在生活的各个领域。这是一种不同的思维方式：**潜心变革的同时，你要引导变革，遵循逻辑，而不是单纯地依靠本能**。

第 **2** 部分

WCOM™ 模型

第 6 章　WCOM™ 简介，什么是 WCOM™，为什么需要 WCOM™：损失的概念

卡罗·巴隆切利（Carlo Baroncelli）

6.1　一些企业的运营管理会比其他企业的更成功

前面描述的案例表明，有些组织的业绩优于其他组织，这些组织的成功不仅仅体现在几年的业务增长，还表现出绩效长期上升和持续领先的势头。

在旁观者眼中，这些公司与其他公司的区别可能不是一目了然的。从表面上看，这些公司在许多方面可能与其他业绩平平的公司相似。例如，用一个真实的包装行业的公司实例来说明，该公司从 1999 年就积极开启了持续改善之旅，并且取得了优异成效，在过去的 15 年中，其许多方面的关键绩效指标（KPI）都远远超越其他竞争对手，如图 6.1 所示。

成功的关键因素是什么？

有很多原因可以共同解释该公司的成功。例如，该公司致力于不断改善与客户的关系，从而减少索赔、浪费和材料成本，同时不断提高生产率和产量。如果你到过这家公司的生产现场，一定会感受到它与相似企业的不同之处：员工有更积极的态度、更明确的活动目标和对活动的完美追求，工作现场更加整洁干净，工作气氛更加欢乐。这些都是无形资产，而且这些无形资产的获得并不是巧合，我们可以从该包装行业案例中，识别出使它们与众不同的关键特征：卓越的战略和高效团队展现的世界级的执行力。

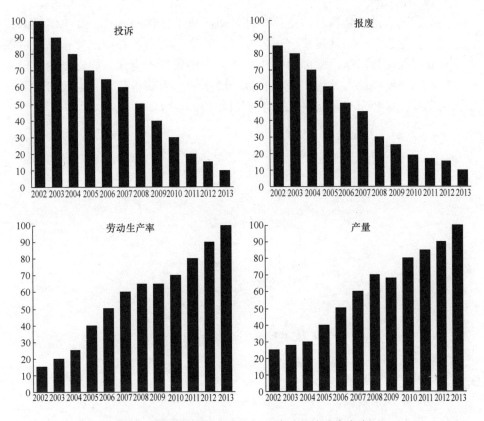

图 6.1　关键绩效指标（KPI）（来源：埃非索咨询）

6.2　三个核心成功要素

> "如果知道自己要行驶的方向，任何风都是顺风。"

——蒙田引用塞涅卡

1. 公司有明确的发展方向

以战略为导向，即清晰地了解并利用风向。

2. 公司有卓越的战略执行力

将战略分解到实际的日常工作中，可以诠释为完美地、主动地、有效地实施。战略不会被视为金科玉律，不可改变。相反，战略需要不断地进行调整以适应公司内外部环境、团队特点、利益相关方和公司的资产情况。它源于公司的根基并受到多种因素影响。这并非是一种不加鉴别地执行，而是需要创造力为实施找到适当的解决方案。

3. 高效的团队

高效的团队是战略执行的主体：每个团队成员都认同战略，并全情投入实施过程。创建这样的团队需要公司领导者的高度号召力，必须能够选择合适的人，充分授权并为团队消除障碍，让每个人都感到身担责任，能够自我激励和相互依赖，并使成员因其为实现共同目标所做的努力获得认可。高效的团队是成功制定、诠释和完美实施制胜战略的基础（图 6.2）。

图 6.2　成功秘诀（来源：埃非索咨询）

6.3　定义

在本节中，我们将从一组基础定义开始，对这些概念的要点进行解释。

6.3.1　运营由什么构成？

运营是执行战略的一套流程。卓越运营是公司成功的关键要素，是整个价值链中的基本要素，可以确保计划、设计、采购、制造、物流、销售、服务和退货等所有关联环节的执行。

当提及运营时，通常的关注点是"制造"环节，即工厂和制造流程，但运营不仅仅是制造。即使我们经常假定所有流程都是在一个特定的业务单元中执行的，从而将"工厂"或"业务单元"称为"运营区域"，但其实运营也可以是类似于医院或机场的，只是流程的活动内容不同。

大部分销售环节的业务执行通常被看作是非运营活动，其实它不仅是市场战略，也是运营活动，如订单管理、客户服务，这些活动往往会对运营绩效产生重大影响。

多年来，管理类书籍大多在讲述战略，但在过去的 20 年里，我们一直致力于重新发现执行力的重要性。归根结底，与客户的关系掌握在接听电话的人手中，他或她会给客户恰当的答案，我们称之为"真相时刻"，即让你知道战略是否已被正确执行或只是停留在纸面上的时刻。

我们知道史蒂夫·乔布斯很有创造力，而且痴迷于执行力。一个概念本身也许并不是完美的，但当它成为一个产品时，就能在优秀的执行力和高效的团队中显现出它的优点了：产品包装要是完美的，软件也要是完美的，消费者都能够很容易地根据需求来购买。

价值链模型是描述和理解什么是运营及它们如何影响整个公司的一个重要工具。

价值链运营模型展示了运营的八个步骤，价值链将业务理念转变为可销售的产品（或服务），并将其部署到市场。

随着这条价值链战略被执行，该过程为公司创造了价值（图 6.3）。

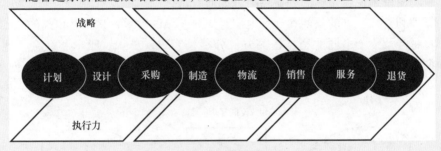

图 6.3　价值链运营模型（来源：埃非索咨询）

一般来说，当谈论运营时，我们总是会想到一个具体的工厂。这并不奇怪，因为在我们的印象中工厂就是产品转换过程发生的地方，但价值链中还有更多的运营步骤。以模型（图 6.3）中的第 6 个流程为例，直观的理解是"营销和销售战略已经制定，其最终目标是实现工厂产品或服务的销售"，虽然该步骤里包括的其他运营子步骤不是很直观，如订单管理、销售预测和生产计划等，但它们都是成功实现产品和服务"销售"的关键组成部分。

我们对于探索和了解运营是如何在特定公司的成功模式中发挥重要作用这一课题非常感兴趣。

6.3.2　卓越运营指的是什么？

裁缝的故事

我多年来一直在托斯卡纳的一个小村庄马雷玛度假，这个地区以传统野猪狩猎、美丽风景和中世纪村庄而闻名。

> 村里住着一位老工匠，是一位裁缝，生产手工狩猎夹克（现在是一种知名的时尚产品）。他在中世纪村庄一条小巷里的普通作坊工作，我发现他的订单爆满。他的客户中不乏像米克·贾格尔这样的名人，但由于订单太多，客户买到一件夹克需要 2 年的时间。他建立了完美的制作工艺，缝制高质量的产品，客户非常满意，并反复购买。他对自己的成果非常满意，他的合作商也很满意，与他保持合作 40 年。他按时纳税，在村里有相当好的名声。居民们也以他为荣，因为他给社区带来了好的声誉。可以说，他很优秀。

然而，我们的挑战是，当需要制作成千上万件狩猎夹克时，如何以工业化的规模复制这种工匠式的卓越。

卓越简单来说就是你的利益相关方如何看待你。

管理利益相关方的预期和满足他们对优异业绩的需求，是定义卓越的基础。

卓越涉及 4 个不同的利益相关方，分别是客户、员工、股东和社会，他们的预期体现在多个关键驱动因素或 KPI 上，如质量、成本、产量、交付、创新、安全、士气和环境等（图 6.4）。

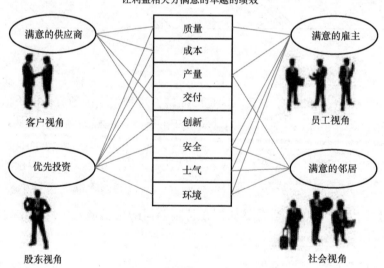

图 6.4　4 个利益相关方（来源：埃非索咨询）

一个利益相关方对卓越的感知可能会也可能不会被另一个或其他相关方认同。例如，如果企业提供的产品质量优越，成本在客户的期望之内，交付方便灵活且有创新，则客户会认为该产品或服务是卓越的。相反，同样的产品如果存在环境或安全问题，如生产工厂污染附近的河流，或者公司不顾及周围社区居民的利益，则从社会角度会得出完全不同的结论。

通常，卓越运营必须在各方面都卓越。卓越是多维度的，只有单一相关方满意的组织不能算是成功的。实际上，许多人仅将卓越描述为客户满意度（质量、成本、交付），但这是不够的。卓越运营必须能够使所有利益相关方满意，以确保长期可持续的成功。一个只关注客户满意度的工厂可能会认为他们可以污染环境或使用童工。

卓越的工厂应该从许多角度来看都很优秀，如员工满意度，这确保了一个安全、友好、公平的工作环境，提供了人员发展和成长的机会，确保了员工的长期忠诚。其中一些工厂已被授予"Great Place to Work®"。（Great Place to Work®，卓越职场研究所，是一家专门从事组织信任度评估的全球性人力资源咨询、研究和培训公司。Great Place to Work®最佳职场模型建立在 25 年数据收集和信任指数研究的基础之上，全球每年有超过 1000 万员工参加该调查）。也就是说，"卓越工厂"显然必须是社会的好邻居，对环境无污染，也不会时不时地卷入社区纠纷。

最终，"卓越工厂"将会超越竞争对手，并确保其股东取得良好的财务业绩。

6.3.3　WCOM™模型实施的共同特征是什么？

我们从一个关于公司成功的问题开始，研究了现有的模式和框架，详细说明了运营的作用，并讨论了从不同利益相关方的角度采取行动的重要性。理解世界级运营管理促使公司成功的下一步，是对卓越运营进行定义。

我们研究了数百个模型和定义，许多公司和组织通过调整现有的标准模型，来满足他们自己的特定需求、要求和文化，如精益、全面生产维护（TPM）、六西格玛。然而，我们看到在这些特定系统中都存在着共同要素，并且很容易识别。卓越运营始终关注于动态地实现卓越绩效的无限循环，并具有以下共同特征：同一种改善哲学、同一种语言和同一种路线图。

> ## WCOM™的起源
>
> 精益最初聚焦于零库存。这个概念起源于日本制造业，它注重有效性，参考 KPI 是前置期。
>
> 六西格玛最初聚焦于零缺陷（或零变化）。这个概念起源于美国的高科技产业（半导体）。它注重高级统计学，其参考 KPI 是 CP 和 CPk（过程能力指数缩写）。
>
> TPM（全面生产维护）最初聚焦于零故障。这个概念起源于日本的流程工业。它注重工厂的整体可靠性，其参考 KPI 为 OEE（设备综合效率）。

1. 同一种改善哲学

卓越运营的旅程是通过组织中所有员工的积极参与，持之以恒地探索来消除所有流程里的损失。许多大型组织的 OPEX（卓越运营）模型的最基本、最关键要素是追求零损失，以及由此实现组织预期的盈利改善（P&L）。

2. 同一种语言

许多大集团都进行过并购。这会导致同一集团中存在不同的运营方式、不同的术语、不同的 KPI、不同的计算方法等，从而很难通过经验分享来促进相互间的共同成长。

随着公司在追求零损失的过程中进行调整和成长，工厂中会逐渐形成一些共同的元素，如同一种语言、同一方法论和共同的企业文化。

共同的语言和文化是基础。

假如一个跨国公司不能形成共同的语言和文化，就无法以"一个整体"流畅运转，从而失去作为跨国公司的优势。每个工厂都将表现得像一个独立的单元，而不是一个整体，它不分享最佳实践，失去了属于同一个集团的优势。每一家工厂都将孤立地面对当地的竞争对手，承担跨国公司的成本，却不能充分利用跨国公司的竞争优势。但反过来，如果工厂之间能够共享，则会大幅加快学习速度，让"经验曲线"下沉，尽显成本和产出的战略优势。

经验曲线理论表明，生产成本会随着经验的增加而下降，产量高的公司成本最低，这也是大企业希望持续壮大并拥有更可持续成本优势的动机。

自豪复制的故事

一个大型包装业集团为积极分享最佳实践（一点经验）的工厂经理设立了"我复制我自豪"奖，以整治"非我所创症"。一天，我遇到了一位工厂经理，他因被授予"最佳复制者"和"最多被复制者"奖而感到非常自豪。

通常，不同公司会开发不同的卓越运营（OPEX）系统，以适应自己的需求和特质。然而，在所有公司中，OPEX 的角色都是战略执行的杠杆，一种共同方法论，一种共同语言文化，以及一种共同追求零损失的动力。

3. 同一种路线图

同一种路线图是实现卓越的最佳方式，在通往卓越的路上，要在整个公司内达成共识。一个大公司必须遵循同一模式才能取得卓越，这样还可以避免"派系战争"，避免只将精力集中于结果而不关注过程，只有卓越的过程才能长久地维持卓越的结果。

跨国企业的路线图应符合两个基本原则：

- 导入合理的标准化结构，包括明确清晰的里程碑。
- 设计时，路线图需涵盖多种因素，包括企业文化、变革意愿、战略重点、公司规模等。

6.3.4　出发点和关键点是追求零损失：什么是损失？

将能量用于做功而不是转化为熵是消灭损失之战的道德基础。进步的社会必须考虑全球环境，能够以最智慧的方式将资源最大化地利用。

损失是指转化过程中使用的总资源与为客户创造价值所必需的资源之间的差异。两者之间的差异代表了过程中发生的资源损失。这是可量化的，经济上可衡量的，同时也代表着机会。

零损失理念是运营管理中的一种哲学方法。它意味着在制定目标时，不能仅用"参考值""最佳值"或"标准值"，必须关注理论极限。

电缆生产行业在导入 TPM 之前，识别材料损失的改善机会时，都采用与"最佳值"或"标准值"进行比较的方法。在导入 TPM 之后，该行业才开始评估材料损失与理论值之间的差异，这种方法被称为"零损失分析法"。

OEE 也是如此，之前多数行业是将其生产线绩效水平与"可实现最佳速度"或设备供应商制定的标准速度进行比较的，只有在广泛采用 OEE 绩效指标之后，才用当前技术可达到的最大极限技术速度作为"理论速度"。

识别损失即是识别改善机会，挖掘提高竞争力的潜能。对运营管理者来讲，面临最糟糕的情况是，工厂不盈利，但绩效指标却很好，看不到改善机会。

如果我们有能力发现这些损失，企业的繁荣就有了保障。睿智的管理者都知道，发现损失是走向卓越的基础。

我们通过成本来量化损失，但其目的并不仅仅局限于降低成本，材料损失及人工或资金损失都用钱来衡量，这样就能用相同的单位来衡量不同的损失。当量化损失时，通常把成本划分成为客户创造价值的成本和不为客户创造价值的成本，但其实我们可以将不创造价值的成本分为在当前技术水平下可以消除的成本和不可以消除的成本。

例如，用现有技术制造化学产品，原材料转化为产品的理论得率为 95%。如果该过程的总转化率为 87%，我们可以看到总损失为 13%，其中 8% 可以收回，其余 5% 在现有的技术下不能被消除。

造纸生产线中的成本和损失举例

以造纸生产线中的成本和损失为例，会发现在生产过程中有许多要素相互作用，如纤维、人工、设备、化学品和能源。其中，一些材料总是因各种原因而出现损失，如由于技术限制而无法使用的纸卷末端，纸卷换型造成的材料技术损失等，这些都是不能被消除的转换成本。还有一些材料损失可以收回，如通过设备和生产过程改善，或者进行设备维护或改造减少停机和等待。这种消除的转换成本损失就是改善机会（图6.5）。

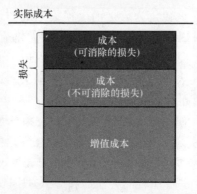

图 6.5　损失构成（来源：埃非索咨询）

造纸生产线是制造业生产线中常见的有代表性的例子，其40%～50%的转化成本是损失，另外的部分转化为价值，即生产过程中使用的50%的资源被浪费了，被认为是损失。识别这些损失是好消息，它们代表了可以将损失转化为公司价值的机会。

损失分为以下几种：

1. 材料损失

材料损失可以转化为增值的部分，这对于许多公司来说是一个重大的改善机会。材料损失的产生有许多不同的原因。

影响产品的材料损失可能有很多方面，如生产过程异常、质量缺陷、测试和工艺操作偏差都可能导致材料损失，且这些损失很容易识别（图6.6）。

过量生产带来的损失在工厂里是不容易被识别的。实际上，这些产品在仓库里放置多年，变成过时产品后才会被报废处理。

过程波动产生的损失，特别是过量使用，是一种微妙的损失，不易觉察，但可能造成很大的问题。过量使用是指销售产品的材料含量高于产品技术规格标准。例如，啤酒生产时，为了弥补设备精度的偏差而过度调整，在酒瓶中多灌入啤酒。过量使用是所有行业中普遍存在的损失，表面上看来是给终端消费者的利好，但实际上可能造成不便或风险。例如，较重的轮胎可能会导致汽车的机动性下降；飞机上的座位超过要求的重量可能造成损失，增加飞机的生命周期成本。

2. 设备损失

设备损失通常通过设备综合效率（OEE）来衡量，它是由日本工厂维护协

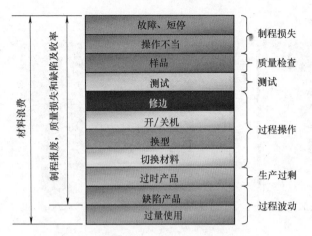

图 6.6 材料损失（来源：埃非索咨询）

会（JIPM）引入和定义的全球性标准，用来量化生产部门在计划运行期间的能力与其设计能力相比的绩效。

操作人员 8h 班次举例

操作人员早上 6:00 开始工作，由于设备在最大速度运行时会存在堵塞或短停等风险，所以需要慢慢提速生产，其提高到最大速度需要 1h 左右。在上午 8:00 和 8:40，设备有两次短停，每次完全停止生产 10min。另外，上午 9:30，由于生产不良产品（缺陷），导致生产不能正常进行，上午 10:40，设备发生重大故障，停止了 1h。最后，在中午 12:30 进行产品换型，需要额外的时间设置和调整，期间不进行生产。该班次在下午 2:00 结束，员工下班，他们很努力工作，但车间生产的总体效率显然不高。

总产出应为 8h 乘以设备最大产能，但如图 6.7 所示，增值的只是绿色区域，其余都是损失。这不能怪操作人员，他们一直都在工作，但实际输出只达到预期输出的 50%。

在这个示例中，设备损失造成了 50% 的产能损失，"操作人员班次"是一个虚拟场景，但损失的百分比却非虚拟，大多数行业的生产线损失占总资源的 30%~60%，如图 6.7 所示。我在世界各地的工厂工作时注意到，许多灌装生产线最大 OEE 约为 50%~70%，而制药公司的包装生产线 OEE 通常为 30%~50%。

在流程型行业（如化工厂）中，真实的 OEE 通常不超过 80%，有些工厂会高一些，但总是有必要检查计算 OEE 的速度是否为最大理论速度，或者是否有隐藏的改善机会。

在流程型行业中，固定资产昂贵，±3% 的差别就可以决定企业的成败。

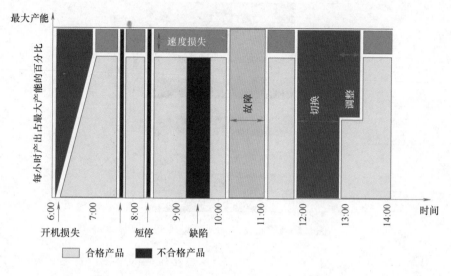

图 6.7　8h 班次内的 6 大损失（来源：埃非索咨询）

3. 人工损失

一般来说，重点始终是对资源利用的智慧。人工损失、组织损失也是如此：工人没有创造附加值。

在制造业中，非增值活动占工作内容的 70% 以上。典型的问题，如长时间寻找，不符合人体工程学的工位设计和操控作业，作业工具不合适，工作场所无序，以及缺乏操作协同管理等，都耗用了操作人员用于生产产品的时间。

4. 时间损失

供应链的时间损失通常占总前置期的 99%。米兰理工大学教授 Turco、Bartezzaghi 与 Carlo Baroncelli 为 Medio Credito Lombardo 公司进行联合研究时发现，在 46 个机械加工工厂中，增值时间只占 1%~5%，其余都是等待时间。流动指数（前置期除以节拍）很好地反映了这一事实。然而，如果我们在节拍内测量真正的增值时间，会发现大部分时间通常花在供料、定位、移动和卸载上，真正的增值活动只在少数几个流程步骤（钻孔、镗孔等）中。事实上，增值只在加工过程中改变了物料的物理属性或外形尺寸时才会产生。

损失遍布在价值链中，会对公司绩效产生很大影响。

如果将我们的观察范围扩大到整个供应链，可以看到损失无处不在，不仅仅存在于传统概念的制造环节里。损失跨越职能，普遍存在于整个组织中。

损失与资本使用回报率（ROCE）的主要组成部分紧密相关，从而显著影响公司的业绩、营业额损失，如由于索赔造成的折扣或订单损失会直接影响公司的营业额；成本损失也一样，过度的技术要求会导致材料价格过高，往往会促使采购部门购买不必要的高价材料。

另一种直接影响公司财务的损失是与固定营运资本相关的损失，包括逾期应收账款造成的损失，由于行政失误导致客户不支付或大幅的延迟支付，从而导致现金流和其他系统出现问题的损失。

资本占用也是一种损失，如设备和建筑物的利用不足，以及逾期的应收账款。我们曾先后对一家造纸集团和电缆制造公司进行损失分析，发现大部分的损失都是逾期。造成逾期的原因很常见，多数问题是由于包装或发票错误和延迟交付。

总之，对零损失的追求是贯穿整个组织的，这也是提高 ROCE 长期可持续的道路，如图 6.8 所示。

ROCE				损失=机会
营业额	成本	固定资本	周转资本	订单丢失
				交货周期时间
				索赔
				产品设计(不适合客户)
				材料价格过高
				材料采购成本
				机器性能-OEE瓶颈
				劳动生产率
				外包劳动力：制造与购买不平衡
				材料损耗：缺陷、报废
				间接劳动力：结构
				设备利用率
				空间利用率：布局失调
				周转资本：WIP-库存
				应收账款：逾期末付
				应付账款：付款条款

图 6.8 损失和收益（来源：埃非索咨询）

第 7 章　战略分解

乔治·梅利（Giorgio Merli）　盖亚·赞帕格里奥内（Gaia Zampaglione）

在介绍损失识别之前，我们有必要从宏观角度进行分析，了解如何将公司战略转化为运营战略，以及将战略转化为具体行动的管理流程。

Giorgio Merli 在其《管理优先级》一书中，用参考模型展示了如何将损失消除优先级和公司优先级结合一致。损失消除工作的优先级需要按公司优先级设定。

7.1　战略分解

战略分解从公司的更大目标"为什么"（WHY）开始，在公司愿景和使命中描述，然后将其转化为可执行的战略，如图 7.1 所示的框架，将战略分解成一套战略目标，并整合到整合计划中。该整合计划描述了公司将要在哪里（WHERE）采取行动和需要实现的具体目标，还体现了来自业务角度的需求（WHAT），也就是利益相关方的需求、市场前景、对未来客户需求的预期等，同时从内部能力的角度（HOW）出发，协调组织各部门、推进公司文化、评估员工能力、培训专业技能等，以支持具体目标的完成。

整合计划涵盖上述所有要素，是战略分解的起点，也是一个明确关键管理优先活动或突破性目标的工具。特别是从实施紧迫性的角度来看，这些高优先级活动通常都具有挑战性的目标，往往是由突发事件引发的，而不是事先计划的。例如，需要大幅提高产能以满足新的市场机会，可能导致高额罚款的交货延迟，或需要大幅减少营运资本等。

根据目标的类型，我们需要建立不同的管理系统来实现这些目标。管理系统的框架应包含升级流程、程序和职责，以确保组织能够完成日常所有必要的活动，最终实现整合计划中的宏观目标。

管理系统的选择取决于目标对于实现公司战略的重要性以及紧迫性。图 7.2

图 7.1　战略分解：从愿景到目标的要素（来源：埃非索咨询）

中描述了与这两个维度相关的三个管理系统。

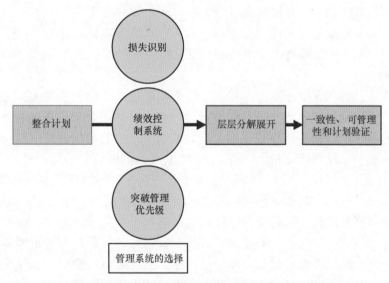

图 7.2　战略分解路线（来源：埃非索咨询）

优先目标（高重要性和高紧迫性）将通过一个称为突破性管理的系统来管理。

战略分解中需要提升运营绩效的目标可以通过 WCOM™ 的方法和能力快速有效地实现，图 7.3 所示的"损失识别"（高重要性和低紧迫性）。可以将 WCOM™ 看作是一种中长期战略，因为它被认为是一种战略竞争优势。

战略日标定义的一个关键点是它具有多个维度；只从时间维度来定义要实现的指标和目标是不够的，还有必要阐述实现它的指导方针和宏观纲领，以及

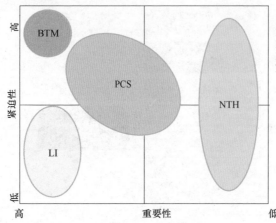

图 7.3　根据所需变革的紧迫性和重要性建立管理系统（来源：埃非索咨询）

对应的约束和需要采取的组织管理方法。只有这样，才能为负责实现该目标的个人或团队建立信心，并得到他们的支持。

绩效控制系统是对关键绩效指标（KPI）的持续监控，对 KPI 树实施从年度、月度到每天的层级管控。该系统不能脱离"日常业务活动"，是 WCOM™模型的基础。

重点关注图 7.3 中描述的过程，在战略分解过程的每个步骤中，都采用了对应的工具以确保选择的一致性和有效性。整合计划是对未来几年业务目标和实现这些目标的活动进行目视化的工具。如图 7.4 中的示例，其中行动部分归属于能力提升、计划活动和之前描述的管理优先级的模块。

对于前两个模块，每列中所描述的活动与业务目标之间都具有因果关系，优先级高的目标可以包括应急工作。

在分解展开阶段，优先级目标被逐步分解到一个关系树图中，该关系树图需要在业务活动中实现，并与总体指导方针保持一致。目标需要根据负责实现该目标的组织层级进行转化和诠释。在目标"逐级分解"阶段，不同层级采用同一个指标是不够的。例如，提高整体业务市场份额是管理层的目标，该指标分解到部门业务总监层级则转化为了降低价格，分解到工厂经理层级则变为减少物料浪费。

这种方式是不断迭代的过程，允许将突破性管理目标转化到具体的行动/项目层面，从而通过系统连贯的行动让目标得以达成。

X 矩阵（图 7.5）可以用来验证整个行动和项目的一致性与连续性，该矩阵不仅展示了所分解的层级，同时也展示了行动内容与如何实现之间的关联，这样就可以评估所识别的行动和项目在需要的资源和能力上是否受控。

年份	业务目标（什么）		年度特定目标	来源	能力目标（如何）		专项管理目标	主要计划活动（如何）
	经济目标	战略目标			文化/组织/技术·目标	哪里	优先级突破	倡议/行动
第1年	产量：95300件	制造成本：-7%	CLIP：95%	GRID	向客户发送信息	BAA		第三方外包业务
	销售4.7亿	意大利市场渗透：5%	前置期：10天	BENCH	服务/客户关系改进	BAY		组织改进
		国外市场			与50%的供应商合作	BAZ		每日日程安排
	产业利润率44%	法国预算+150 PCS	人力成本降低：-7%	BENCH		BAC		50%的出货
	商业保证金32.7%							评估70%的供应商
	业务保证金15%	PBT：-2.7% MLN			按平台进行设计	BAF		FE/QFD应用
		东部：预算+300 PCS			延迟(3层)	BAG		技术组定义
	现金流：7%	远东：预算+200 PCS			OH减少	BAN	前置期：9.6天	客户投诉监控
		比利时：预算+50 PCS						交付可靠性改进
第2年	产量：100000PCS	工业成本：-3%	出货95.5%	GRID	服务/客户关系改进	BENCH/STRAP		评估70%的供应商
	销售4.9亿	意大利市场渗透7%	前置期：9.5天	BENCH	与70%的供应商合作	GRID		欧洲销售商的技术培训
	产业利润率46%	国外市场	人力成本降低-5%	BENCH	TTM减少-30%	BAP		与法国公司融合
	业务保证金15.3%	法国第1年+400 PCS			OH减少-10%	BAL		客户满意度调查
	PBT：-1.5% MLN	比利时：第1年+200 PCS			设置新的组织	BAC		在远东市场寻找合资企业
	现金流：6%	东部：第1年+1000 PCS			交货可靠性指标+10%	BAJ		
		远东：5款新产品发布						

图 7.4　综合计划（来源：埃非索咨询）

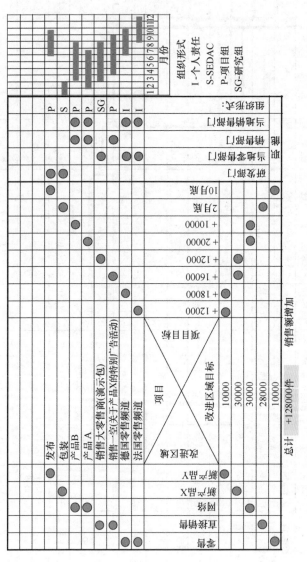

图 7.5 X 矩阵示例（来源：埃非索咨询）

7.2 突破性管理：建立促动组织的系统

战略分解提供了一个关于组织需要做什么和如何做才能在短期和长期实现战略目标的整体框架，能够让公司上下共享同一愿景并可视化实施方法。

那么如何确保战略分解得到有效执行呢？我们有必要建立优先级管理系统来：

- 管理实时进行，可以迅速纠偏和决策。
- 对重点事项进行衡量和监控。
- 问题或改善可以立即识别。
- 行动的效果能够清楚展示。

SEDAC 系统能够实现上述要求并能让所有员工参与其中（SEDAC，Structure for Enhancing Daily Activity with Creativity）。在 SEDAC 图中，不同级别的不同流程可以同时运行计划-执行-检查-行动-再行动（PDCA）循环，直至达到目标。SEDAC 图根据战略分解的输出设定了一个主要目标，如果所有相关行动朝着正确的方向前进，则可以实现该目标。例如，主 SEDAC 图关注"每月总生产成本"，如果劳动生产率、能源和材料损失达标，则该总目标可达成。但对于上述每一项都必须设定对应的监控指标，并确定其测量方式、监控频率和更新频率，以及对应的目标值。

每个 SEDAC 都被分配给具体的管理者，使其对结果负责。每天（或根据监测频率），在出现偏差时，该区域内的每位员工都可以使用"原因卡"来显示对应的偏差、发生的问题及其原因。描述问题后，团队可以使用"想法卡"提出发生问题的根本原因或提出针对特定目标的改进建议，之后选择、实施和评估想法（"想法测试卡"），如果结果有效，则落实为相关部门的新标准。至此，解决该偏差的 PDCA 循环形成闭环并防止再次发生。在这个自下而上的汇报流程中，一旦发现困难，或者在区域内不能解决问题或措施实施延误，相关人员可以立即寻求帮助和支持（图 7.6）。

该系统的使用确保了目标设置是自上而下，而控制是自下而上进行的闭环管理，升级流程确保了管理层可以集中关注关键的瓶颈。

在具体区域的管理层负责人将定期检查控制措施的实施，如果出现问题（如结果不理想、绩效不佳或未达到目标），就可以识别出代表问题的鱼骨图分支，然后，经理向下追踪问题，一直到具体的现场区域。最后，经理可以集中所需的资源，重点关注该层级，消除瓶颈问题。

SEDAC 是一个非常直观的系统，用于日常的优先级管理。管理人员可以对措施进行连续监控，以解决关键瓶颈问题。通过这种方式，整个组织都致力于

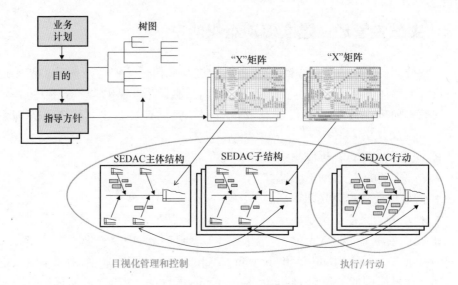

图 7.6　SEDAC 如何支持业务计划的执行和指导（来源：埃非索咨询）

实现突破性的目标，因为该系统提供了所有必要的信息，以便能够做出及时和实时的决策。它避免了各种相关报告，因为所有信息都可获得并进行了目视化。高度目视化也鼓励了所有参与为公司目标进步做出贡献的团队成员，公司也因此得到了他们的支持。

第8章 WCOM™的3个阶段

卡罗·巴隆切利（Carlo Baroncelli）

"知己知彼，百战不殆；不知彼而知己，一胜一负；不知彼，不知己，每战必殆。"

——孙子《孙子兵法》

企业应该如何追求零损失？

损失是这场战争的核心对手，极有必要设计一个管理系统来驱动和领导这场战争（图8.1）。

损失=机会
损失的订单分析
交付时间分析
投诉分析
产品设计(适合客户- QFD)
材料价值分析
材料的采购成本
设备性能-OEE-瓶颈问题
人工效率
外部人工:制造与购买分析
材料使用损失:缺陷、废品
间接人工:结构
机器使用
设施的利用:布局分析
营运资金:在制品-存货
应收账款:逾期分析
应付账款:付款条件

① 识别损失（战略分解）
② 消除损失
恢复 改善 创新
绩效
③ 预防损失

图8.1 损失之战的3个阶段（来源：埃非索咨询）

一个有效的管理系统通常基于3个要素：

1）了解对手并相应地排兵布阵。

2）奋力征战。

3）稳固战果。

WCOM™模型也依次设计了 3 个基本阶段：

1）识别损失（收集和分解）。

2）消除损失（战斗）。

3）预防损失（巩固）。

8.1 识别损失

如第 7 章所述，WCOM™的工作重点须与公司战略一致，此后就需要进入损失识别阶段。

如果公司战略将质量目标作为第一要务，那么我们如何将如此宽泛的目标转化为可管理、可攻克、可达成的任务，并让公司所有资源参与到这场损失之战中来呢？答案就在于要把一个大的问题切成一个个更小的、更容易管控的损失目标，然后在组织中分配对应的资源，让战斗顺利进行。

举个例子：

在 XY 公司，最大的质量问题是质量索赔，如图 8.2 所示。

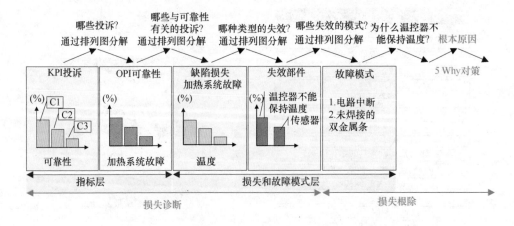

图 8.2 客户质量分解的过程示例（来源：埃非索咨询）

第一步是通过排列图分析（索赔类型在总金额中的百分比），按照重要性程度对索赔进行优先级排序。由于我们发现与可靠性有关的索赔是最大的，所以必须进一步对其展开，以了解到底哪些可靠性相关的问题影响最大。

在该示例中，我们可以将其原因归结为加热系统故障。然后，再进行下一层级的展开，温度是该层级中影响最大的类型，继续向下展开，温度的哪些故障模式是影响最大的呢？在这个示例中，温控器偏离设定的温度是影响最大的。为什么会发生这种情况呢？故障的原因可能是电路断路或双金属条焊接不良。这时已经进入了消除损失的阶段，可以通过 5Why 分析找出根本原因，然后采取适当的对策来消除它，并制定行动计划。

公司的整体指标分解过程是对其所有维度进行展开的集合（从 KPI 到损失），该分解过程能使公司更加意识到识别最重要的损失需要哪些能力。

我们是选用排列图还是矩阵来进行分解，或是二者结合？其实，分解的过程比上文提到的质量索赔案例的排列图更为复杂。事实上，以成本为例，我们会发现，如果只用排列图来展开成本可能根本找不到入手点，因为损失与成本之间的关系是呈矩阵式的。

我第一次意识到这一点时，是在为一家电缆厂服务，该工厂的财务总监是一位聪明的阿根廷人。我们将成本排列图画在一张大纸上，然后用几张便利贴试着往下分解，把成本分割成一个个对应的明细，但我们还是没有想到降低成本的好主意。

以工厂设备维护成本为例，我们试图按材料费-人工费-外包服务费的维度来进行排列图展开，然后按部门、班次、生产线进行分层，但是，仍然没有降低成本的思路。后来，当我们将成本与损失进行两维度交叉分析时，才终于有了改善想法！

将设备维护成本与损失（重复性故障、短停、加速劣化等）进行交叉分析，我们发现了关于"有哪些损失（What）和怎么消除损失（How）"的好方法。进而，我们对质量成本、人工成本、库存等进行了同样的分析，得到了一个完整的成本分解，如图 8.3 所示。

从图 8.3 可以看出，一类损失会与不同的成本项有关。例如，换型损失可能会影响材料成本、人工成本、设备成本和易耗品成本。从而可以得出结论，损失分解实际是多维度的交叉分析，涉及了损失和成本，损失和绩效指标，损失和区域的多维度分析。

通过这种方式，我们知道应该首先消除哪个损失，以降低某个成本项，甚至可以预测减少一个或多个损失对成本降低的贡献。另一方面，我们可以通过目标成本计算方法，来确定为了达成从上向下设定的目标，需要减少哪种损失及减少多少损失量。

几年前，我们对 20 家工厂的成本分解进行了研究，发现其中 60% 的转换成本是损失，但大约 50% 是可以消除的。图 8.4 所示为制造行业的一个真实案例。

成本 →

每个成本项目的单位成本

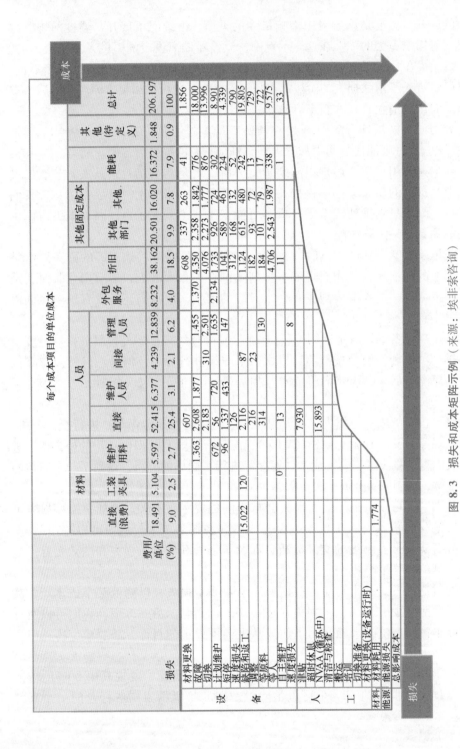

损失	材料 直接(浪费)	工装夹具	维护用料	人员 直接	维护人员	间接	管理人员	外包服务	折旧	其他固定成本 其他部门	其他	能耗	其他(待定义)	总计
费用/单位	18.491	5.104	5.597	52.415	6.377	4.239	12.839	8.232	38.162	20.501	16.020	16.372	1.848	206.197
(%)	9.0	2.5	2.7	25.4	3.1	2.1	6.2	4.0	18.5	9.9	7.8	7.9	0.9	100
设备 材料更换				607					608	337	263	41		1.856
故障			1.363	2.608	1.877		1.455	1.370	4.350	2.358	1.842	776		18.000
切换				2.183		310	2.501		4.076	2.273	1.777	876		13.996
计划维护			672	56	720		1.635	2.134	1.733	926	724	302		8.901
短暂停			96	1.337	433		147		312	589	461	234		4.339
速度损失				126						168	132	52		790
缺陷和返工	15.022			2.116		23			1.124	615	480	242		19.805
调整				216					182	93	79	13		729
等原料		120		314					184	101		17		722
等人									4.706	2.543	1.987	338		9.575
自主维护		0		13					11			1		33
速度损失														
人 超时休息				7.930										
NVAA(循环中)						87	130							
清洁与检查														
搬运														
工 增加							8							
切换准备(设备运行时)				15.893										
材料 材料更换														
能源 材料耗损	1.774													
能源损失														
总影响成本														

← 损失

图 8.3 损失和成本矩阵示例（来源：埃非索咨询）

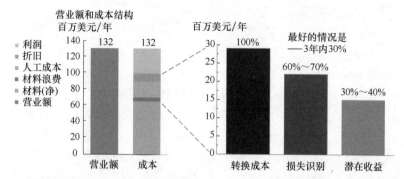

转换成本包括：材料报废、得率和过量使用、人工、员工和管理、维护、能源、折旧

图 8.4　转换成本的损失（来源：埃非索咨询）

当我们把大的改善目标（如 20% 的成本降低）展开成小的、可实施的行动后，就会遇到一个挑战，即需要确保这些行动的贡献总和能够支撑总体目标达成，帮助确保这一点的方法（图 8.5）被称为闭环分解。这样一个一个的闭环分解可以让我们了解到所有的差距是否已经消除。

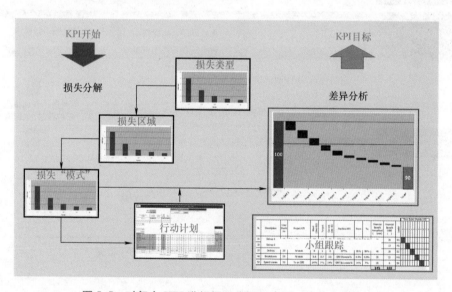

图 8.5　对每个 KPI 进行闭环分解（来源：埃非索咨询）

损失识别过程中的关键问题：

1）当前的绩效如何？

2）目标是什么？

3）损失是什么？

4）每个损失发生的频次和影响是什么？

5）每个损失的合理目标是什么？

6）上述目标能满足我们的需求吗？

7）消除损失的负责人需要具备哪种能力？

8）何时完成，由谁完成？

最后，让我们设想这样一个案例：某公司的董事会以息税前利润和净资产收益率作为目标。业务目标包括市场份额、价格和成本，因此运营管理者必须将这些目标分解到 QCVDISME（Quality 质量，Cost 成本，Volume 产量，Delivery 运输，Innovation 创新，Safety 安全，Morale 道德，Environment 环境）指标中，然后再细化到 QCVDISME 所对应的每个具体的 KPI 中，并将目标转化为具体的行动，从而实现分解闭环。

在图 8.6 中，通过"瓶颈 OEE"的改善，可以支持产量目标达成。换型时间是影响最大的 OEE 损失。因此，我们必须确定具有挑战性的换型时间目标，以达到预期的产量目标。

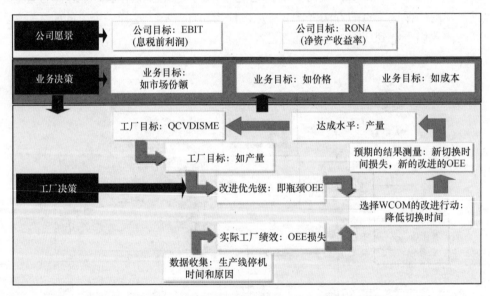

图 8.6　从战略决策到 KPI 目标，再到减少损失和闭环管理（来源：埃非索咨询）

8.2　消除损失：在损失之战中逐步接近胜利

损失分解之后的状态，就好比军队严阵以待，做好了进攻的准备。现在，我们要着手行动，推进改变，"损失之战"就从这里开始。一旦有了清晰的分解、明确的优先级，就需要激发组织各级参与损失消除工作。本质上，消除损失是卓越运营系统的核心。

损失消除可以基于创新（包括设备创新和产品/流程创新）或持续改善。优秀的公司往往能够将这两种方法进行完美结合。

（1）**设备创新**　购买新设备来消除损失当然是改善当前生产状态的一种方式，但它也是有代价的。这取决于公司的资金情况，在中期会增加固定成本，但资金充裕的公司一般都可以实现。购买新设备是一种强有力的改善手段，也是避免损失的直接方法，但这不是公司在损失之战中唯一的武器。在一些国家资助的企业中可以看到，这些企业拥有非常昂贵的高端设备却疏于管理，从而失去了竞争优势。

（2）**产品和工艺创新**　公司总是渴望抢先一步生产市场上最热门的产品，但与设备创新一样，这也是有风险的战略。不是每家公司都有自己的"乔布斯"，即使他们有这样的人才，依赖产品创新也意味着把所有的鸡蛋放在一个篮子里，完全依靠公司少数骨干人员。同样，人才优势也可能有风险，我们每个月都可以看到制药巨头叫停研发新项目，而这些都是斥资庞大，耗时多年的项目。

（3）**持续改善**　与前两种方法不同，持续改善逐步解决企业的问题，需要管理层中的每个人的承诺，以及大家有共同的公司愿景和实现目标的路线图，同时，改善不应停留在管理层面，组织内部所有人员都要参与。如果公司的目标能够被逐级分解直到基层，则共同的愿景就可以推动方向一致的进步，每个员工的目标都是公司的目标，公司也将更多地受益于持续改善，业绩逐步提升，开辟一个更长远的愿景，同时跟得上工作量的变化，而不带来成长的痛苦。

为了更深入地展示上述的概念，让我们举例看看摩托车锦标赛是如何运作的，以了解改善方法对生产的作用。

在摩托车锦标赛赛季之初，所有车队都拿到了相同的摩托车。这个例子中的摩托车就好比一个公司的技术。尽管每个车队开始时使用的都是一样的摩托车（相同的技术水平），但在短短几场比赛之后，总有几个热门车队明显领先。究其原因，这些车队通过微调、调整和校准影响赛车性能的部件，更好地保养了赛车，从而优化了赛车性能。

对于机器（Machine），也就是第一个"M"，虽然其本身是标准的，但总有方法可以调整和保养设备，让其以最好的状态适应赛道。第二个"M"代表方法（Method），可以在测试和比赛中应用，车手和车队实施的这些方法可以在比赛时极大地提升效率。第三个"M"代表材料（Material），虽然锦标赛中所有选手的基本设备是相同的，但不同的组件可以根据条件进行组合和匹配，如轮胎、刹车和机油等。最后一个"M"代表人（Man）本身，每个团队总是在寻找最有能力的人去引导胜利，更不用说由专业技术人员和机械师组成的赛车团队了。即使所有竞争者一开始拥有相同的装备，"4M"要素叠加在一起也将会产生不同的结果。最终，最好的团队会赢得最好的赞助商，赞助商提供的资源又使他们能够配备最好的选手和机械师：结果就是获胜的团队。

1. 嵌入创新和持续改善，为获得竞争优势铺平道路

投资无疑是成长型和改善型公司的一个必要特征，来自竞争对手的持续压力和整个市场的创新意识，促使公司决策不断提升标准。然而，仔细观察公司是如何对待创新的，我们就会发现什么才是真正能使公司在市场中获得竞争优势的因素。并不是投资本身决定了公司对整个市场创新的控制，而是公司在投资之后如何行动才是关键所在。

例如，某公司投资了一台新设备，由于新旧技术之间的差异，可能会经历一个跳跃式的改善，但在导入新技术之后的管理才是获得竞争优势非常关键的部分。在投入了新技术的基础上不断改善的公司，为新设备提供适当和必要的维护，就可以随着时间的推移从新技术中获得更多的收益。有句话是这样说的：新技术一经投放市场马上就会过时。这好像是一个矛盾的概念，实则不然。与那些没有对新技术进行适当维护或整合的竞争对手相比，即使在没有投资的时候，进行了维护管理的公司也能够增加其竞争优势。

就像上面所说的摩托车案例一样，良好的管理方式加上新的技术投资，就会产生一种"复合竞争优势"。这意味着一家公司如果有一点竞争优势，并且继续进行适当地持续性改善，那么当新技术或设备到来时，他们会在投资之后继续获得越来越多的优势。如图 8.7 所示，竞争优势的差距会在两家公司之间慢慢扩大，且这种优势会随着时间的推移不断地复合增长。

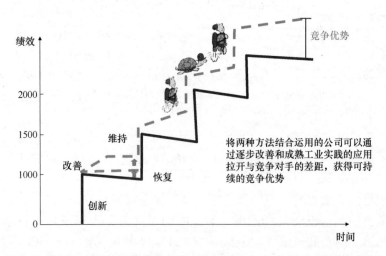

图 8.7 嵌入创新和改善代表了获得竞争优势的方式（来源：埃非索咨询）

蓝线代表一家公司不定期地进行投资，但在各投资期之间没有对其投资给予适当关注。这种疏忽、不闻不问的态度导致了投资期之间业绩的下降，因为新投资的设备会随着时间的推移变得陈旧和磨损。

橙线代表了一个公司对其投资十分重视，对它们实施必要的维护，并进行不断的改善，那么实际上我们可以看到从投资实施期到下一个投资期的业绩增长曲线，这样蓝、橙线的差距就是复合增长带来的优势，这是持续改善的贡献。

2. 消除损失的步骤

消除损失的过程需要在每个阶段使用不同的方法（图 8.8）。损失可能看起来是不可逾越的，消除损失成了艰难的项目，你也许会问："我该从哪里开始？"消除损失的第一步是简单明了的，也是早期阶段所特有的，那就是恢复基本状态，在努力实现零损失之前，公司首先需要做的是恢复到基本状态。

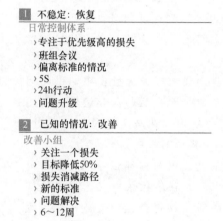
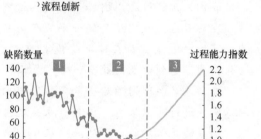

图 8.8　消除损失的 3 个阶段（来源：埃非索咨询）

1）改善前先恢复。这需要采取特别的恢复方法，可以通过关注优先级高的损失，将 5M 状态恢复到设定的标准。在现实中，公司内部的大部分问题不一定需要用六西格玛方法来解决。在公司里会发现有很多偏差，解决浮在表面上的偏差有时就可以实现巨大的改善，如两个不同班次的工人在技能上有很大的差距，或者在设备维护、领导力、作业指导或其他方面的水平普遍较差等。如果我们回想对自己汽车的保养，去 4S 店做检查是汽车生命周期中的重要事件。然而，维修人员实际上并没有做任何事情来改善汽车，只是通过更换机油或机滤、轮胎等来恢复其初始状态。

改善前先恢复的重要性：一个历史案例

几年前，我们曾为一家英国纺织品制造厂服务，他们使用来自新西兰的新羊毛生产高质量的产品。他们在羊毛的粗梳流程中遇到了问题，这是纺织流程中的第一个阶段，目的是梳理出毛线的线条，它从纱线加工开始，是从原材料到纱线的第一次转变。在这个过程中，纱线被卷在轴上，看起来像拉丝的"奶酪"，之后，"奶酪"会被送到纺纱部门纺成线。然而，工厂遇到了一个严重的问题，即每一卷的直径都不一样，造成了规格问题，每根纱线都是不均匀的，导致了每卷纱线在纺纱机上的装卸十分耗时、难操作。由于这个材料因素，导致了下游工序的效率低下。

在与经理交谈时，他认为这个问题是无法解决的。他谈到，羊毛是天然纤维，因此是不均匀和不可预测的，在新西兰剪羊毛的条件也是未知的，所以无法控制。总的来说，天气本身是一个很大的影响因素，因为在雨中剪湿的羊毛和在干燥条件下所剪的羊毛，在到达英国时会有巨大的差异。这种分析是把问题贴上不可能解决的标签，意味着他把所有问题都推给了"老天爷"。

我们在工厂设施周围转了一圈，试图找出任何可能导致出现问题的因素。在装卸区，我们注意到一个叉车司机正匆忙地在装卸区和滚揉机之间来回穿梭，滚揉机是在梳毛阶段之前使用的机器。在与叉车司机交谈时，他说，为了达到最高的效率和生产力水平，他用的后进先出的方式。

在与质量经理沟通后得知，后进先出不是公司的内部程序规定，而司机本应该进行随机装卸。这样一来，就可以避免在滚揉机中混合相同的批次。通过随机批次混合，从滚揉机中出来的混合物将会更稳定，并将在所有情况下剪的不同类型的羊毛混合在一起。相反，叉车司机自制的后进先出程序，基本上意味着同样的批次会在滚揉机中被反复混合，因此没有实现批次混合的目的，使这个过程完全没有起到作用。所以在梳毛过程中，自然会出现不均匀的情况，导致了我们所遇到的问题。

这种情况可以归结为叉车司机没有得到培训，而他只是试图在尽可能短的时间内混合尽可能多的材料，认为后进先出是最有效的方法。他优化了操作，但从未意识到他对其他流程造成了什么样的不良影响。公司墙上挂着一张图表，描述了材料控制的实际流程，只是自从这位叉车司机加入公司以来，从来没有人向他解释过这个流程的重要性。

通过分析仓库的这个简单的流程，生产过程中的一个严重漏洞被发现并得到改善。当管理层忽视日常活动并试图寻找速效的"魔法"时，他们首先需要的是恢复到初始的状态，减少损失，然后再在改善的路上前进。这个例子只是通过观察工厂和仓库的状态，然后追溯到最初的内部程序中去解决问题。也只有在这个时候，公司才能开始考虑实现零损失的愿景。

2）改善已知的条件。这是改善活动的一个步骤。这个过程需要人们改善那些表面上看还可以，但实际并没有被充分利用的条件。如果第一步是考虑损失的大局观，第二步则是关注具体的损失，真正地开始改善。

在这个阶段，可以采用 PDCA 循环。如果状态是已知的，但没有得到充分的利用，对此我们不需要"高科技"去寻找根本原因，用 5Why 分析、鱼骨图、ECRS 等方法就足够了。

那"条件"的含义是什么？在 JIPM 协会福田教授的图 8.9 中，展示了单工序生产系统的结构。条件可以被描述为能够影响过程转换的过程参数，可以概括为 5M+1E＝人（Man）、材料（Material）、设备（Machine）、方法（Method）、测量（Measurement）和环境（Environment）。如果这些条件没有得到满足，就会发生损失（故障、缺陷、停机等）。

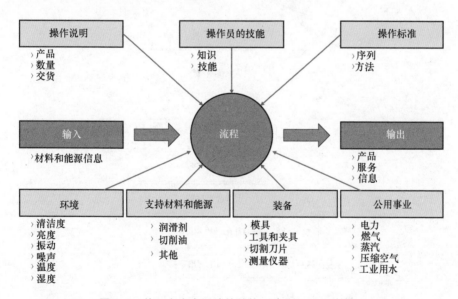

图 8.9　单工序生产系统的结构（来源：JIPM 协会）

3）优化未知条件。这也称为创新，或者像有些人说的那样，是"魔法"。这个词被滑稽地用来描述那些想直接从第三步开始的公司，希望能想出某种神奇药水来解决公司内的所有问题。可惜如果不了解损失的真正原因，不先将损失恢复到初始状态，就很难了解公司需要采取的正确方向，也无法从袖子里使出"魔法"来发挥它的威力。无论如何，进入第三步意味着提升对之前未知的条件的理解，并从此管理这些条件，致力于流程改善，利用统计工具整合高级的问题解决方法，所有这些都是以创新的名义来开展的。

对每一项损失都有具体的路径。WCOM™ 战略是基于客户化的路径方法，要求在消除常见的损失时按步骤采取行动，如图 8.10 所示，即通过戴明环来完成的，这是一种 PDCA ［计划（Plan）—执行（Do）—检查（Check）—行动（Act）］方法。随着 PDCA 循环的进行，在需要的时候就可以采用特定的工具解决问题，如图 8.11 中减少损失的例子。

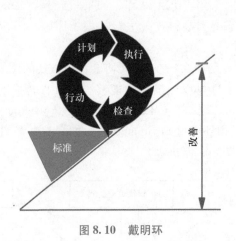

图 8.10　戴明环

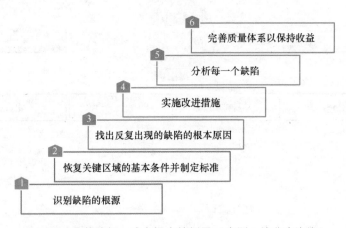

图 8.11　改善路径：减少损失的例子（来源：埃非索咨询）

这种方法是埃非索创始人菲利波·曼泰加（Filippo Mantegazza）创造的，它有两个优点：

1）解决问题只靠工具本身是不够的。工具只是改善过程中的"原材料"，是解决方案的一部分。事实上，仅仅提供 5Why、鱼骨图、SMED 或其他数以百万计的可以在互联网上找到的工具，并不能帮助你理解"如何"使用它们。工具只为你提供"是什么"，却不能告诉你"如何做"，而这正是 PCDA 发挥作用的地方，为实施和监控提供了一个适当的系统。

2）使用具体的损失削减路径比从头进行 PDCA 策划更高效率。从 PDCA 开始，首先要将待解决的问题套用到方法里。如果有一个适用问题的具体路径，就能更好、更快地了解情况，制定解决方案，同时也能更有效地消除损失。这些消除损失的路径，是针对所消除的损失而定制的，具有指导性且可以进行微调。这些路径是对成千上万的针对相同损失的 PDCA 改善项目的总结，是 PDCA 本身的工业化产物，能够使你在这方面获得优势，避免在实施 PDCA 时每次都从零开始，同时你也会熟知如何使用已经实施过的工具来精准地消除对应的损失。

简单来说，减少损失路径系统实际解决的就是当一个公司面临一个问题时，他们不必寻求一个专业的、高技能的工程师（如黑带）来寻找解决方案，因为 WCOM™战略已经为他们准备好了 PDCA 和对应的工具。

总而言之，正如 WCOM™战略所述，解决问题的一个重要方面是让整个公司从上到下都参与到消除损失的战争中来；因此，有一个更有实践性、容易理解、更加个性化的流程是非常重要的。减少损失的路径让每位员工都能亲自动手改善公司状况。这意味着该系统必须能引导大家找到解决方案，而不是相反的方式。

遵循 PDCA 过程和前面提到的 3 个消除损失的阶段（恢复初始状态、改善已知状态和优化未知状态），会发现减少损失的路径是一个分步实施的路线图，可以消除最常见的和重复性的损失。这种方法将有效地根除常见且复杂的问题，否则这些问题就需要外部专家的协助，但他们不一定遵循，甚至不知道公司的愿景及对未来的期望。

8.3　预防损失

防止损失再次发生是状态管理系统的最后一个组成部分，也就是通常所说的损失预防，旨在确保在前 2 个步骤（识别损失和消除损失）中采取的措施的长期可持续性。防止损失再次发生的唯一方法是状态管理，因为造成损失的根本原因是由生产过程中的 5M 状态决定的（图 8.12）。

为了确保长期可持续性，需要实施 3 个必要的行动：

1. 巩固公司改善的标准

当公司已经达到了理想的状态，或者是像前面的羊毛纺织厂的例子，只是

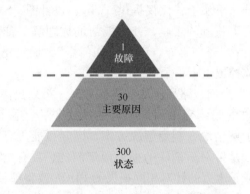

图 8.12　海因里希金字塔适用于任何事件

恢复了初始状态，下一步就是用标准作业流程和其他方法来巩固上述改善，使员工能够始终如一地以最佳的方式开展工作，达成公司的目标。毕竟，当公司达到了理想的状态后，就需要从工厂管理人员到生产线的员工来共同维持这些状态。

为了彻底预防损失，公司标准需要可视化、易获取，要对员工进行有效的培训，如 OPL（One Point Lessons，单点课程）。OPL 是巩固和传播知识的一种快速、简单和有效的方法，是来自真实案例的经验教训，被留存并希望能反复使用，它可以用于辅助强化 SOP（标准作业程序）。但人们需要意识到，有时候"少即是多"，我们并不总是需要翻阅一本又一本的书，并且它们往往被藏在柜子里，而 OPL 可以在现场使用。

下一步是培训。培训前后需用技能矩阵评价技能状态，以便绘制出状态管理所需的技能与现状的差距（图 8.13）。

技能矩阵可以有效地跟踪员工培训的进展。这个例子再次说明，进步不能只是随机发生的，而是以系统的、有跟踪的和渐进的方式来获得的。跟踪员工的培训进展本身就是一个 PDCA 循环，同时也强化了实施计划、执行、检查和行动的 PDCA 文化。

2. 通过状态管理进行预防

由于缺乏对造成问题根源的措施进行合理的维持，从而导致了损失消除后的结果不能保持。因此，我们基于日常实践提出了以下 5 个问题，以便对目前的状态进行评估。预防应该从评估关键参数的可维护性和可靠性开始。通过这一组特定的问题，可以对每个设备状态的控制水平进行量化：

1）是否清晰可见。

2）是否容易设定。

3）是否存在超出规定范围的偏差。

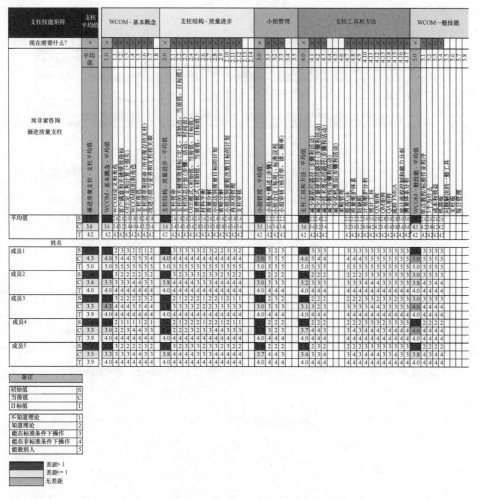

图 8.13　技能矩阵示例（来源：埃非索咨询）

4）是否容易发现偏差。

5）是否容易恢复。

其目的是确定起始水平并了解如何改善。对过程的持续控制不仅可以应用于设备参数，还可以应用于材料、方法、人员和测量系统。

3. 跟踪偏差和实施闭环

损失消除后的偏差控制对于了解是否还需要进一步开展改善工作是非常必要的。让我们来看一张每日详细记录设备切换时间的图表（图 8.14）。

橙色区域为公司制定的不可接受的范围。因此，随着新措施的实施，实际的切换时间数值不能落入该区域。然而，一旦发现切换时间超出标准范围，就

单一事件的集合

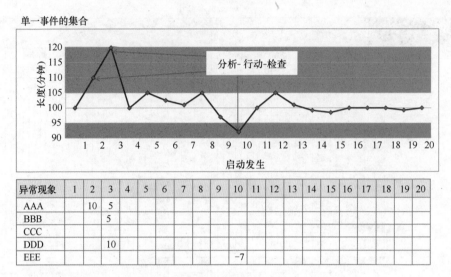

图 8.14　偏差分析（来源：埃非索咨询）

异常现象	1	2	3	4	5	6	7	8	9	10	11	12	13	14	15	16	17	18	19	20
AAA		10	5																	
BBB			5																	
CCC																				
DDD			10																	
EEE										-7										

有必要采取行动了（分析-行动-检查）。

　　虽然一些比较紧急的问题最初可能需要每天甚至每小时关注，但对偏差进行控制旨在使问题越来越少，最终只需要一个 OPL 和一个控制目标，采用简短且有效的分析就可以确保按计划顺利进行，实现对问题的控制和预防。

第 9 章　WCOM™ 组织：团队协作、绩效控制、支柱与驱动系统

卡罗·巴隆切利（Carlo Baroncelli）

正如前几章所讨论的，WCOM™系统为公司提供了适合的框架来导入新的运营管理方法。在该框架下，建立"以消除损失为目的的组织"来赢得所谓的"损失之战"，以帮助维持卓越运营管理系统。成功维持的要素是高效的团队合作、快速响应的每日管理绩效控制系统、支柱系统和驱动系统。

新的运营系统围绕着公司人员能力的发展，重视创建和维护真正的团队文化，使每个人都达成共识。

9.1　全面的团队合作实现全面改善

第一个成功维持的要素是团队合作，这是一个广泛的概念，并不是简单意味着把一群员工关在房间，观察他们能想出什么。团队合作的主要理念是有效地工作，认识到建立系统和工具的必要性，确保团队不受阻碍，能够正常工作。这一想法本身是任何现代组织的基础，是高效工作的必要前提。

传统的公司架构倾向于等级制、命令式的组织，下面的员工只是服从。这意味着，虽然效率一直很重要，但高效的团队合作始终有点马后炮的感觉。在现代的商业组织中，每年都有成千上万的团队被创建和运作，对公司的产出有着极大影响，同时也消耗了大量的公司资源，效率和团队合作齐头并进，如图 9.1 所示。

团队合作也是对社会变化的一个回应。

最初，典型的公司结构要求员工只是随时待命以响应公司的需要。在某种意义上，这种需求是"身大于心"，因为公司只需要人员朝九晚五打卡进出，过日子而已。

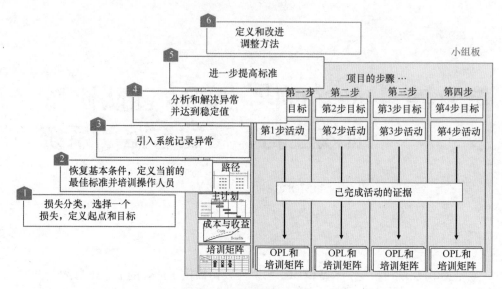

图 9.1　高效的团队合作

（来源：埃非索咨询）

随着技术的发展，就能需要有技术人员和管理人员来整合和管理新的组织结构。当然，责任的增加也需要专业度的提升，因为此时操作人员所操作的设备也是大型而昂贵的。

同样，随着专业度的提升，公司需要更多想要被认可和倾听的团队协作型员工，而不仅仅是朝九晚五型的员工。

为了响应截然不同的公司需求，相应的结构、意向和目标都围绕着全面改善展开：自动化机器完成日常的工作任务，而管理设备的员工的目标是控制、改善和创新。

参与、方法和结果

那么，高效的团队合作到底意味着什么呢？我们可以将其分为参与、方法和结果三方面来看。当在公司内部实施一个比较复杂的新思维时，这三个方面意义重大。图 9.2 所示的 6 个步骤是实现全面团队合作的方法。

让我们进一步了解参与、方法和结果这三个方面的具体内容。

1）参与。首先，团队合作高效的公司必须有明确的目的和方向，可以通过高效和正确的目标分解来实现，让公司的目标和愿景展开到组织的各个层级。如果全公司上、下目标都清晰明确，员工就会更加投入和做好自己的工作。

当目标分解后，对应的改善小组就成型了。这些团队需要匹配适当的技能，培养凝聚力和领导力。

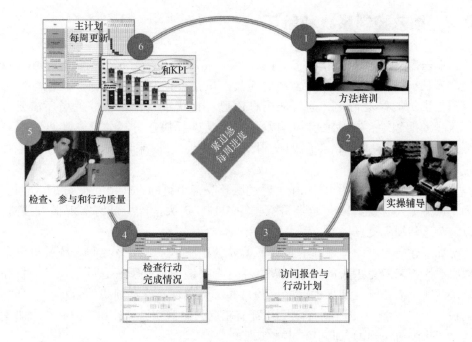

图 9.2　团队每周的日常工作

（来源：埃非索咨询）

高效团队合作的第一步是保证员工的全情投入，这样能够充分挖掘员工的潜力。同样，管理者也必须能够充分授权，让每一位成员都感到自信，能够自主决策。

2）方法。一旦团队及其角色定义好，就需要一个方法论指导，即根据损失削减路径，建立清晰的路线图，让每位成员都知晓和理解，并提供实施路径所需的必要培训。

方法论中包括实施目视化管理和与员工沟通。要让这两方面在公司落地，需要强有力和清晰的项目管理，通过问题升级，不断消除实施中的障碍。

工厂和集团的领导力是实现高效团队合作的另一个要素。走动管理、工厂巡视、跟进小组进展、识别推进中的问题、建立有效定期的审核机制都是可用的管理手段。

3）结果。第三个方面是结果。结果的实现需要对数据收集严格控制，并建立正确的措施以确保结果的持久保持。通过绩效控制系统和支柱系统共同作用，才能确保好的结果长时间保持稳定，具体内容在变更管理章节中进行解释。

9.2 绩效控制系统和闭环

偏差需要迅速采取行动 当员工在监控指标及趋势并报告变化时，往往没有触发任何行动，这是很多公司的通病。虽然此时标准已经建立，但标准本身只是衡量流程是否正常运行的指标而已。在这个基础之上，现场还需要有积极主动的领导，持续地监控偏差，对问题进行快速分析。通过验证，找到偏差产生的具体根源，在问题变得更复杂之前采取果断的对策。时机至关重要。

WCOM™系统强调团队合作，通过展开改善小组的方式消除损失并标准化。为了保持上述标准，必须定期进行损失识别，损失消除，最终实现损失预防，以避免这些损失复发。

如果建立起可以发现并上报任何偏差的预防体系，绩效控制系统就可以采取必要措施来避免未来的任何问题。在这个系统中，鼓励所有员工积极分析和解决问题，需要研究现场的实际流程，并努力实现必要和期望的目标。这种方式被称为"掌舵"，因为一个公司可能有正确的愿景和目标计划，但必须由船上的每个人朝着正确的方向引导才能实现。

许多公司消耗了精力和资源，试图定义指标和偏差趋势，但没有制定合适的步骤来纠正这些偏差。简而言之，问题虽然由管理层或生产线员工自己识别和分析了，但忽略了采取及时必要的措施来解决问题的这一环节。在理想情况下，传感器或操作人员会检测到偏差，系统就可以快速响应并采取措施，可能在探测到偏差的当班就把问题纠正了。而现场管理者会及时衡量偏差并进行根源分析，最晚第二天早上就能采取预防措施。

图 9.3 所示为绩效控制系统如何通过 KPI 分解，自上而下地展开，直至进入损失模式。另一方面，作为偏差控制系统，绩效控制系统能够自下而上地运作，识别每日运营中的偏差，按既定步骤进行分析，如图 9.3 右下角所示，即第一层分析示意。

从这个意义上来说，闭环管理是一个完美的循环过程，可以不断深入分析偏差，直到找到解决问题的最佳方法。

虽然有些时候绩效控制系统只被用来识别问题，大家在解决偏差的时候还是会跳到启动改善项目的方式，但绩效控制系统在设计上可以深入研究损失细节，消除开展不必要项目的时间。从这个角度来看，绩效控制系统将关注重点放在了公司最重要的问题上，该系统可以让管理层从发生的问题中汲取更多解决的经验。

好的绩效控制系统是一个强大的管理系统，它可以改变组织的思维方式。

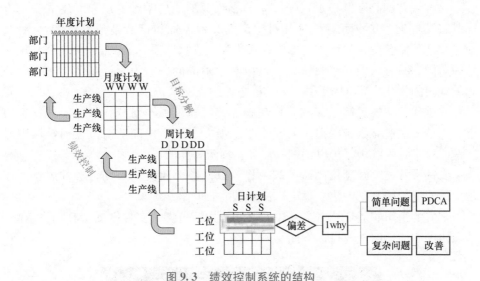

图 9.3　绩效控制系统的结构

（来源：埃非索咨询）

当组织赋予班组长责任来管理大量的资源（资金、劳动力、材料、能源）时，我们需要他们能够完全胜任。因此，当预期结果发生偏差时，我们希望负责人能够回答以下关键问题：

- 昨天的情况怎么样？
- 有哪些偏差，为什么？
- 你在授权范围内采取了哪些纠正行动？
- 哪些行动需要升级？
- 行动记录是否更新（完成的、未实施的、待记录的行动）？

9.3　解决跨职能的问题需要建立一个跨职能的组织：支柱组织

正如前面损失矩阵中所提到的，传统的组织往往围绕着短期目标运作，如完成既定的预算。

重申前面章节的概念：一个损失不会只在公司的一个地方出现，这意味着，为了彻底消除损失需要跨职能的合作，要从多方面斩断损失的根源。只靠单个职能部门之力又怎能控制跨越多职能的损失呢？正如预期的那样，传统的组织结构只关注在一个小领域内的短期任务，无力领导对损失的全面"战争"，无法与大范围的损失抗衡。

这种老式的心态低估了损失巨大的影响范围，只考虑了损失产生的一个方面并将其解决，并没有意识到其对生产的其他方面可能会造成的影响。因此，在 WCOM™ 系统中，将传统的思维方式称为"孤筒体系"，寓意职能之墙高筑又根深蒂固，只有眼前一个目标，直接应对紧迫的问题。为了抵制此类短视心态和领地封闭文化，WCOM™ 引入了其标志性的支柱系统。

支柱代替职能孤筒　支柱系统超越了传统职能孤军对战损失的形式。事实上，支柱关注所有领域的损失，因此在"损失之战"中能够对抗任何领域中的问题。在支柱系统中，可以识别、消除、预防具体的损失。

支柱系统需要经理层团队一起协作，以冲破孤筒关注短期目标的思维，在常规的职能架构基础上建立稳定、长远思维的工作方式。

常规的组织职能依然对结果和关键绩效指标负责，支柱则支持其损失消除，从而协助职能部门达成目标（图9.4）。

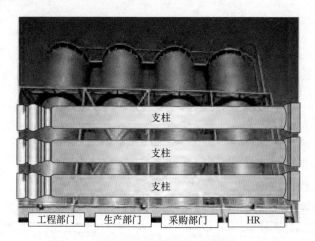

图 9.4　从孤筒到支柱

（来源：埃非索咨询）

如果传统组织按职能划分，聚焦于短期……
……但损失是跨职能的，需要长期关注……
如果我们想调动一个组织来消除损失，
我们需要一个跨职能的组织专注于长远发展。

那么，**支柱到底是什么呢**？为了更好地了解这个强大的损失消除军团，我们需要了解支柱能为公司做些什么（图9.5）。

支柱是 WCOM™ 系统中比较突出的元素之一。建立支柱体系意味着把改善项目转化为改善过程，它标志着进入了持续改善的新阶段，其结果是企业文

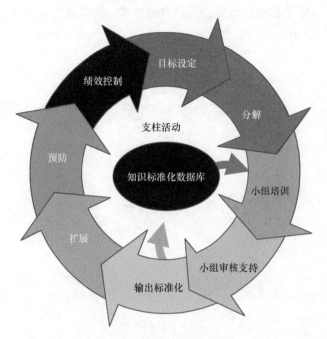

图 9.5　支柱的日常管理活动

（来源：埃非索咨询）

化上的突破；管理层的工作方法将有显著的改变，公司高层的决策将更着眼于长远的改善，而传统组织则通常只关注单一的，有时甚至是非关键的、孤立的问题。

　　支柱范围涵盖运营损失消除、业务活动、精益流程和供应链管理及研发，涉及内容广泛，这也是将系统命名为 WCOM™（世界级运营管理）而不是 WCM（世界级制造）的重要原因之一。支柱能够深入支持运营改善，零损失的理念是关键的一方面，特别体现在支柱的定义之中。

　　支柱是由经理和专家组成的跨职能团队，其使命是通过协调、培训、辅导、审核相关改善小组来消除损失，最终将改善固化入员工的知识体系之中。

　　支柱团队建立并遵循长期的改善循环，为打造持续改善型组织打下基础，使组织可以消除损失并能保持结果的可持续性。本书的第 4 部分将进一步详细介绍与公司愿景关联的主要支柱（图 9.6）。

　　每个支柱有既定的路线图，一般经过 3~5 年的推行，可以趋近零损失。在实现零损失的道路上，支柱将建立长期战略，根据其关注的损失，制定专门、具体的行动计划。

　　虽然，到目前为止我们已经为公司带来了很多变革，但值得注意的是，

WCOM™组织实际上并没有改变公司原有的结构，而是改变了其工作方式：这是一个流程而不是结构的问题（图9.7）。

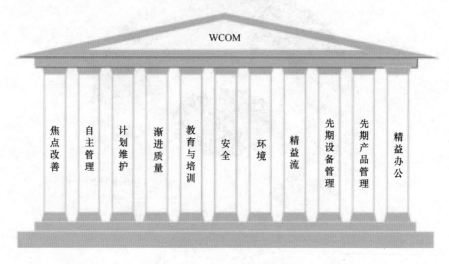

图 9.6　支柱图例

（来源：埃非索咨询）

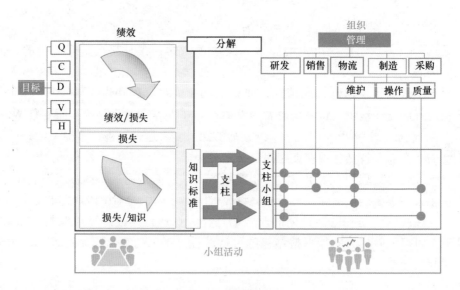

图 9.7　从目标到行动

（来源：埃非索咨询）

图 9.7 所示为 WCOM™在公司内全面实施的流程示意图。原组织架构本身仍然正常运行，只是有了新的运转方向。损失成了关注的焦点，公司的成功来源于寻找损失的解决方案，如前面关于损失分解所述。一旦损失解决后被转化为经验知识，就可以由支柱团队负责进行标准化，以确保体系的稳固运行。

9.4　指导系统

　　一艘没有船长和船员的船会是什么样呢？
　　即使我们建造了一艘漂亮的船，准备出海，船足够结实可以对抗任何风暴，但如果它在旅途中被劫持，就变得毫无价值。
　　为了有效地掌舵，我们首先要知道要去哪里，目的是什么。公司上下必须都要有清晰统一的愿景，所有员工都向着一个方向努力才能将能力发挥到极致。除了航行方向明确，我们还需要知道如何驾船的船员。这些船员要有扎实娴熟的技能，而不只是简单的理解。最后，当船到达波涛汹涌的水域时，我们需要有清晰易读的航海图在手，以确定任何可能阻挡前路的岩石、冰山或障碍的位置。
　　指导系统考虑了上述所有因素，是 WCOM™策略中的必要一环，以指导变革并将其融入企业运营中。指导系统责任重大，需要极大的关注，这就是为什么绝对有必要引入一个指导委员会它将帮助指导公司顺利完成重重变革。
　　如图 9.8 和图 9.9 所示，改善活动的最初阶段需要自上而下做出决策，由高层管理层考虑相关因素：一个指导委员会就足以协调少数改善小组。

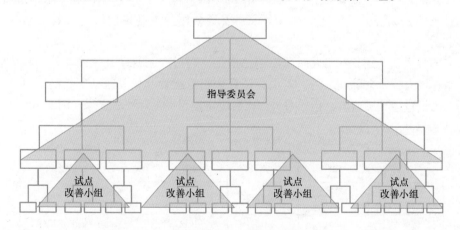

图 9.8　WCOM™处于试点阶段的组织

（来源：埃菲索咨询）

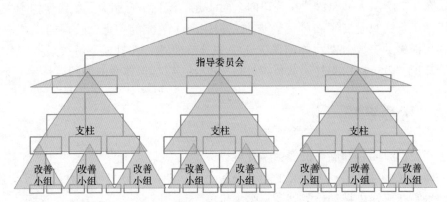

图 9.9　WCOM™ 组织的演变（由于需要协调更多的活动，因此需要设立支柱）

（来源：埃非索咨询）

　　然而，随着活动的推进，公司进入推广阶段，改善小组和活动开始变多，无法由一个委员会直接控制。在这个阶段，支柱就像指导委员会的分支一样，负责领导一类损失（如缺陷、故障、事故等）的消除工作，协调相关的改善小组。

　　在上述的结构图中，当组织复杂且规模太大时，管理层将很难通过直接发号施令来解决问题，关键是授权各级管理人员，使其更具操控优势，让有能力、更熟悉情况的人员来提供支持和解决问题。

　　指导委员会的角色和职责　指导委员会对 KPI 结果和实现团队目标负责。为了达成目标，委员会监控区域和部门的 KPI，制定纠正行动计划和监督每周行动计划的完成情况。从这个意义上说，委员会作为控制机构检查必要行动的进展状况。

　　指导委员会还须在必要时采取纠正措施，通过控制行动计划确保计划和进展一致，没有偏差。除此之外，委员会还管理资源配置及相关行动所需的工具。最后，当推进遇到障碍时，指导委员会还要决定是否提供额外的资源（图 9.10）。

什么　　　谁	中央协调员	指导委员会	支柱	小组	AM 管理
1	目标设定与分解	标杆	目标设定	分解	详细损失分析	数据收集
2	消除损失	沟通与知识共享	消除障碍	培训	消除损失路径实施	支持
3	保持收益与预防	审核固化	闭环审核	标准开发、审核和预防	标准化	维护标准实施

图 9.10　角色示例闭环审核

（来源：埃非索咨询）

图 9.10 是指导委员会管理范围和内容的实例。该指导委员会与公司内部的其他咨询师一起，作为活动推进的坚强后盾，从公司目标到解决问题，以及内部评估的所有方面，持续保持组织的专注和正确方向，以逐步接近目标。

9.4.1　指导系统的 PDCA 循环

一个有效的指导系统能够成功地应对公司的所有需求，引导正确的方向，这需要对公司涉及的 6 个关键方面全面实施 PDCA。图 9.11 描述了指导系统必须关注的各个方面。

- KPI 管理：建立衡量和跟踪结果的系统。
- 目标分解系统：能够充分指导如何降低成本的利器。
- 项目管理：7 步法用于管理和控制各级项目规划。
- 绩效控制系统：利用会议和报告正确有效地控制存在差异的系统。
- 收益系统：识别和监控改善小组收益的管理工具。
- 成熟度评估（WCOM™审核）：检查 WCOM™实施是否与业务需求一致，支持卓越运营。

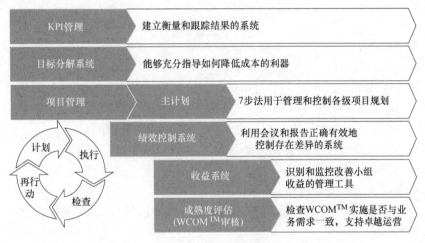

图 9.11　方案计划实例

（来源：埃非索咨询）

同时要驱动系统-成熟度评估。WCOM™系统中的特色元素之一是"埃非索"成熟度评估平台，它为公司提供了创新的三维评估，以独特、综合的视角审视持续改善活动的全过程。如其他好的分析工具一样，该评估平台可以全面评价公司的绩效和参与度，同时还提供了一个复合和独特的方法来分析公司数据。参与度评价维度关注的是工作流程和工作环境的配合，整合了全球绩效评估，可以对标全球来评价公司当前的水平。同时，它还会评估公司当前能力和绩效指标与既定时间内应该达成的目标之间的差距。

成熟度评价分数的目的是为了保持长期的关注，指导委员会必须使用创新的工具和评估方式，以便能够掌握全局。无论步伐大小，每一步都必须朝着正确的方向前进，用正确的数据支持决策是前进和缩小差距最安全的方法（图 9.12）。

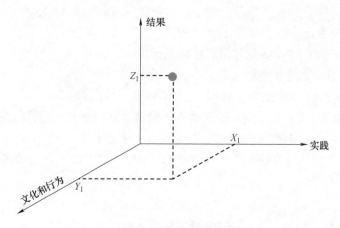

图 9.12　成熟度评价维度
（来源：埃非索咨询）

如图 9.12 所示，与许多公司相比，三维视角是一个独特的、鸟瞰的性能视角。它用数据指标衡量公司参与度和绩效的当前水平、预计满意度和未来目标。

成熟度评估以直观的方式提出评估问题。评估的特点包括：

- 自动生成的汇总图表和行动列表。
- 评估报告可立即在线获得。
- 标准化和可提取的报告。

为了正确分析公司在实施改善后达到的"成熟度提升"，成熟度评估平台通过 3 个步骤完成：

1）用检查清单来评估已实现的改善水平。

2）用图表显示仍有待完成的工作。

3）用自动生成的计划和行动列表说明后续步骤。

成熟度评估的本质是衡量与标杆卓越水平的差距。这意味着，一方面要稳定控制当前改善获得的成果，另一方面要持续调整，明确新的改善目标。通过这种评估和统计分析，公司可以评估是否需要更多的投入来进一步消除差距，图 9.13 显示了有关状态更新和评估的持续、全面的信息。

一旦建立了该评估机制，公司将发生显著变化，将有助于：

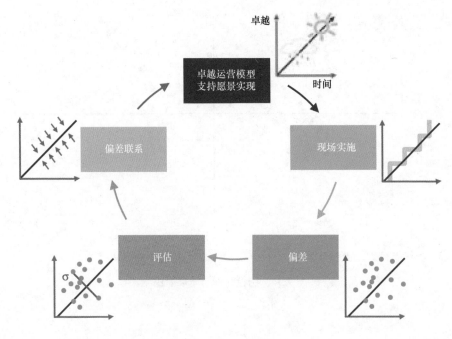

图 9.13　成熟度评估的良性循环

（来源：埃非索咨询）

- 促进自我评估过程，识别和推动所需的改善活动。
- 引入评估流程改善的文化氛围。
- 分享最佳实践，并将公司的知识整合到一个平台中。

成熟度评估系统为公司提供了许多优势，但最重要的是，它将创造出多个良性的改善循环。实施后，该系统的最终成果是建立和提高内部审核能力，形成一个可以不断解决内部问题的共同改善体系。该系统还将有助于持续知识收集和最佳实践推广。正如任何评估系统都应该起到的作用，评估可以清晰地指出需要改善的地方，但埃非索成熟度评价体系的与众不同之处在于它能够生成路线图、未来的方向和进一步改善的路径。

比较了 106 家工厂在 5 年内的绩效和能力发展后，我们可以看到 WCOM™ 系统久经考验的成果（图 9.14）。

图 9.14 是由 Emanuela Nizzolini（是埃非索国际知识专家和其成熟度评估系统的设计者）根据与多家国际公司合作的长期经验绘制的，涵盖快速消费品行业和流程型行业，横跨四大洲，所有这些行业的数据中都显示出共性的规律：在全球范围内，导入卓越运营管理的公司绩效有不可否认的上升

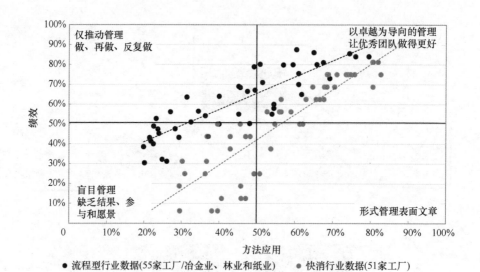

图 9.14 绩效与能力发展对比

（来源：埃非索咨询）

趋势。

在相关性曲线之外（低能-低产、高能-高产）有两个管理的雷区：

● 图 9.14 左上角：高产-低能。在此区域结果很难持续，因为结果是由能力欠缺的团队付出极大努力获得的。

● 图 9.14 右下角：低产-高能。这是"乡村俱乐部"的管理方式（或者更糟的是"表面文章"），最先进的管理技能并没有集中在真正重要的结果上（图 9.15）。

9.4.2 无限循环系统

总之，我们可以用无限循环来描述 WCOM™ 系统，它以战略分解为起点，通过持续改善循环和偏差控制循环，将业务目标转化为业务结果（来自 Bas Koetsier⊖的直觉）。系统一步步从目标到实现，直至绩效跟进保持，见图 9.15。

图 9.15 中右边的循环代表持续改善，其步骤的时间是以周和月来衡量的，它主要是一个自上而下驱动的过程；左边的循环代表对偏差的日常控制，由自下而上驱动，其时间是以小时来衡量的，因为在这个阶段必须快速响应，消除偏差，保持系统受控。

⊖ Bas Koetsier，埃非索副总裁。

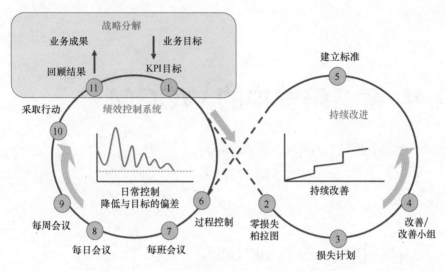

图 9.15　以无限循环描述 WCOM™ 系统

（来源：埃非索咨询）

第 10 章　研发中的 WCOM™

马里奥·加拉西尼（Mario Galassini）

10.1　什么是研发中的 WCOM™?

当我们考虑研发中的 WCOM™时，应该关注设计对全生命周期成本（或利润）的影响，而不仅仅局限于研发活动本身的成本。

事实上，如图 10.1 所示，设计成本通常仅占产品生命周期成本的 5%。

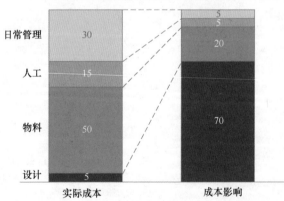

图 10.1　产品设计的实际成本及成本影响

（来源：埃非索咨询）

但主要的决策是在这一阶段做出的，并决定了最终的成本。

例如，选择一种合格的原材料，而不是一种新的、更便宜的原材料，可以节省验证的时间，但会影响产品整个生命周期的物料清单（BOM）成本。

除了在开始做出的决策，开发常常还会受到变更的影响。设计变更的实际成本取决于**何时**发现变更需求，显然越早识别变更越好。

后期变更的成本可能是先期变更成本的 1000 倍。如果在产品发布后修改其 BOM，就意味着需要重新进行可行性分析、试制，以及可能需要向客户提交样品、管理库存更迭等。

在开发或试制阶段更改设计通常会导致进度延迟，这往往意味着机会成本的损失。

例如，不能作为新产品的首发率先打入市场，将会失去销售机会，对客户的影响力降低，从而减弱了制定行业标准的话语权。

这里还没有提到向市场推出满足客户需求的新产品以支持未来销售和利润的重要性。

我们可以得出这样的结论：新品对销售和利润的贡献比研发成本更重要。

实际上，应该考虑研发成本和盈利之间的平衡，尽管研发的投资回报是有限的。

WCOM™ 的研发重点包括通过预防研发活动和产品及服务产生的浪费来确保稳定的创造价值。

图 10.2 所示为世界级研发方案，包括创新的概述和主要组成部分。从中可以看到，右边的流程对运营有更直接的影响。

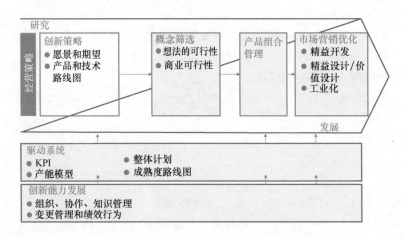

图 10.2　世界级研发方案

（来源：埃非索咨询）

图 10.2 中的元素是 CEO 们面临的以下 5 大问题的答案。

1）创新需要未来思维和预判；企业应该学会"做不可能的梦"，建立愿景以确保竞争力。

2）必须在先期阶段确保可行性，而且要快。

3）研发部门必须通过产品组合管理的迭代过程，确保可靠的利润流以支持业务战略。

前 3 个方面不在本章和本书的讨论范围之内。

4）市场需求的快速变化要求加速上市时间和优化生命周期成本。

- 研发过程的速度必须跟上市场需求演变的步伐。
- 精益/敏捷开发主要侧重于缩短市场投放时间，以及保持进度和资源规划的一致性。
- 精益设计旨在为设计理念带来增值，和/或降低产品生命周期成本。
- 先期投资管理应在正确的时间提供正确的技术来支持上述两个方面。
- 所使用的技术应该是最新的，并确保未来的生命周期成本尽可能低。

5）创新团队需要进行能力建设，以维持创新文化和增长。

- 研发团队必须衡量和调整其研发实力及能力水平。
- 需要激励和留住人才，发展以绩效为导向的行为。
- 网络平台越来越成为研发的重点。
- 我们需要哪些合适的合作伙伴来推动创新？与客户和供应商协同的开放式创新变得越来越重要。
- 知识产权管理成为战略资产。
- 从知识和流动的角度重新思考组织架构。
  - 公司组织架构问题经常会造成等待时间，成为工作流的障碍。
  - 组织的构建往往取决于职权而不是知识的利用。
  - 资源应该集中用于增值活动。
  - 实际证据表明，用于核心增值活动的时间几乎不超过 35%，用于计划活动的时间不到 50%。

10.2 研发的 KPI

研发的 KPI 不如制造的 KPI 常用。大多数公司能够测量如图 10.3 所示的 6 个 KPI 中的 3 个（客户满意度相对较难量化衡量）。这些 KPI 和运营的投资回报之间也容易建立关联。

但当展开到第二级 KPI 时（图 10.3 中右边第 2 个，垂直启动），能够回答这些 KPI 的公司数量就减半了。

遗憾的是，第二级 KPI 对于理解优先级方向更有用，有例为证。

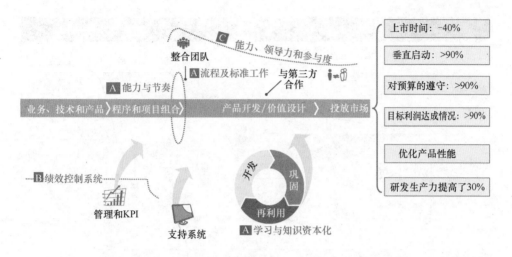

图 10.3　上市优化模块及其 KPI（应用了典型的改善）

（来源：埃非索咨询）

上　市　时　间

　　上市时间不仅对重大创新重要（其创意产生的起点很难界定），对基于市场规划的上市日历也很重要。一家知名美妆和个人护理生产商将新品的上市时间缩短了 50%。这样该公司就可以将其资源集中到一半的产品上。

规划可靠性的价值（垂直启动）

　　垂直启动鲜有衡量方式，但却是时效性的关键指标。一位美国跨国公司的工程总监曾经告诉我：“如果必须选择一个时效性的 KPI，我会选择垂直启动；因为如果能实现产品垂直启动，上市时间就可能有保证，否则不可能做到。”

　　产品和流程必须实现垂直启动，因为产品或设备的启动多用一分钟也是对资源的浪费。延迟启动的隐性成本是巨大浪费，最精良的团队滞留现场解决（延迟）问题，不仅浪费了他们的时间，还使他们不能对其他产品/设备进行早期预防（图 10.4）。

　　成功的垂直启动改变了大家的思考方式，形成了大胆规划、省时、高产的良性循环；这个过程至少需要 3 年时间，我观察到垂直启动率从第 1 年不到 20%，到第 2 年的 50%~60% 和第 3 年的 90% 以上。

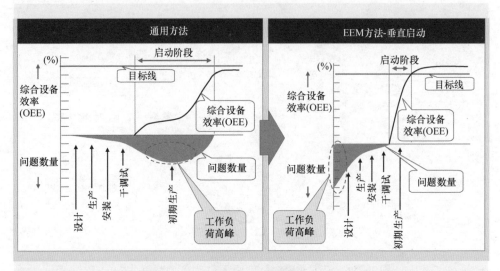

图 10.4　垂直启动

（来源：埃非索咨询）

目标利润、项目预算和生命周期成本

在开发低运营成本且具有生产"竞争优势"的解决方案与项目预算之间，真的存在平衡点吗？不，我们过于关注节省项目预算时间，而忽略了在最少的迭代中（使用智能集合设计方法）无法实现目标成本和绩效的原因。这往往是从预算和财务角度看问题的例子。

曾经有这样一个案例，某公司为了节省 1.5 万欧元的额外实验费用而接受了低成本收益的新产品，因为一次额外的实验循环将花费 1.5 万欧元。另一家公司因为首个产品建模不够准确便放弃了对其产品的仿真（FEM），从而失去了学习积累和构建竞争力的机会，其结果导致在产品试制时需要花费精力改善绩效，同样影响了项目预算。

问题在于，项目预算很容易衡量，但没人能 100% 保证额外实验的结果。

一个主要的典型问题是测试和可行性研究缺乏计划性，在这种情况下，测试和可行性研究的投入很难到位。

缺乏对生命周期成本的认识

这个问题表现在设备和产品的成本上，采购和生产之间产生冲突，导致了糟糕的决策。

作为汽车 OEM（原始设备制造商）主要的一级供应商，一些几年前设计的生产线是以最小化资本投入为目标的，但现在综合考虑全生命周期成本，这些生产线正在进行升级改造，其中有两个重要因素：能源和人力成本。这两个因素占全生命周期成本的 55%，而初期资本投入仅占 35%。

降低复杂性

将视角从产品生命周期成本扩展到全品项产品的总成本，可以实现更大的目标。

在产品生命周期成本的基础上，如果再考虑切换、特制工具、库存、材料管理等成本，就可以有效地解决复杂性问题。我们可以发现，复杂度越低，BOM 的成本可能会越高，但公司的总成本会大幅降低。

在美国某一家机电工厂，如果交付时间从 8 周缩短到 2 周，则其市场占有率可能会高一倍。这意味着要减少产品定制并系统地使用相同的材料类型。该公司采用模块化的方法重新设计了部分产品系列，使其从按订单设计模式转换为按订单装配模式。有时，BOM 的成本比以前高，但是收益抵消了这些"虚拟的"额外成本。

10.3　先期管理和知识资本化

工程里的大象？你们很多人肯定读过《小王子》。在这本书里，小王子画了一幅画，并四处询问："你看到了什么？"（图 10.5）。

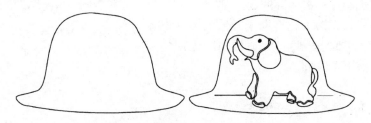

图 10.5　一顶帽子还是一头大象？

（来源：Noela Ballerio）

每个人的回答都是"帽子"，然而小王子看到的是大象被蛇吞掉。

在研发中也可以使用同样的隐喻：在图中你看到了什么？（图 10.6）。

你可能会回答："一种项目管理的技术方法。"

事实上，其中也有一头"大象"！这头"大象"有四条腿（就如系统的四

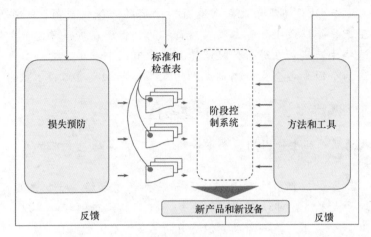

图 10.6　你看到了什么？

（来源：埃非索咨询）

个组成部分）和喷水乘凉的鼻子（就如过去项目中来自现场反馈对工程开发的改进闭环）（图 10.7）。

　　反馈实际上是 WCOM™ 知识资本化的来源。这就是为什么在典型的 WCOM™ 路线图中，创新支柱通常会在稍后启动。

　　创新团队可以利用来自 WCOM™ 支柱的大量反馈，也可以让研发和工程部门了解影响端到端创新方法的实际问题。

　　此外，知识资本化有助于降低成本（发现产品和流程的限制），并通过消除无用的活动来缩短上市时间。

图 10.7　"大象"

（来源：Noela Ballerio）

10.4　研发中的损失分解

　　最简单有效的资本化方法就是"从过去的经验中学习"。它是最近发生的问题的集合，分析说明如果合适的人在合适的时间使用了合适的工具，那么问题可以在什么阶段如何避免。

　　该分析使用时间损失和/或金钱损失作为衡量单位，根据预期和实现之间的差距将损失具体化。进行适当的平衡分析会得到一个令人惊讶的结果，因为焦点更多地集中在损失的类别上，而不是具体的项目或个人。各项目会进行总结报告，但很少把它们放在一起，以了解损失的共性。

当我们观察通过分析得到的排列图时，会发现令人惊讶的结论。根据我的经验，通过两组数据看问题是很有帮助的。

首先，损失平均占投资的 10%～15%，占新产品导入成本的 30%～50%，这足以让人意识到问题的严重程度；这超出了我们通常的认知，比项目总结报告中体现的要多。

其次，损失的排序表明，对研发和工程的关注过于强调技术方面，忽略了管理问题对项目效能（时间、成本、质量）的影响（图 10.8）。

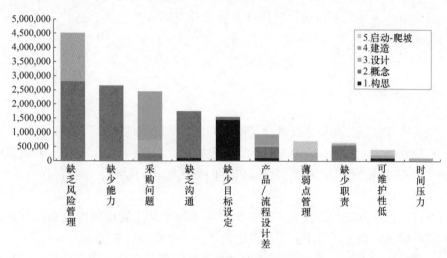

图 10.8　研发中的问题排名

（来源：埃非索咨询）

这样的分析达到了让研发部门"认识到需要改进"的效果，是一个很大的进步。

这也为研发 WCOM™ 打开了一扇门，因为它不仅指出了问题，还提供了可行的解决方案，支持更专业地消除损失。没有人否认研发任务的复杂性，但当损失可以避免时，就会有改进的空间，此时强烈建议采取行动。

例如，有时仅仅是内部和外部更好地协作就可以防止诸如"采购问题"和"缺乏沟通"等问题。

"风险管理"和"可制造性差"等方面可以促使对生产参与先期开发过程的回顾，从而降低全生命周期成本和提高启动的可靠性。几个月前，有人告诉我"研发的客户是市场"。在我看来，为了满足真正的客户（通常是最终用户），价值链中的所有参与者都应该避免损失，而且随着时间推移而改善。

当然，其他损失分解（如产品价值分析、客户投诉、研发技术人员的增值与非增值时间……）也必须要实施，以全面了解优先级。

最后，必须实现改进目标，而这只有两种可能：

- 在每个项目中改进（开发和改进）。
- 在项目前和项目中改进（利用所有项目的知识资本化）。

很明显，第二种优于第一种。

> 去年我参与了一个降低塑料部件成本的项目。该团队已经选择了一种减轻重量的策略，并准备好测试该解决方案。但我们采用了更好的方式，分析过去的质量指标记录、竞品设计，团队据此制定了 5 个备选设计方案，其灵感来自现有的知识和对未来的预测。团队通过测试这 5 个原型了解了所分析解决方案的局限性，因此最终的设计是真正经过优化的。知识资本化得到了利用。

10.5 损失预防

最大限度实现知识资本化的途径就是利用好"隐藏的大象"的四条腿。

反馈在地理上和时间上是分散的，如果不建立反馈流程，"专家"对现实情况的掌握程度就会降低，他们会继续以"旧方式"进行设计，承担同样的风险，重复同样的错误。

所以，第一点是预防损失。工作人员应系统地从实际应用中收集问题和想法并进行筛选，直到整合出公司最前沿的知识，从而预防损失。

如果缺乏知识结构和/或不对知识进行优选，就需要在充满矛盾信息的模糊世界中花费时间进行研究，这样的过程很令人沮丧。

预防损失这一点是非常有价值的。我亲眼见证了其令人兴奋的效果（特别是跨国公司），各地的员工将想法提交给生产中心，促进产生了真正的专家，他们掌握了问题的最佳答案，能够给设计团队反馈更好的设计原则（图 10.9）。

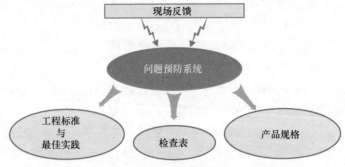

图 10.9 来自实际应用中的反馈

（来源：埃非索咨询）

10.6　标准和检查表

第二点是标准和检查表。即使是在一个非常结构化的知识数据库中，也很容易因为费力寻找而浪费努力挤出的时间，而这些时间的花费往往只为区分哪些知识是真正适用和有用的。我就曾花了半天时间浏览了一篇关于酿造的研究，却没有找到一条符合我特定需求的可用信息。

研发领域最伟大的发明之一是标准和检查表，它使知识变得可得、易得。

标准包含了一套价值和原则（如规格），诠释了实施研发活动（进行测试、计算、供应商参与、采购物料）的最佳方式，WCOM™ 使得这些标准得以广泛使用。

检查表为特定的问题提供知识和支持。打个比方，这就像将物料入库，再从仓库中将每班次所需的物料按量运送到生产线。信息储备可能非常庞大且难以使用，因此需要将大量的信息分解成小部分，并将重点进行总结，以便通过验证取值和设计特性来避免未来的损失。

我见过许多种类型的检查表，从简单的（如任务控制），到可以与设计活动交互的（如自动验证计算），到验证设计原则是否符合的（如特定的产品或技术）。检查表可以前瞻性地应用（如用于设计评审），其对于风险预防非常有效（我们将在后面看到）。前面提到我查询酿造过程具体参数的事例，当时如果有检查表的话，我可以节省很多时间。

有时我听到有人说，他们花了很多时间填写检查表，却没有得到任何增值。这是由于方式不对或没有更新造成的。检查表必须系统管理，以避免过时或冗余。检查表也是将开发和/或测试/安装工作委托给年轻人或工厂技术人员的好方式。我脑海中一直有电影《十二金刚》中的著名场景，12 名"不羁"的罪犯参与一项复杂的间谍任务，其中所有参与人员的同步配合是成功的关键。在电影中，任务指挥官制作了一份检查表并教给大家，激励参与人员在心里默念检查所有关键要素的顺序。

信不信由你，我参与过一个类似经历的有关玻璃厂的项目，结果是玻璃厂的新熔炉和 5 条生产线以最快的速度实现了启动。一个由 25 人组成的团队在复杂的安装和启动过程中发挥团队精神，集中投入进行检查，使超过 1500 个点确保受控。他们十分感激可以在安装过程中对机器和设备进行检查，学习如何发现问题和确保日常的一致性。

10.7　工作流程

工作流程是研发机器的脊梁。然而，它经常被过度设计，而且过于死板，与务实的人想要的灵活性恰恰相反。

许多公司努力在完整的流程（冗杂且造成管理损失）和糟糕的流程（不能发现问题）之间寻找平衡。

我两种情况都经历过。

> 某跨国公司斥巨资打造标准工作流程，规定了 105 个交付要求，大多数参与者都觉得太多了。在另一个案例中，某公司惧怕官僚主义，只规定了几个必需的步骤，但这种简化给东欧的一块绿地项目带来了一系列损失，这个绿地项目其实按照一家中国现有工厂的建设照搬即可。

首先，流程有相似的步骤：评审关卡、职责人和可交付内容的模板。该流程必须遵守相同的原则，有共同的衡量指标：优先级排序和研发的效率。这些原则就是"流程和标准工作"的基础。

但是，流程不是固定的，不是每个项目都有足够的资源执行所有的活动。风险识别是在投入和效率之间找到正确平衡的关键。风险是开发过程的塑造者，并且可以根据标准和领域进行识别（图 10.10）。

标准	入口站	喷水	打磨	出口	清洗	图例
质量	*	***	**	*	*	■ 基于经验(检查表)
可靠性	*	*	**	*	*	■ 适应经验(一些新的组件)
可维护性	*	*	*	*	*	■ 通过原型开发知识，找到极限
安全	**	*	*	**	*	■ 用科学的方法进行的具体测试
可操作性	*	*	*	*	*	
支付能力	*	*	*	*	*	
交付	ok	ok	ok	ok	ok	
正常/风险/延迟/关键/非关键	ok	ok	ok	ok	ok	

图 10.10 风险识别

（来源：埃非索咨询）

如果知识盲区不是风险，那什么才是呢？

如图 10.10 所示，策略是在知识盲区大量投入（必须资本化），而在知识足够用的地方，只要使用检查表即可。

10.8 工具和方法

先期管理和知识资本化的方法和工具数量庞大。其中包括经典的 FMEA、

QA 矩阵、控制图、验证协议等。还有其他有力的工具，如目标设定、杜恩分析、顺序采样、敏感性分析、QX 矩阵。它们之所以有力，是因为可以给出问题的答案，如"实现快速启动还能在下个月达成制造成本目标的希望有多大?"或"在一条由 12 台设备组成的大型生产线上安装一台小打印机有什么影响?"。

工具的选择应该始终以突出的风险为依据。其中一部分是固定的，但有些确实取决于实际情况；你应该经常问自己，在有限的时间内使用这些工具，想要得出什么样的结论。在技术至上的工程环境中，没有什么比徒劳无功更能扼杀对工具使用的兴趣了。工具也可专用于特定的领域。例如，汽车供应商（服从 APQP 标准）发现，打造一个产品和工艺流程功能库是很有用的，可以创建一个可配置的 FMEA 作为每个新产品的基础。这样，每个新产品只在特殊情况下才进行深入的分析，这带给我们两个好处：

1）可以对已知的功能进行审查并更新其 RPN 参数。

2）有更多精力对新功能进行更深入的分析，使其成为未来新产品/工艺流程的参考。

这种流程是先期管理支柱优势的一个例证。

10.9 绿地项目

到目前为止，我经历过十几个绿地项目，它们是比较特别的例子。绿地项目是重建"零损失"制造环境和精益供应链的绝佳机会。

绿地不同于一般的项目，因为其复杂性导致产生了大量的决策，其数量级不是一般的项目经理能够应对的。而当工程部门没有意识到这一现象时，项目就会延迟或产生很多不切实际的决策，将本来可以实现"零损失"制造的好机会，变成了在高层怒火之下被动止损的痛苦竞赛。

一个重要的因素是要从生命周期的角度理解工厂绩效的"价值"。

在下面的例子中，我们可以看到启动延迟一周、垂直启动多产 1t 和 OEE 高一个百分点的价值。知道了这些数据，管理层就可以了解建立一个合适的团队来预防损失的价值有多大（图 10.11）。

理想情况下，绿地项目由 4 个模块支持实施，其相互关联如图 10.12 所示。

1）高级项目管理。一种革命性的计划和跟进方法，使用设计结构矩阵和关键链等智能工具。对初步计划进行挑战并识别工作资源的瓶颈，以确保活动顺利进行。

2）精益设计。加强构造精益原则的概念，在前期阶段量化和减少损失：3P [Production（生产）、Preparation（准备）、Process（流程）]。

提供方法论和经验以设计更好的解决方案。

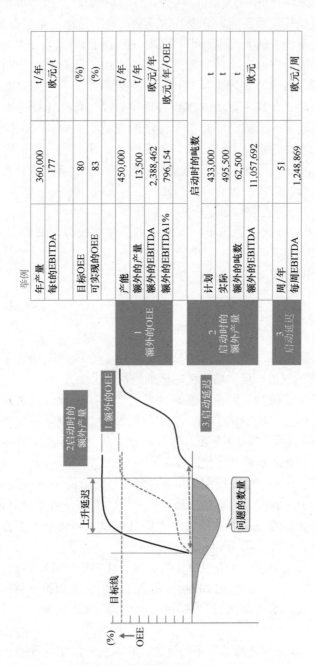

	举例		单位
1 额外的OEE	年产量	360,000	t/年
	每t的EBITDA	177	欧元/t
	目标OEE	80	(%)
	可实现的OEE	83	(%)
	产能	450,000	t/年
	额外的产量	13,500	t/年
	额外的EBITDA	2,388,462	欧元/年
	额外的EBITDA1%	796,154	欧元/年/OEE
2 启动时的额外产量	启动时的吨数		
	计划	433,000	t
	实际	495,500	t
	额外的吨数	62,500	t
	额外的EBITDA	11,057,692	欧元
3 启动延迟	周/年	51	
	每周EBITDA	1,248,869	欧元/周

图 10.11 垂直启动的机会价值（来源：埃非索咨询）

（图中标注：2 启动时的额外产量；1 额外的OEE；3 启动延迟；上升延迟；目标线；问题的数量；OEE；(%)）

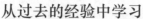

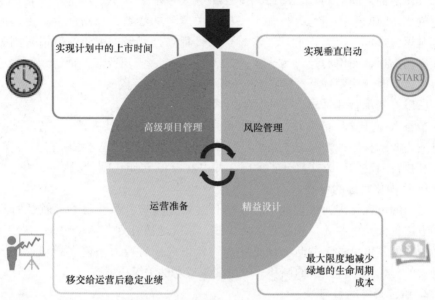

图 10.12　支持绿地项目的 4 个模块及其对多个关键绩效指标的积极影响

（来源：埃非索咨询）

通过将关键供应商纳入先期设备管理阶段的控制，以透明协作为原则，最大限度地减少反复和延误。

模拟操作系统和进行敏感度分析。

3）垂直启动的风险管理。应用阶段性评审系统，保证流程高效，及早发现损失。通过对可靠性、质量的统计预测，维持有效的启动管理；避免无休止的试错。

4）运营准备。有助于定义预防问题的最佳实践和世界级标准。

用振奋的变革管理活动提升员工的参与度，积极求成。

确保在启动前完成对所有操作人员的培训。

10.10　研发中的关键角色和变革管理

工程师们往往更倾心于具体的设计工作，而不是一些管理方法。

与工程师打交道经常会发现他们对变革有很大的抵触，但也有巨大的潜力，而这往往是未被开发的能量。尽管人们在努力创造更多的"价值"，但找发现研发机构的增值时间通常不超过他们整体工作时间的 35%。

如果我们深入研究研发活动中浪费的典型原因，会发现许多原因是内部客户和其供应商之间的同步、沟通、授权和"服务水平"不足。这些因素产生了大量的等待时间和挫折感，再加上一些无关紧要的活动，从而产生了更多的等待和延迟，形成一个恶性循环。看看你的日程表，有多少重要的事情是因为其他琐事而推迟，而你的计划又不够"灵活"，不能一直更改。然而，想改变这样的习惯，有时就像攀登喜马拉雅山一样困难。

所以，变革管理是成与败的一半因素。

精益敏捷开发和精益设计方法是消除此类浪费的最佳方法；从软件开始，经过适当的调整后，这些方法几乎可以用于任何研发或工程过程。它们为规划、分享和执行活动的新方式打开了大门，并由看板和 Scrum 工具支撑。

1. 目视化管理的奇迹

适当的可视化沟通极大地加强了协作。每位参与者都能马上理解及时跨职能的方法是极其重要的，并愿意接受挑战，系统地按计划节点交付每一项工作。更大的好处是可见的，并且系统地更新，所以人们有精力来遵守最佳计划。这种巨大的变化——优先级的调和——是变革成功的关键因素之一。

2. 运营资源的参与

最明显的变化是运营资源的参与。"先期管理"是指在研发人员还没有完成规范或做出任何决定时，就让他们加入。这种先期参与体现了 WCOM™ 的基本规则之一：人人参与。

3. 供应商和客户的参与

学会与供应商和客户互动意味着节省大量的时间和金钱。这是对外部知识来源的态度转变。为供应商提供办公与协作的空间，为客户提供一条用于试验的生产线，正在成为通过有效合作储备知识的有力武器。公司需要为此方向的流程建立腾出时间。

4. 项目经理

每个管弦乐队都有指挥，研发过程也是如此。如果一个流程是跨职能的，那么它几乎不可能通过各职能快速完成。

如果项目负责人没有从全局的角度进行资源分配的仲裁，那么项目就会反映出其负责人的权力（通常很低）。

项目经理扮演着类似管弦乐队指挥的重要角色。他/她的任务是让组织按照其负责的多项目计划来拉动项目。项目经理可以是一个总工程师或一个年轻人，这取决于公司文化、项目复杂性和公司内部的权力平衡。

5. 最高管理者

说到底，这还是高层领导力和管理承诺问题。每个演讲、每本书对此的结论都是一致的。但我想补充一个重要因素。由于损失的隐秘性及创新优先级与运营战略的脱节，高层管理人员一般无法挑战研发管理的角色。WCOM™创新为最高管理层提供了一个强大的驱动系统，一方面用于监测结果，另一方面用于监控成熟度增长。这是一个协调营销、供应链和创新的绝佳机会。最高管理层必须学会如何看见和抓住这个机会（作战室，"the Obeya room"，是开会和做决定的正确地点）。

此外，高层管理人员有时也会不自觉地产生大量浪费。

- 过度拖延决策，如等待批款的时间太长，留给项目的时间太少。
- 忽视研发产能，设定不切实际的新品发布节奏，即使新品产出速度低于预期。
- 过分关注绩效结果，而忽略好的方法的应用和过程中的浪费，也没有积极地参与问题解决。研发部门有时会花费太多时间向董事会解释业绩不佳的原因，而不是分析浪费的原因。

6. 大局观：世界级创新的主支柱

生产现场的 EEM-EPM 支柱只是涵盖了庞大创新流程的尾端而已，真正的战场在上游。一些跨国公司的 EEM-EPM 实践进展不佳，其原因之一是对现场团队的有限资源与中心工程团队的资本化能力缺乏了解。

因此，最好的办法是通过在工厂和中心层面建立各自的支柱来进行协作。

工厂支柱主要负责（全部或部分）工作流程的执行和反馈收集，而中心支柱，即"主支柱"，将负责筛选反馈并将其标准化，同时为工厂支柱提供专业知识和指导（图 10.13）。

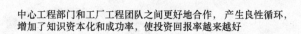

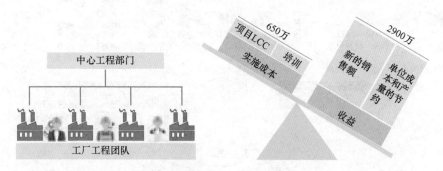

图 10.13　中心工程和工厂工程部门之间的良性循环（来源：埃非索咨询）

许多跨国公司在确定中心工程部门的规模时都很难做出决策。这个难题的答案就在下面问题的答案中：这些职能产生和扩展的知识价值与其成本相比，孰高孰低？

第 11 章 供应链中的 WCOM™

克莱夫·盖尔达（Clive Geldard）

11. 1 供应链的强度取决于最薄弱的环节

公司间的竞争不仅是各自实力的竞争，也是它们所属供应链的竞争（图 11.1）。纵观任何一个行业，你都会发现各种各样由公司和企业组成的供应链。它们为了向客户交付产品和服务而相互竞争。当客户从产品和服务中获得价值和满足时，会给供应商奖励和报酬，供应链的参与方也会共同分享这份收益。高绩效的供应链能够以较低的总成本提供更好的客户服务，并且通常具有较高的资产周转率。换句话说，高绩效的供应链为客户提供了一个性价比优越的方案。

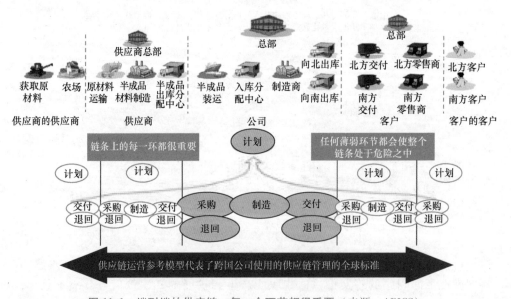

图 11. 1 端到端的供应链，每一个环节都很重要（来源：APICS）

当然，在非商业环境中，如在非政府组织（NGO）、国防甚至医疗卫生领域，供应链必须为更高的目的服务。医疗卫生或非政府组织供应链的效能可能决定着病人或等待人道主义援助者的生死。对于处于战斗状态的军队来说，物流、物资供应和供应链的表现则意味着战场上的成败。

公司越来越认识到，供应链是市场竞争优势的一股强大力量。当公司真正有雄心建立一个"世界级"的供应链时，重要的是他们设想了整个端到端链条的优化，而不仅仅是一个公司或基地的功能或局部优化。比如，在考虑食品供应链的能力时，就需要考虑"从田间到餐桌"的整个供应链端到端的管理。

将供应链端到端概念想象成价值流或价值网络是最恰当的。供应链很少是单一的、连续的链条。一个典型的供应链应具有多供应、多产品、多渠道的元素。它们已成为复杂的网络，并随着全球化和诸如外包"非核心"活动或寻求低成本制造资源等战略而扩展。

因此，公司在供应链中是高度关联和相互依存的，不仅体现在产品流、信息流和资金流上，还有越来越多的流程、系统间的交互和依赖性。供应链中一个环节的失误或崩溃都可能会对其他环节产生巨大的影响，使终端客户的交付面临风险。

供应链的强度取决于最薄弱的环节，供应链中的每个组成部分或每个节点都很重要。供应链的整体表现，以及给终端客户的交付，都依赖于供应链中各元素强有力和一致的执行。在这里，世界级运营管理（WCOM™）体系在供应链中的应用可以成为一个与众不同的因素。

11.2 快速消费品（FMCG）零售行业率先在供应链管理中引入 WCOM™

日本汽车工业被广泛认为是全面生产维护（TPM）和精益思想的发源地。20 世纪 80 年代，当我刚开始在汽车行业工作时，并没有接触到丰田模式或 TPM，那时行业的痛点主要是质量缺陷和劳资关系问题。

我第一次意识到精益和 TPM 在供应链方面的作用是在 20 世纪 90 年代末，当时我加入了 ECR（Efficient Consumer Response，有效客户响应）组织的快速消费品和零售部门。我看到如美国跨国消费品公司宝洁公司和英国百货零售商乐购这样的组织，在卡迪夫商学院丹尼尔·琼斯［他是《精益解决方案》（2007）等多部精益著作的合著者］等人的鼓励下，开始使用汽车行业的相关管理技术。

11.3 "更新鲜、更简单、更便宜"——三个关键词诠释了食品行业供应链中的精益理念

乐购和其他一些组织开始研究食品百货和零售供应链的精益程度（图 11.2）。人们相当关注端到端食品和零售供应链中存在的浪费，并意识到在整个供应链的运作时间中，只有不到 5% 可以被视为"增值"。这是我对 WCOM™ 在供应链中的机会的觉醒。到 2004 年，乐购由于在 3~4 年的时间里采取了"精益"的供应链措施，已经节省了超过 2.7 亿英镑。

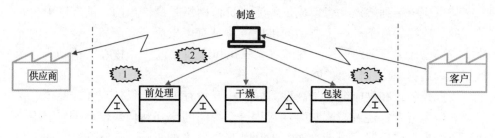

图 11.2　食品链价值流图示例

（来源：IGD，Institute of Grocery Distribution）

许多人对"啤酒游戏"并不陌生，它是美国麻省理工学院斯隆管理学院在 20 世纪 60 年代初开发的，作为杰伊·福里斯特教授对工业动力学研究的一部分。这是一个角色扮演的模拟游戏，目的是证明采取综合方法进行供应链管理的优势。它显示了需求放大的效果：经典的牛鞭效应，即来自客户的需求信号被放大到供应链上的分销商，再回到制造商，最终回到原材料供应商。需求放大是一个很重要的因素，因为它扭曲了流程，增加了成本，并给供应链带来了风险。牛鞭效应的根源往往在于人或组织的行为、相互矛盾的 KPI 或奖励机制，以及普遍缺乏端到端的供应链可视性和沟通，无法更好地了解客户及在供应链中如何下单和管理订单。减少库存、持续流动和压缩交货时间一直是精益供应链关注的重点。协作和绩效行为是成为世界级供应链的附加基本要素。

供应链中的世界级运营管理与制造业有着相同的渊源。将精益生产、TPM 和六西格玛的思想结合起来应用于供应链的参考框架，有可能解决更广泛的损失，发掘更大的改进潜力。

11.4　供应链中的 WCOM™——从制造环节的合理延伸

2007 年，我应邀与一家著名的全球啤酒制造商合作。当时，该公司已经在

制造端推行了 2~3 年的 TPM 卓越运营体系，覆盖了全球 100 家啤酒厂。他们以酿造工艺为傲，并将生产作为公司的重心。然而，一个问题开始显现：如何将世界级的运营管理原则应用到超越工厂边界的更广泛的供应链中？我饶有兴趣地与他们一起探讨这对其组织意味着什么，如何务实地将 WCOM™ 从工厂扩展到物流和端到端的供应链（图 11.3）。

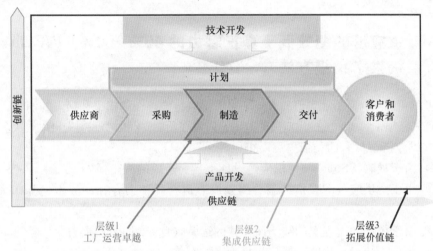

图 11.3 供应链中的 WCOM™——从制造环节的合理延伸
（来源：埃非索咨询）

将 WCOM™ 从制造延伸到供应链是否有意义？答案是肯定的。那么，供应链的 WCOM™ 推行是否应该先于制造？也许不应该。让我来解释一下。

当各个职能部门都能够按照标准运行后，才能更容易地整合和同步供应链上的活动。只有当每个环节都能提供相对稳定、可靠和一致的绩效水平时，才能有效地将这些职能联合起来，在供应链中实现全面优化。

例如，如果制造过程不可靠或不连续，无法按计划生产出质量稳定的产品，就不能提供稳定的平台来建立一个高绩效的供应链。因此，如果 WCOM™ 在制造过程中实现了高绩效和可靠性，这就可以成为在供应链中启动 WCOM™ 的触发点和动力。我还注意到，WCOM™ 在制造过程中发展起来的能力引发了协同效应，在向供应链扩展时可以加以利用。然后，这并不意味着需要由习惯于在工厂环境中工作的工程师来管理或领导供应链项目。相反，我主张成立一个多职能的团队，包括熟悉商务、财务和组织中其他职能的人，而不仅仅是成立一个以生产为主的团队来主导世界级的供应链项目。回到啤酒商的例子，在供应链中实施 WCOM™ 的立项原因是：公司在供应链上的成本远高于制造环节。这已经达到了一个临界点，即人们认识到在端到端供应链中达成世界级绩效，比仅关注生产转化过程更能对业务结果产生巨大的影响，这也是该公司在供应链中推进 WCOM™或 TPM 的关键动力。

经过一段时间的试点之后，该啤酒商的物流和供应链的 WCOM™体系已经在 4~5 年内逐步推广到全球超过 35 家公司。截至 2014 年底，有超过 3500 人参与，完成了 2000 多个改善项目。这些项目显著提高了服务水平，释放了现金流并节省了近 8000 万欧元。

11.5 供应链的绩效低于真正潜力的 40%~50%，WCOM™提供了止损方法（S-T-O-P）

我们可以用与制造业类似的方式来思考供应链中存在的损失和损失的消除。然而，首先必须了解所研究的供应链的范围，以及在预期时间内哪些损失可以解决。

在供应链中，有四类损失可以止住（S-T-O-P）。

- 由于战略（Strategic）供应链设计不当而造成的战略损失。
- 由于对供应链的权衡和制约因素没有进行优化而存在的战术（Tactical）损失。
- 由于操作和流程上的缺陷而导致的运营（Operational）损失。
- 与员工的参与程度、授权和行为方式有关的人员（People）损失。

不当的战略占用了供应链中 60%的成本。例如，当组织在设计供应链网络时，决定应该把生产设施放在哪里，应该采用何种技术，如何选址，如何服务于市场渠道，需要多少仓库等等；这些关于供应链网络设计和布局的战略决策导致了高成本和资产"长期"锁定在供应链中。可以说，大约 60%的成本和资产被锁定在战略供应链设计阶段，这是思考供应链优化时需要了解的一个重要因素。那么，其他 40%的成本呢？

当一个人能够仔细检查并质疑整个供应链的增值水平和营运绩效水平时，其他 40%的成本就为之带来了机会。这是 WCOM™技术在供应链中应用的重要领域；其核心目的是"实现卓越的执行力"，并调整和连接整个供应链的职能角色，以提升盈利能力。

WCOM™可以应用于供应链的各职能层面来创造效益，也可以应用于端到端的流程（如从订单到现金）和跨职能的业务流程（如销售和运营计划、新产品导入等）。正是在这些跨职能的流程中，可以发现许多损失和脱节，必须加以消除来推动改善。这里的挑战是将财务、运营、商务、营销和产品开发等要素结合到供应链管理中，来共同寻找解决方案。

我们可以将供应链运作中的主要损失类型划分为以下几类：

- 人力/人员（Manpower/People），劳动生产率的损失或由于非增值工作造成的损失。

- 机器（Machine），设备和资产利用方面的损失。
- 材料（Material），由于浪费、缩水和短缺造成的损失。
- 方法（Method），由于流程故障和制程的损失，包括是信息、脱节、沟通不畅造成的损失。
- 时间（Time），由于延迟或过长的前置期造成的损失。
- 服务损失（Service），服务水平的不足或服务期望与客户理想要求之间的差距造成的损失。
- 现金损失（Cash），即保有过多的营运资金和库存，或者现金转换周期过长（在许多组织中通常超过 100 天）。
- 外包损失（Outsourcing），即供应链的部分责任被委托给第三方组织，由于供应商管理或合同要求没有规定清楚而发生的损失。外包伙伴和主营公司之间存在期望不匹配的问题。
- 收入损失（Revenue），如销售损失、退货、索赔和折扣。这些可能会导致业务利润或收入的损失，而如果供应链运作正确的话，这些利润或收入是可以赚回的。
- 环境损失（Environmental），从环境和可持续发展的角度来看，这些损失是由于能源使用过多或资产和资源使用不当造成的。

上述 10 种运营损失类型可以用缩写"4MT SCORE"来记忆。

11.6 哪些方面必须达到"世界级"水平，问题的症结是什么？

实现卓越供应链的主要过程可以分为以下三个方面。

首先是战略过程。组织如何将商业战略转化为对供应链的要求。供应链需要如何组织才能支持商业战略并实现公司所要达到的目标？供应链在哪些方面需要达到先进或卓越的绩效水平，以满足具体的客户需求？这些都是开始实施供应链 WCOM™ 时需要明确的战略过程和问题（图 11.4）。

其次是战术过程。组织通过这些过程权衡利弊和管理制约因素，以确保在供应链中实现可行的最佳平衡。关键是成本、服务、运营资本和产能（通常是瓶颈设备）之间的权衡。这四个要素需要保持某种平衡，以便通过供应链管理取得营利性成果，并向客户提供所需的服务和价值水平。

最后需要管理的要素是运营流程。这些流程必须每小时、每日、每月严格地执行，以确保供应链以稳定可靠的方式运行，达成 KPI 并为客户提供相应的服务水平（图 11.5）。

		属性	策略
服务客户		可靠性(RL)	在正确的时间，以正确的数量、满足所有必要的质量和文件要求，将订单交付出去
		响应性(RS)	在响应客户需求方面做到最好，在向客户提供产品/服务方面做到最快
		敏捷性(AG)	在应对需求变化(扩大和缩小)的能力方面做到最灵活
服务成本内部		成本(CO)	与竞争对手相比，以最有效的成本模式控制端到端的供应链
		资产(AM)	成为管理供应链资产最高效的组织，以支持需求的实现

图 11.4　世界级供应链的竞争属性（来源：APICS）

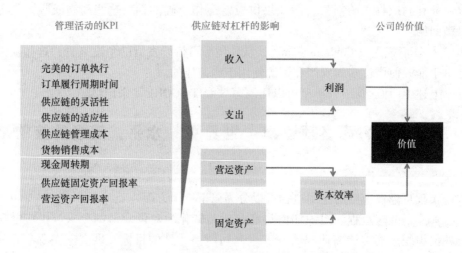

图 11.5　世界级供应链的 KPI 和影响杠杆（来源：APICS）

APICS-供应链委员会的 SCOR 模型®在不同的细节层面上定义了供应链中必须管理的关键流程。顶层流程定义为"计划、采购、制造、交付、退货"，并由赋能流程提供支持。现在，我们还可以增加设计和创新流程、销售和商务流程，以及为终端客户提供价值的售后服务流程。

那么，世界级的供应链可以取得什么样的成果呢？

根据高德纳（Gartner，一家提供信息技术和供应链相关洞察的研究和咨询公司）等组织分享的对标数据，具有高绩效供应链的公司向客户提供的完美订单比其他公司多 20%，且库存周转速度快一倍，供应链成本与销售收入的比率也比那些不关注供应链的公司低 5%。因此，把重点放在以世界级的方式管理供应链上是有着巨大的价值的。

例如，像联合利华这样的跨国消费品公司，多年来一直努力改善其供应链绩效，不仅持续优化供应链成本，而且还关注更优的端到端供应链绩效对收入、增长和可持续性的影响。联合利华通过降本增效的措施在供应链上节省了数百万欧元，它通过关注供应链的价值贡献与零售商和分销商合作，提高了对客户的服务水平，增加了货架供应满足率。这对营收产生了积极的影响，折算后相当于数十亿欧元的增收。从联合利华的业绩中也可以看到重视供应链产生的影响。根据分析师的估计，2008—2011 年联合利华有 2%～3% 的增长来自于供应链。

另一个例子是跨国公司法国圣戈班，其主要领域服务涉及创新、建筑和住宅。圣戈班被公认为高绩效的创新组织，也非常重视世界级制造体系建设，以提升制造过程的成本竞争力。现在，它的公司高层看到了关注世界级供应链的重要性，并利用其强大的创新能力和制造成本优势进一步加强了全面卓越运营。在此基础上，还加大了对服务的投入，通过供应链中强大的执行力和 KPI 驱动系统，让客户受益（图 11.6）。

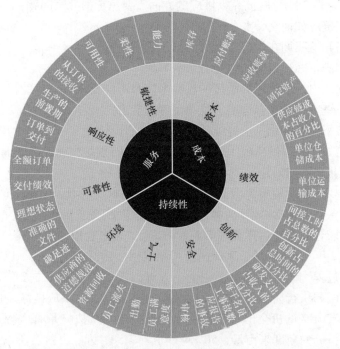

图 11.6 WCOM™供应链驱动系统的 KPI 仪表盘示例（来源：埃非索咨询）

11.7　为 WCOM™供应链建立商业案例和领导力

近年来，企业对供应链管理的关注度逐渐提高。越来越多的人把它归为企业成败的原因之一。多名资深 CEO 在重大供应链失败后被解除了职务。

一直以来，企业将供应链视为成本中心，因此供应链管理的重点只针对成本控制或成本管理。后来，供应链管理演变成一个成本优化问题，换句话说，就是以最优成本为客户提供所需的服务和价值水平，从而在供应链中掌握平衡，权衡利弊。

如今，有远见的企业将供应链视为一种竞争优势、一种价值及增长动力。对这些企业来说，供应链是新业务的推动者，是新运营模式的平台，使企业能够产生新的收入或新的增值服务选项，这有助于提高客户忠诚度，加强企业从客户群中盈利的能力。

当然，世界级的供应链不可能仅仅是供应链负责人的议题，它必须由最高管理层或董事会级别的人员发起，才能推动。需要充分了解供应链从哪些方面及如何支持业务增加营收，如何影响现金流和利润率。例如，最终将其转化为更高的公司或利益相关方的价值反映在股价收益上。

以下是董事会在发展世界级供应链方面需要思考的几个问题：

- 供应链应如何支持业务战略？
- 如何知道我们在供应链上做的是正确的事情？
- 我们满足客户期望的执行力水平如何？
- 如何建立足够快速和敏捷的流程来应对市场变化？
- 供应链中是否有合适的人员和足够的能力？
- 是否了解在优化供应链绩效方面应该做什么？
- 我们如何处理供应链中的复杂度问题？（特别是当前许多企业在其供应链中依赖全球化采购或外包）。

这些重要的问题确实超出了供应链负责人的职权范围；因此，WCOM™供应链的支持团队必须包括总经理、财务总监和销售/商务负责人。

埃非索联合克兰菲尔德管理学院的研究，"董事会中的供应链——缩小执行差距"（2012 年），考察了多家跨国公司制定供应链战略的方式，以及战略在运营中实施的过程。该研究揭示了一个令人难以置信的发现，许多公司在其供应链战略的实施和执行阶段都遇到了问题。研究表明，在供应链战略的实施和执行过程中，有 50%的机会出现严重的困扰或失败。从战略是否实现了业务目标和关键绩效指标的角度来衡量，50%可能成功，50%可能失败。所以，许多高层管理者对供应链转型项目持谨慎或怀疑态度就不足为奇了。

2012 年，世界大型企业联合会的一项研究涵盖了全球董事会成员最关心的五个问题，其中"卓越的执行力"被列为第一大问题，战略的持续执行位居第二。因此，在供应链领域推进世界级运营管理来逐步提升能力和卓越的执行力，可以成为一个极具吸引力的课题。

事实上，这一原则可以在丰田的精益战略中得到印证。《丰田之道》（*Jeffrey K. Liker*）一书谈到了作为丰田战略的"出色的流程管理"。"我们从管理出色流程的普通人那里获得了出色的结果，我们观察到我们的竞争对手往往从管理破碎流程的优秀的人那里获得一般或更糟的结果"。而这正是一直推动丰田成为第一的重要原则。

11.8 锚定世界级供应链的能力支柱

本书前面已经提到了世界级制造的支柱。那么 WCOM™ 供应链管理的相应支柱是什么（图 11.7）？

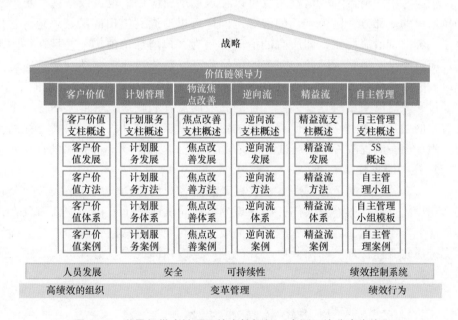

图 11.7 世界级供应链项目的支柱框架（来源：埃非索咨询）

真正的端到端世界级系统有 4 个主要支柱。除了这 4 个支柱，体系中还包括其他与制造业具有共性和协同的支柱（如自主管理支柱）。下面将简单地解释一下这 4 个支柱。

1. 计划管理支柱

供应链管理者的关键作用是平衡和优化整个供应链。我们在前面谈到了服务、成本、资产和运营资本之间的平衡，尤其是体现在库存管理上。计划管理支柱的存在就是为了达到并维持这种最佳平衡。该支柱必须支持实现这种能力、系统和流程的平衡。优化甚至能够降低成本，同时保持所需的服务水平，并处理好现金和库存等相关营运资本方面的限制。此外，还要考虑产能和生产资产的限制，或供应链中必须使用的其他资产。简单地说，"计划管理"支柱的愿景和使命是以最低的总体业务成本提供客户价值和服务。

2. 物流焦点改善支柱

这是供应链运作的"物流控制塔"，其作用是推动物理供应链（运输、仓储、运输/材料处理等）的高效性和生产率。这与世界级制造里面的"FI（焦点改善支柱）"有相似之处。其任务是改善物流运营的执行，以确保高效的资产利用和高效的劳动力管理，以尽可能低的成本提供所需的服务标准。

3. 精益流支柱

供应链中的精益流或精益运营可以在现场层面应用，也可以被视为更广泛的价值流的一部分。这个支柱的起源也同样可以追溯到丰田的精益思想，它促进了完美的价值流愿景，即所有的活动都是为客户增加价值的，并且在端到端的供应链中没有浪费。因此，完美的价值流可以对公司业绩和端到端供应链产生巨大的变革性影响。完美的价值流和精益流支柱旨在消除供应链中的浪费，并通过有效对策来解决这些问题，推动高效的流程和响应。价值流图是一个非常有用的工具，通过它可以研究当前的流程，盘点其设计以消除浪费，提高为客户附加值。流程改善可以通过结合突破性或持续改善（Kaizen）来实现。

4. 逆向流支柱

通常，公司倾向于将管理重心放在产品向客户的流动，这也是大多数公司能力建设的重点。然而，人们开始认识到，逆向供应链也值得关注，而且在许多情况下需要特别关注，如管理用于回收、再利用或维修的物料。这个支柱旨在支持逆向流程管理，确保其以与外向供应链以相同的专业方式进行管理，为客户和公司提供更高的价值。

11.9 WCOM™供应链的基础支柱

前面我们已经谈到了世界级供应链管理系统的 4 个主要运营支柱。然而，还有一些基础能力必须得到发展和支持。

首先，在供应链环境中，必须掌握和发展多种多样的技能和技术，因此人员发展、培训和教育非常关键。

其次是安全文化；供应链中的操作工作本身就很危险，而且存在潜在的风险，特别是处理危险产品或处在有高强度搬运需要的环境中工作。因此，安全管理和安全意识与在制造环境中一样，是至关重要的能力和支柱。

最后是可持续性和碳足迹责任，由于供应链的物流活动变得密集，因此也成了碳耗用的大户。供应链中也消耗大量的包装材料，其中许多材料如果不以负责任的方式进行处理和管理，可能会导致重大的可持续性问题，以及对环境的负面影响。

11.10　卓越供应链——永无止境的价值追求

世界级供应链开启了一个永无止境的价值探索之旅。客户价值和以客户为中心是世界级供应链中的关键能力。这个旅程将系统地历经三个层次的卓越阶段（图 11.8）。

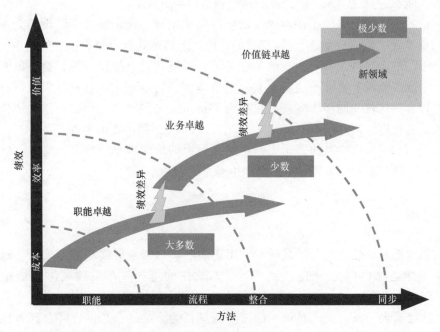

图 11.8　卓越的三个层次

（来源：埃非索咨询）

卓越的第一个层次是各个职能层面的卓越；使用 APICS-供应链委员会对关键职能流程的定义，这是为了在以下领域获得优势或卓越的能力：计划、采购、制造和转换、客户交付和物流，以及其他流程，包括退货管理和赋能流程，如管理控制及报告。例如，要确保主数据是正确的，以支持供应链的各个系统准确运行。这是实现世界级供应链的第一层能力，提供了确定性，使各职能可以可靠和稳定地运行。

卓越的第二个层次是我们所说的业务卓越。这是指一个组织能够以有效的方式整合或协同其内部职能和流程。一个关键的领域是销售和运营之间的关联，供、销两个团队在有建设性的张力基础上，能够高效和有效地合作。所有各方都需要围绕市场和企业的财务计划进行充分协调。需求和供应计划流程需要同步并加以指导，以生成一个务实、连贯的综合业务计划（IBP）支持公司战略的部署和执行。另一个关键流程是"从订单到现金（OTC）"流程，它需要公司众多职能部门之间的无缝协作才能有效运行。

高德纳公司的研究表明，与那些以"孤立职能"为导向的组织相比，当公司有效地整合和协调从需求方、供应运营和产品开发/创新的端到端流程时，会产生高得多的回报。卓越的业务可以转化为 60% 的利润提升，2~3 倍的资产回报率，能够达到这个水平的公司的每股收益也会更高。

第三个层次的卓越正在世界级的供应链中出现。这个层次可以设想为端到端的卓越或"价值链卓越"。这里我们讨论一个超越其自身企业边界的组织。当职能部门的表现持续而有力，内部业务流程系统化并高度整合时，企业就有了与上游供应商及下游客户进行更有效的协作和整合的能力。这种与供应商和客户的整合为优化和同步端到端的供应链创造了一系列全新的机会。这种协作的结果是将可以识别和预防更多的"损失"，从而提供新的增值来源。

当前，只有极少数的公司能够达到大师级的价值链卓越运营，将自己的组织与合作伙伴企业充分整合，为整个生态系统创造卓越的价值。

结束语

供应链现在处于业务的最前沿，用于满足客户需求并实现业绩增长。成本竞争力和消除供应链中的浪费仍然一如既往的重要。在端到端供应链推进 WCOM™，能够使企业与他们的业务伙伴一起最大限度地提高增值，达到卓越执行。它还有助于发展新的技能、能力和领导行为，这些都是供应链管理者想要在未来取得成功所需要的具备能力。

第 12 章　采购中的 WCOM™

安德里亚·蒙特米尼（Andrea Montermini）

12.1　卓越运营视角下的 6 个关键采购趋势

在过去的 20 年里，采购工作发生了深刻的变化，从整体支出的战略和运营优化的广泛意义上来说，成本管理也发生了深刻的变化（图 12.1）。

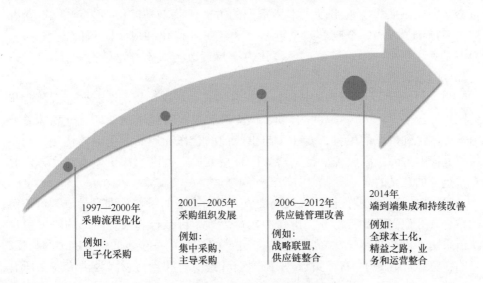

1997—2000年
采购流程优化

例如：
电子化采购

2001—2005年
采购组织发展

例如：
集中采购，
主导采购

2006—2012年
供应链管理改善

例如：
战略联盟，
供应链整合

2014年
端到端集成和持续改善

例如：
全球本土化，
精益之路，业
务和运营整合

图 12.1　过去几十年的卓越采购趋势

（来源：埃非索咨询）

特别是，最近的一些趋势强调了采购和成本管理在卓越运营的维度上越来越重要。

事实上，从这个角度来看，可以发现 6 个主要趋势。

1）采购的组织概念正在向区域或全球性的采购管理团队组织发展，在这个整体的采购管理团队中，本地得到中央采购协调的支持，越来越多地被整合在一个系统中：典型的是采购管理团队积极发挥和平衡本地和中央协调带来的效应。此外，本地供应链的可持续性是一个日益显著的问题。这对企业提出了更高的要求，来提升采购运营流程的执行质量。对于采购来说，仅仅拥有一个高质量的总部核心团队，通过他们来与工厂或外包服务商的被动执行者进行单向管理已经不再重要。

2）竞争的加剧使采购工作变得更加复杂。在以业务为中心并加强外部和内部整合的大背景下，卓越的采购运营管理可以确保与上游的产品开发，下游的供应链和制造等进行整个价值链的必要整合。分担风险的必要性导致了人们对供应商伙伴关系和可靠性的日益关注，而这两者都依赖于协作运营的合作基础。此外，在领先的公司中，复杂度管理举措逐渐涉及总成本优化新视角下的采购管理。

3）竞争的压力和外包带来的成本结构知识的丧失，导致了人们关注成本而不是价格的必要性。成本优化的压力要求我们从根本上理解供应成本结构，以此来推动和执行降低成本的举措。市场的发展决定了有必要快速和持续地识别机会。因此，采购应采用以成本为重点的方法，而不是以价格为重点的方法，这与 WCOM™ 方法完全吻合。关键是要关注工业优化和成本工程的先进方法，而不是关注价格。卓越运营，通常致力于持续改善成本、竞争力和绩效因素，与如今的采购重点相一致。

4）采购管理人员所需的技能组合正在增长。在这种情况下，产品和流程优化知识已经变得越来越重要，合同、供应链和风险管理也是如此。这意味着要引入方法论和广泛的工具，专注于与供应商的合作和产品或服务的优化，而不仅仅是商业方面。因此，卓越运营为所有相关员工提供的知识体系在这方面是有很重要的意义的。

5）能力建设应使人们适应新的挑战。不断进步的采购管理人员成为价值链的整合者，他们需要将培训、指导和执行改进项目结合起来。能力的跨度应反映出采购不再是"在开发之后"和"在生产之前"的一步步的价值链中。相反，采购在整个价值链中平行运行，从概念设计到交付和支持，因为供应商在所有阶段都应同步参与。因此，WCOM™ 的一套知识对采购是有帮助的，因为它提供了掌握端到端价值链的能力。

6）在领先的公司中，采购部门已经接受了卓越运营的方式。多年来，采购的战略地位不断提高，作为一个竞争因素的重要性也大大增加。在一个整体的卓越运营项目中，外部支出的杠杆作用可以产生巨大的经济和财务影响。作为以采购工作为重心的人员和项目，现在可以完全参与到持续改善和公司突破性创新的倡议中。这意味着成为系统的一部分，在方法论、关键绩效指标、管理语言和行为方面做出贡献。领先的公司已经开始将他们的卓越运营计划扩展到采购领域。

12.2 采购中的 WCOM™确保采购战略、采购运营和改善行动之间的整合

我们的采购和成本管理卓越概念模型是为了配合上一段回顾的趋势所强调的挑战而设计的，它被概括为以下模式（图 12.2）。

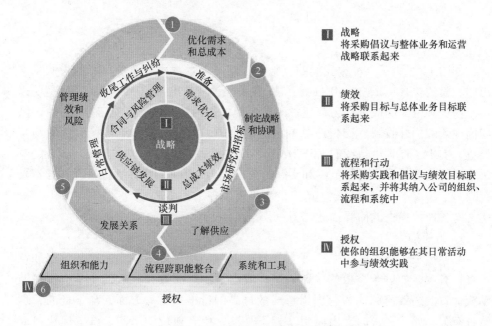

图 12.2 采购和成本管理卓越模型

（来源：埃非索咨询）

正如图 12.2 中所强调的，该模型确保了 4 个卓越模块之间的一致性和一体化：战略、绩效、流程和行动、授权。此外，该模型还支持了卓越运营的关键原则在采购管理中的应用。

● 使采购的日常运作朝着创造价值和价值链整合的方向发展（而不仅仅是价格谈判）。

● 处理所有与外部支出和供应商表现有关的绩效：总成本、质量、交付、创新、灵活性等（同样，不仅仅是供应能力和价格）。

- 在所有活动中，确保单一资源和团队的跨职能合作、一致性和执行质量。
- 紧密联系网络化组织中的总部与各地分支，以充分享受规模效应和知识迭代带来的好处。

12.3 采购中的 WCOM™是指通过不断消减可见和隐藏的损失来创造持续的价值

采购中的 WCOM™是指识别和消除与供应商支出有关的损失。我们的方法是全面的，因为它考虑了所有相关的因素，汇总为：

- 商业损失。
- 技术损失。
- 供应商绩效损失。

如图 12.3 所示，根据我们的经验，在任何一个普通行业参与者的采购总支出中，大约包含了 25%~40%的损失。在采购领域推出 WCOM™项目，就是要逐步获得这种巨大的改进潜力，通过改进项目（包括持续改善和突破性模式）、供应商绩效的额外收益、交付产品或服务的改进、内部协作和流程稳健性的切实改进，实现了逐年可持续的 EBITDA 影响。当然，每年在总成本基础上实现的改进水平可能会根据项目的范围和实际投入的努力而有所不同；根据我们的经验，在大多数情况下，每年总成本改进的幅度可以在 2%~5%。

对各模块损失的简要描述如下：

1. 商业损失

商业损失是可见的损失，通常占 5%~10%的比例。一方面，这与价格和竞争杠杆有关，如过于零散的采购数量，或由于缺乏高效和有效的竞争，价格波动或低效的绩效控制流程等因素造成的过高的价格；另一方面，与不良的管理流程有关，如不完善的支出控制（如不受控、特立独行的采购，没有优化）或存在没有附加值的活动，或不利的商业谈判。

2. 技术损失

技术损失是可见的损失，一方面与需求管理有关，另一方面与产品或服务设计有关。它们与价格无关，与产品或服务的成本有关，与产品或服务的概念有关。它们影响成本竞争力，并引入采购的上游视野，通过采购与客户、用户和工程师的整合，对产品或服务的规格和设计进行分析。造成技术损失的典型例子是过度规格化、过度设计和不良设计等。

3. 供应商绩效损失

这些损失与供应商的绩效表现有关。看得见的部分主要是与质量和准时供货有关的损失。隐性的部分延伸到被锁定的潜力和风险，如与缺乏替代资源、

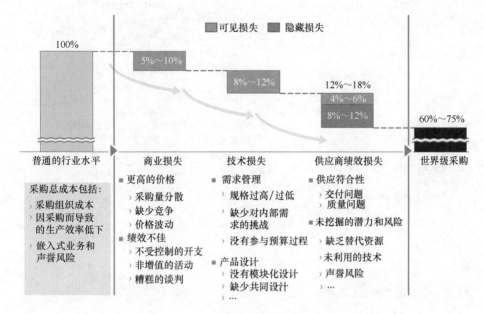

图 12.3 影响世界级采购管理的损失

(来源：埃非索咨询)

供应商未被利用的技术和创新，甚至与供应链相关的声誉风险有关。供应链上的可持续发展问题在许多行业都是一个越来越重要的问题，反之，如果处理不当，就会导致巨大的损失。

12.4 采购 WCOM™转型路线图

转型路线图为在采购领域实施 WCOM™卓越运营项目提供了参考总计划（图 12.4）。它采用了 WCOM™在其他领域（如制造和供应链）的相同架构和逻辑，并利用了类似的资源，如改善和能力建设的支柱和路径。

如图 12.4 所示，为了确保影响的可持续性和全面性，所有的步骤都通过 3 个方面的行动平行推进。

- 改善项目（利用价值和创造学习，如通过快赢、品类成本降低项目和支柱导入）。

- 绩效控制系统和高绩效组织（确保可重复性和持续优化的条件，如通过组织优化、KPI 管理、审计系统等）。

- 能力、领导力和参与度（以确保支持改进行动的授权和人员动力，如通过培训、变革管理、行为绩效等）。

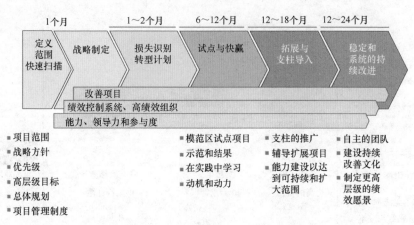

图 12.4　WCOM™转型路线图

（来源：埃非索咨询）

12.5　卓越采购支柱

在我们的 WCOM™采购方法中，为了支持上述的转型路线图，我们定义了以下支柱（图12.5），这些支柱包含了损失识别和消除损失的所有基本和高级知识。

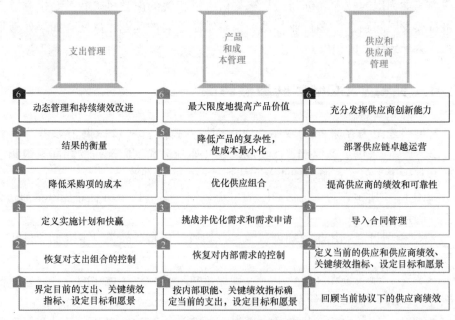

图 12.5　卓越采购支柱

（来源：埃非索咨询）

如图 12.3 所示，每个支柱都是针对特定的损失类别而设计的，可以看作在采购组织中建立一个渐进的成熟度，从基本知识到更先进的方法。

实际的实施是基于背景和业务专业人员的，每个公司都可以决定自己的模式和方法组合，也可以基于开始追求卓越之旅时的成熟程度。

12.6　关于心态的改变

我们的方案着重于创造价值的概念。例如，如前所述，提出一套完整的绩效标准，不仅仅是价格或总成本，而是与供应商和采购类别相关的所有绩效方面，如创新、风险、质量、交付等。

我们还注重改进，并强调跨职能的流程和执行质量。当采购流程以我们所描述的方式被解释时，它们本质上是交叉的。它们的重心在采购中，但在我们的理念中，采购是一个涉及一切过程的引擎和试点。例如，我们开展的"基于价值设计"项目依靠采购作为企业购买物品的关键参与者。

因此，在我们的卓越采购项目中，大多数时候必须管理一个涉及采购管理理念艰难变化的过程。在许多情况下，这很有挑战性，因为必须提升他们对改进的热情并扩大他们的服务范围。传统地，从事采购工作的人对自己的责任感认识有限。他们专注于为产品或服务获得最佳的市场价格。他们的任务以在最好的条件下签署合同而告终。他们的绩效主要是在纸面上，因为随后合同的执行就进入了运营阶段。而我们的愿景要广泛得多。它追溯到上游，整合了产品、研究和开发，并进一步向下游发展，与运营相结合。责任更大，工作也更具集体性。

12.7　直升机行业的一个案例

从我们在直升机行业的经验中提取的一个有趣的案例显示了 WCOM™ 如何被用来导入先进的管理，并同时实现飞跃性的结果。

我们的客户需要：

● 将直升机平台的经常性成本降低 20%，以抓住市场机会。

● 同时与工业工程、工程和运营部门合作，在采购部门内发展成本工程和应该成本能力。

为了在目标时间取得成果，有 100 多人参与到项目中，并且从第一天起就开始建立和培训一个应该成本团队。同时，还导入了来自先进支柱的方法，它们被用来识别机会和执行降低直升机成本的行动。经过 15 个月的工作，他们取得了经济成果，培养了能力，并准备应用于其他平台。

第13章　WCOM™卓越业务流程

弗朗西斯科·莱西斯（Francesco Lecis）

13.1　简介

在制造企业的持续改善领域，为了获得可持续的优势，一个新的挑战正变得越来越重要：不仅在车间，还要在办公室工作中达到世界级的运营水平。

事实上，为什么战略家、方法学家及持续改善计划的最佳思考者和发起者——在经历了几代人的方案迭代后，迎来了又一次蓬勃的工业变革——将注意力转移到所谓的"知识型"流程上？

对于这个问题有着不同的回答方式。从纯粹勒紧裤腰带的角度来看，很多企业中与工厂有关的领域大部分都被淘汰了，在改善方面的收益是微不足道的。

从更广泛的角度来看，在过去的20年里，工业技术方面令人眼花缭乱的技术进步自然伴随着办公室工作重要性的增加，在这里，人（而不是机器）仍然是核心，并且是最重要的。他们的能力、工作范围、创造力和自由裁量权仍然构成了真正关键的成功因素。

最后，在工业领域采用一个真正全面的体系的过程中，没有人可以否认这样一个事实：在全球化的世界里，一切都在"社会化"，公司本身的DNA、风格和"商标"越来越基于与员工的关系。让他们在各个层面上参与到业务改善和企业管理中来是必需的，因为客户会通过所有的接触点来感受一个着眼于未来的公司。公司真正的资产无疑是人力资本，管理层必须创造条件和环境来最大限度地发挥这种潜力。

人们开始意识到，"要成为世界一流，不能只在公司某些部分成为世界一流，必须在思维方式上成为世界一流"。例如，一支足球队不能只拥有一流的前锋而搭配低水平的后卫，你需要一支全明星球队。

现在的挑战是：如何将一个只在一种环境下——生产线环境——有效应用的产品使用到完全不同的环境中？如何避免犯错的风险？如何避免可能的问题？如何组织才能有效地沟通和管理变化？在一个制造企业中，这就是我们要关注的业务流程管理，我们通常称之为"基于知识的流程"。

让我们从"基于知识的流程"的词源开始。"流程"从字面上看是一系列的行为、事件和操作，将一个对象从初始状态带到最终状态。

因此，基于知识的过程是所有参与方综合知识汇集而产生的输出。因此，它们都是基于人的活动，或者说在这其中人的作用比机器的作用更重要。

分析这条"价值链"，我们可以确定具有不同重要程度的流程和活动，这些流程和活动都是基于人的技能和知识，即使只是一个普通的图表，也能立即清楚地让人看到所有流程的内容，包括主要的和次要的，这体现了两个参与者之间的信息转移。

作为起点，我们可以先关注 4 个主要的"端到端"流程，它们基于知识的部分所占比重很高。

1）采购到付款。

2）订单到收款。

3）雇用到退休。

4）设计到市场。

13.2　如何为办公室白领团队建立 WCOM™工作方式？

虽然白领和蓝领之间有很多相似之处，但也有一些不同之处，要想成功地将以知识管理为导向的办公室领域转变为精益流程环境，就必须清楚地认识到这些不同。在产品制造的流程下，浪费是显而易见的，而且很容易被量化。例如，很容易识别生产车间里的在制品数量。但是，当涉及办公室时，就很难确定每个工作站待处理工作的数量。

另一方面，办公室工作涉及许多人。例如，通常某人完成一项任务的输出，会作为另一个人工作的输入。这使得评估问题的大小，以及提出解决方案变得很困难。此外，办公室文化与工厂文化不同。它在本质上更加非正式。这使得确定工作角色和分配责任变得更加困难。

人们还应该考虑到，在办公室环境中进行变革比在制造环境中更容易。通常情况下，对办公室设备等相关的改变需求是很小的。培训可能会更容易。改变可以分步实施。这使得管理变化和监测结果更加容易。

那么，在基于知识的流程中，WCOM™方式与制造环境中的这种转变有什么根本区别？

其根本的区别在于，在没有机器和设备的情况下，人和他们的能力发挥着重要的核心作用。

经验表明，在以知识为基础的流程中建立精益转型时，必须考虑以下 3 个主要方面：

（1）**人的因素**　人的合理和全面参与是基础。所期望的结果不能仅仅是对新规则的遵守；必须让人们对这个过程产生真正的共鸣，从而使他们成为变革的主角。为了实现这一目标，根据丹尼尔·平克在《驱动力》一书中的定义，必须为人们创造体验的条件，有以下 3 个方面。

1）清晰和明确的目的。人们为比自己宏大的事情工作会更快乐。

2）自主性。人们对自己的生活控制得越多，他们就越快乐。自我决定是通向真正参与的唯一途径。

3）精通。每个人都想在他们的工作中做得更好。因此，精通某件事情本身就是一种奖励。

（2）**战略方法**　简单的损失评估不可能确定和利用所有的改善机会；这需要辅之以复杂性管理（在多任务环境中工作）、对创新的真正推动（促进创造力），以及对人们不同感觉的关注。

（3）**边界的选择**　在以知识为基础的流程中，改变技术和减少瓶颈的速度比在制造环境中要快得多。因此，边界的定义可以是灵活的、模块化的。

如果这 3 个方面在办公室环境中精益转型的前期设置阶段得到正确的考虑，那么这种环境与工厂环境的内在差异就会显示出其真正的性质，成为成功的机会而不是障碍。

13.3　一个典型的项目是如何构建的？

与 WCOM™ 系统的其他领域一样，有 4 个实施阶段：

1）精益规划，识别差距。

2）快赢和试点。

3）扩展。

4）稳定和持续改善。

13.3.1　精益规划，识别差距

我们建议从 A3 方法开始寻找损失，A3 是一个数据和信息的集合，在一个项目中用来跟踪正在进行的工作。它是项目当前状态的一个缩影，团队会参考它，组长每周会进行更新（图 13.1）。

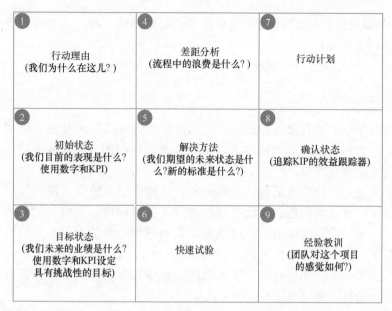

图 13.1　项目跟踪的 A3 表格方法示例

（来源：埃非索咨询）

这一初步阶段通常是非常快的，以避免"在诊断中迷失"的感觉，而且所需的分析往往是定性多于定量，因为深入的测量将在选定的流程/领域中进行。

A3 表格完成后（即在活动、流程和涉及的人员、目标和预期收益方面明确范围后），下一步是了解非增值损失。

在这个阶段使用的主要工具有：

- 价值流图[⊖]，用于了解流程并识别浪费[⊖]。
- 业务模型，用于描述未来的状态应该是怎样的，如何以一种高效的方式满足客户。
- 运营成熟度评估，用于确定技术需求和业务要求。
- 变革准备度评估[⊖]，用于对人们采用变革措施的准备度进行早期诊断。

这个阶段有 2 个主要目的：

1）审视当前的流程、活动和组织，确定主要的损失和改善的空间（寻找

⊖　在流程层面进行。

⊖　Muda 是日语词，浪费的意思，是丰田生产系统（TPS）中的一个关键概念。也是资源优化配置的 3 种偏离类型之一，即浪费（Muda）、不均衡（Muri）、超负荷（Mura）。

⊖　在办公室/区域进行。

差距）。

2）根据内部/外部客户的要求来衡量当前的绩效，确定未来公司将如何提供服务（创造差距）。

对于一个给定的流程/领域，这个步骤通常持续 2~3 周。

13.3.2　快赢和试点

为了确保每个改善措施的推动，我们需要快速取得结果并建立可信度。这就是为什么第一批项目应该是尽量以指标结果为导向的，且应该确切地表明公司想如何推动精益流程。

这一步也是项目改善活动的正式开始，在这个启动阶段，最好按照上述顺序解决前 2 个方面的问题，以便通过行动将主要目标传达给所有相关的职能部门。这样一来，我们就能最大限度地提高客户感知的价值，而不是简单地优化流程。

在试点项目中，小组管理、项目管理和整体方案管理的所有要素对每个人来说都要很清楚，并以非常规范的方式执行。

可以使用的工作方法是 Kaikaku[⊖]。在白领工作领域，有时需要有一个"冲击"，一个密集的行动，而不是一个长期持续的项目。而 Kaikaku 的目的正是为了：

- 在选定的区域进行损失和浪费的部署。
- 绩效（服务、质量和生产力）的即时阶跃式变化。
- 增加真正能自主责任其领域的人数比例。
- 实施一个强大的、可视化的日常管理系统，以保证绩效。
- 将日常工作和改善流程结合起来。
- 确保关键技能培训到位。

有了完善的、行之有效的议程和活动组织[⊜]，办公室 Kaikaku 活动将包括准备工作阶段、研讨会阶段、跟踪和"保持成果"的阶段。

这种研讨会必须被用来加快流程改善的速度，以确保通过人们的参与取得成果。在大量的工具中，可以分为 3 种宏观的行动类别：

1）快速改善活动。持续时间很短，但影响巨大，是消耗大量资源的活动。这类行动包括 Kaikaku/改善周/RIE（快速改善主题活动）、Go fast/SYM（Sug-

---

⊖　Kaikaku 是一个日语词，有彻底改变、变革或革命的意思，即突破性改善。
⊜　在一个较短的时间内，改善活动的组织和可靠的议程是成功的关键。

uYatteMiru)⊖和加速解决方案实验室（ASL)⊖等工具。

2）改善小组。持续活跃几个月的跨职能小组。沟通的影响较小，同时涉及的资源也较少。这个系列的行动包括重点改善小组和快速跟进小组等实施方法。

3）改善项目。跨职能改善小组的集群，在中长期内管理高度复杂的项目，如实验室和用地规划，3P（生产、准备、过程），竣工审查，以及快速精益价值工程。

我们将灵活地根据商业环境选择合适的工具来使用。原则上，建议快赢和试点阶段不超过 3 个月。

据了解，每 2 个月，在选定的领域，流程价值流图都将被更新，以便始终有真实的数据用于分析研究。

13.3.3　扩展、稳定和持续改善

试点阶段之后，在接下来的 9 个月里，活动还会有一个扩展。

这些扩展将在类似的流程中进行（横向），或者如果需要的话，在更深的层次上进行分析（纵向）。

我们总是建议同时从这两种角度来看，以解决不同类型的损失（图 13.2）。

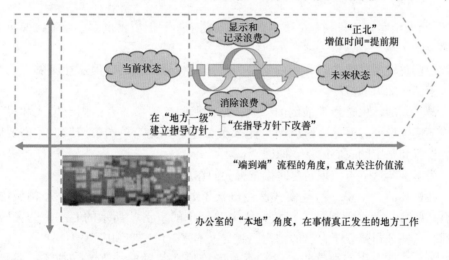

图 13.2　扩展的两个维度

（来源：埃非索咨询）

⊖　一个贴近的翻译是"快点做"。

⊖　ASL 是指一个大型团体聚在一起，进行多天活动的共同工作。从而加速决策，解决复杂业务问题，并创造出创新的解决方案。ASL 是通过团队能力加速投入来促进组织决策与解决复杂问题的方式。

横向流程角度和纵向办公室角度应该是两个同时进行的改善路径。

因此，为了维持扩展工作，可以启动一些拥有特定改善步骤的跨职能团队。这些团队将作为精益转型之旅的"支柱"角色，提供方法、工具和跟踪系统。根据经验，在复杂的组织中，有以下 5 个支柱通常是必要的：

1）高效组织。确保组织结构和价值流动之间的一致性。

2）业务流程优化。确保各种流程的结构能够实现价值最大化。

3）部门管理。确保所涉及的各种部门的组织（总体和细节）能够以符合规定的方式实施这些流程。

4）办公室焦点改善。确保消除各种流程中每项活动的效率损失。

5）教育和培训。确保所需的方法的传播及支柱之间内容的不断统一。

每个支柱都将实施一个强有力的评估（和自我评估）系统，以监测进展情况，并准备及时干预，纠正重大偏差。

日常管理、办公场所 5S 和绩效控制系统作为每个支柱和办公室的基础要素，可以"让船在正确的航道上行驶"，并及早发现绩效中的所有偏差。

13.4 结论

"归根结底，这只是一个推倒壁垒的问题……"但要推倒哪些壁垒，又总共有多少壁垒呢？

在精益转型过程中，有形的壁垒当然是最容易推倒的，但这还不够，尤其是对于基于知识的流程。

最坚固的，也是最难推倒的壁垒，是在那些流程参与者的固有模式和思维方式上逐渐形成的壁垒。这就是为什么在实施"如此简单的事情"时，需要坚实的设置和坚定的决心的基本原因。

为了证明这一点，现在是时候重视我们在制造部门学习的经验了。

在过去的 5 年里，精益模式已经进入了各个工业领域，在每一个领域中，都有一些参与者立即抓住了精益方法中"简单的事情"所示的心态上的突破。然后，这些公司建立了自己的结构，制定了不复杂但坚实和广泛的计划。

于是，如今我们能够看到这种远见的价值在关键成功因素（成本、质量、服务和士气）方面带来的竞争优势。

最后要说的是，所有优秀精益项目的实施者在延伸价值链中强调的真正的关键成功因素是要永远记住"go to the Gemba[⊖]"。Gemba 是实际发生行动的场

⊖ Gemba 源于日语。Gemba，即真实的地方，实际发生行动的场所，在制造业中是工厂车间，在基于知识的流程中，通常指办公室。这里的"go to the Gemba"的意思是"到现场"。

所。Gembutsu 是任务中有用和需要的工具和设备，如办公桌、笔记本计算机、电话、计算机软件等。

我们认为对计算机系统的大量投资有可能使一切都在控制之下，但用大野耐一的话说："如果你想知道什么，就向相关的对象去询问，不要用眼睛看，而是用脚去'看'。"

第 14 章　实施

卡罗·巴隆切利（Carlo Baroncelli）

在本书前面的章节中，我们讨论了 WCOM™ 系统的"为什么"和"是什么"，以及它在企业中的实施方式，通过对各职能部门强调对损失的关注来改变大家日常的工作方式。同时，我们还讨论了它将如何改变企业的运营结构，即从指挥和控制的领导方式，转化为员工自主合作的企业文化。

我们已经在前面介绍了 WCOM™ 系统本身及企业的工作流程和长期管理，但还有一部分需要介绍，那就是该系统是如何在一个组织中实施的。其关键是如何将 WCOM™ 融入每个员工的日常工作中，以避免员工将其视为与日常工作脱节的额外活动。

14.1　不可能独自实施，需要全体员工的参与

传统企业有一些问题需要解决，而 WCOM™ 就是要解决这些问题（图 14.1）。在参观工厂时，我们经常遇到的问题是，只有极少数的工厂经理能关注到其职责范围的细微之处。显然，他们没有时间进行改善，只能被迫应对非常紧急的工作（像消防队员一样），因为他们没有从根源上解决其遇到的问题。

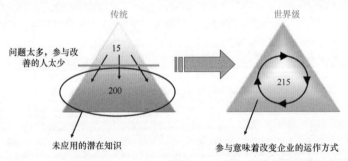

图 14.1　传统方式和世界级人员参与的比较（来源：埃非索咨询）

当问及他们这些行为的原因时，其解释通常是，他们不相信向他们报告的人的能力，所以他们不能放权。这就是图 14.1 左边描述的情况。图中的 15 位管理者忙得不可开交，没有时间进行改善，其余 200 人只是本分地做着他们的日常工作，却没有兴趣"额外多做一点"，而这"额外多做一点"正是持续改善所要求的。

与此不同的是，WCOM™ 需要的是图 14.1 右侧所描述的参与方式，即所有的员工都积极地承诺和参与，每个人都在自己的能力范围内持续改善。

回顾过去几十年来取得进步的企业，有的模式成功了，有的模式失败了。但我们可以肯定的是，企业要想进行重大的转型，领导力必须在克服障碍的过程中披荆斩棘，变革绝不是自主的，成熟的流程也不是简单地通过良好的培训就能实现的。企业不可能仅仅通过导入一个系统就期望在短时间内得到结果，就能实现从 A 到 B 的转变。

实际上，人并不像运转良好的机器一样总能获得预期的结果，这是转型过程中非常微妙的难题，常常被管理层所忽视。我们把这个因素称为成熟周期，即在员工接受变革并完全参与企业全新构建的新态度或目标之前的一段时期。

14.2　各级人员必须参与其中

要让员工正确参与，需要让他们对所做的事情有一种成就感。学习是员工参与的一个主要方面，亲身体验也是一个重要的指标，它让人真正感觉到自己是某件事的一部分。如果管理层希望让员工认真参与到转型过程中的每一步，所需要的培训和实施就不简单的只是通过课程来完成。管理层需要与员工并肩工作，将"只是另一项活动"的认识转变为这是"分内之事"。这能让员工产生日益增强的参与感和自豪感，从而在日常工作中产生更多的情感和动力。

14.3　存在的障碍

当管理层与员工一起工作，深入基层时，总会有这样那样的障碍。我们将在"变革管理"一章中更多地讨论主要的障碍，并解决它们。现在，我将从最重要的障碍开始，对这些障碍作一个整体介绍。

其实困扰 WCOM™ 项目的最大障碍是态度本身，因为员工往往认为它只是一个可以由项目经理来开展的项目，就像是与外部供应商的合作。

但事实恰恰相反，它必须被视为一个持续改善的过程。就其定义而言，这是一个需要持续维持的永久性的文化变革，从而保持所取得的结果，它不应该像任何普通项目那样被关闭，而应成为企业内部的一项长期工作。

最令人窒息的文化障碍是认为 WCOM™只是一个项目

如上所述，项目和过程之间的区别是 WCOM™所遇到的关键问题。最初，人们会认为 WCOM™是一个临时的、第三方的项目，不会存在太长时间。企业会指派项目经理并设定结束日期，然后在某一个时间点后结束一切。

但与此不同的是，WCOM™并没有结束日期，如果你真的设定了一个结束日期，这就意味着你很可能无法发挥 WCOM™的真正威力了。它是一个过程，必须要永远实施下去。

> 为了使这种情况具有更真实的吸引力，可以设想一个健康出问题的人。他去看医生，而医生告诉他要持续运动以恢复健康。经过几周的严格锻炼和健康饮食，病人实现了他的目标。他的状态很棒，感觉很好，生活中的一切都恢复了正常，甚至比以前更好。但这一过程肯定不会就此停止。如果他停止健身活动，回到以前的坏的生活习惯，那他的健康状况依旧会变得令人担忧。

从这个意义上讲，企业不能把 WCOM™项目当作一个短期项目，一旦让他们回到原来的轨道，已经获得的结果很快就会难以维持，然后他们就放弃了；只有那些真正接受并持续坚持的企业，才能获得最终的胜利。

14.4 Kotter 步骤引领持续改善的变革

文化是阻止 WCOM™完全融入企业框架的最大阻力，Kotter 步骤可以帮助企业理解为什么 WCOM™是其走向卓越的基石。这将在本书的第三部分进一步讨论（Kotter 步骤如图 14.2 所示）。

Kotter八步法	描述
1.增强紧迫感	创造那种对问题和机会"我们必须有所作为"的感觉。减少自满情绪和恐惧
2.建立指导团队	召集具有正确特征和足够力量的正确群体来推动变革工作。帮助他们以信任和情感承诺的方式彼此相处
3.确立变革愿景	促进超越传统分析和财务计划及预算的活动。创造正确的、有说服力的愿景来指导工作。帮助指导团队让愿景的现实更有说服力
4.沟通以获得支持	对变革的方向发出清晰、可信、发自内心的信息。建立真正的内心认同，并体现在行动上。使用语言、行动和新技术来疏通沟通渠道，克服困惑和不信任
5.消除行动障碍	为真正拥护愿景和战略的人消除障碍。在他们的组织中消除相应的障碍，使他们能够以不同的方式行事
6.创造短期赢利	迅速取得足够的胜利，以分散嘲讽、悲观和怀疑的情绪；蓄势待发。确保成功是可见的、明确的，聚焦人们真正关心的事情
7.不要松懈	帮助人们推动一波又一波的变革，直到愿景成为现实。不允许紧迫感放松。不回避转型中的困难问题，特别是情绪障碍。消除不必要的工作，使人们在前进的道路上不至于筋疲力尽
8.巩固变革成果	通过将行为植根于重塑的组织文化中，确保人们克服传统的羁绊，继续以新的方式行事。用员工入职、晋升和情感的力量来加强新的团队规范和共同的价值观

图 14.2 Kotter 八步法

（步骤来源：科特国际；描述来源：埃非索咨询）

14.5 实施计划必须确保具备"成功的七个要素"

"项目"和"愿景"之间是有区别的,这一点需要在实施的初始阶段就明确。向员工传达这一理念的有用工具是"成功的七个要素"(图14.3)。

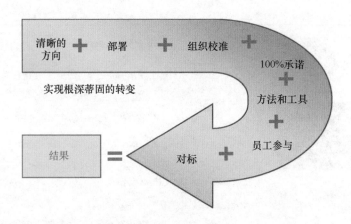

图 14.3 成功的七个要素(来源:埃非索咨询)

这些要素组成了路线图,以避免只把 WCOM™ 当作一个项目。WCOM™ 的目标是在整个企业内进行广泛的文化变革。路线图意味着有方法地做事,有严格和明确的截止时间。但这种严格的项目管理的典型理念还不足以对文化产生一定的影响。

与此同时,过于散漫的变革实施过程可能会导致变革的失败。与上述项目管理的例子相反的是采用一个不严谨的培训计划,这些培训很难与实际工作相结合,也缺乏紧迫性,没有截止时间和将要实现的目标。

理想的变革管理将介于上述两个例子之间。成功的七个要素适用于企业的各个层面。如果我们把企业想象成一艘船,障碍就会变得更加清晰。一艘行进中的船,除了面临逆风的影响,还有许多其他危及航行、生死攸关的因素存在。除了反复与风搏斗,还面临着海流、风暴和船员的内部矛盾等挑战。在计划航行时,从来没有一种可预测的方法,同理,解决一个企业的问题也是如此。

在该项目实施的最初几个月里,我们使用相应的工具来进行差距分析和了解优先事项。这将用到以"七个要素"为基础的定制方式来实施该方案,并以此作为前进的秘诀。

14.6　一步一步的旅程

WCOM™ 计划是如何融入该旅程来完成企业的变革呢？根据过去 25 年中实施的数千个方案的经验，我们得出了一个计划结构模型，其中隐含了 Kotter 步骤。

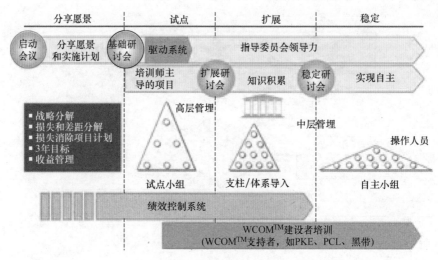

图 14.4　WCOM™ 的主计划，一步一步的旅程

（来源：埃非索咨询）

14.6.1　启动会议

在项目开始时，会举行启动会议，为员工"启蒙"。启动会议的目的是与工厂的员工分享愿景。在接下来的几个月里，我们开发了一些工具来了解企业的情况和现状。这些工具对于解读预期也相当有用。

启动会议是一个挑战，因为要引入大量的文化变革，这也是首次开始导入损失识别系统的地方。我们鼓励员工制定一份在其工作区域周围可以改善的潜在机会清单，随后他们将在后面的基础研讨会上介绍这些机会。这样，他们在离开启动会议时，会立即思考他们可以在这个清单上写下什么。对于能够获得这样一个独特的机会，大家是有一些兴奋和自豪的。

14.6.2　基础研讨会

基础研讨会是实施过程中的下一个重要会议，在愿景被充分表达并转达给企业所有员工后举行。这是一个双向的交流，工厂员工讨论企业内部可以利用的机会，可以节省成本的地方，因为他们可以减少缺陷、事故或故障的发生。

管理层和车间代表在对话中敞开心扉，以便更好地了解彼此。

在这一点上，该项目在文化变革上迈出了一大步，通过让每个人参与这一过程，消除了员工的疑虑，员工会觉得他们是企业不可或缺的一部分。

在这些项目和愿景的分享会上，会有一些对应的主题。在这些主题中，我们会教授他们如何遵循批判性思维过程（如何不轻易下结论），学习如何有效沟通，以及其他许多相关方法。

同时，我们也会注意到企业的一些变化，无限循环过程的一部分已经开始形成。我们每天和每周都会召开会议，讨论、加强和巩固这些变化。总的来说，Kotter 步骤的前 4 个步骤已经正式启动。

14.6.3 试点阶段

在实施试点阶段，我们会导入 2~3 轮改善小组。根据各个企业的情况，这可能会持续 6~12 个月。到那时，应该已经出现了一些财务和效率的改善。在工作的一个小方面获得 90% 的改善，胜过在所有方面取得 1% 的改善，因此这个阶段的行动将更加聚焦（Kotter 步骤 5 和 6）。

一旦试点项目完成，员工就会对这种新的方式变得格外热切。他们不再怀疑企业是否能够扩展，而是关注如何扩展。假如启动会议是一种"如果"的心态，那么基础研讨会现在已经转向"如何"了。文化正在逐渐改变，员工的改善意识也更加强烈，所以目前唯一要做的就是再进一步推动实施。

14.6.4 扩展研讨会

这时，一个小型的领导团队已经不够了，需要在领导和管理层有更广泛的参与。这需要更多的人参与到项目中来。

在推进中增加一个更大的机构意味着已拥有自我管理项目的能力。为了在试点中 2~3 轮团队的基础上进行扩展，我们需要建立支柱作为子委员会。他们作为管理团队，将在扩展后对实施进行跟进。这些子委员会将会专注于更具体的损失领域，以确保企业的各个方面都受控。分配责任是保持该项目良性运转的一个关键要素。

14.6.5 扩展阶段

从试点阶段进入扩展阶段，反映了更宏大的心态。短期和小的改善为长期的、零缺陷目标的达成提供了基础。Kotter 步骤 7 和 8 是现阶段最重要的。

14.6.6 稳定阶段研讨会

进入到最后的稳定阶段是稳定阶段研讨会的目标。在这个研讨会上，我们需要讨论如何使新的管理制度永久化，尽管始终有必要保留管理委员会和 WCOM™ 协调员，但他们在管理上的影响将减少。企业作为一个整体将慢慢转化为一个更加自主的组织。

为了更好地总结 WCOM™ 给企业带来的文化上的突破，我们来回顾一下非常相似的企业预算管理方法的历史。

在 20 世纪中期，创建"预算主导的管理系统"的想法更像是一个童话，是不现实的。它充其量是一个罕见的项目，被少数人犹豫地作为一个新项目慢慢引入。虽然很慢，但可以肯定的是，现在我们已经将制定和遵循预算的想法作为一个绝对的标准方法，今天我们甚至不能想象在没有预算管理过程的情况下如何管理一个企业。

在某种程度上，WCOM™ 很像这种预算管理的方法。一方面，在引入时，它是一个新的和陌生的想法，然后被慢慢地实施到系统中。另一方面，在实施结束时，员工们几乎无法想象如果没有它，事情会如何运作，一切都在顺利运行，甚至没有人意识到还有其他的工作方式。但在开始时，甚至连预算制定流程也曾被认为是由一群奇怪的顾问所教授的一个奇怪的想法。

14.6.7 将 Kotter 步骤嵌入项目中

文化是需要克服的最大障碍，WCOM™ 实施的每个阶段都要在不同的地方嵌入 Kotter 步骤。这将确保随着时间的推移，任何文化阻力都会被逐步消除（图 14.5）。

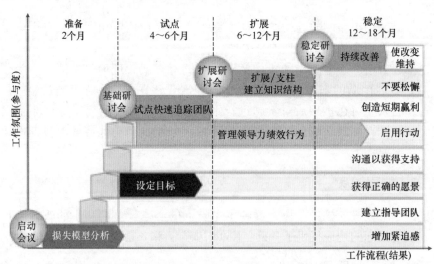

图 14.5　在 WCOM™ 主计划中嵌入 Kotter 八步法
（来源：埃非索咨询）

14.6.8 一个全球范围的推广计划

如果 WCOM™ 是在多个地点实施的，该计划将包含每个地点的不同实施速度。这是因为计划本身是根据企业和其目前的情况来精心设计的。

14.6.9 在全球范围内部署的通用标准

跨国集团正面临着如何在更大范围内分享共同要素的问题，即与近期并购相关的机会。这就迫使他们制定了"自己的生产方法"，以便能够：

- 整合公司的最佳实践，发展一种共同的卓越运营文化。
- 超越"本地"实践的传统概念。
- 赋予源于"集团"自我意识的持久竞争优势。

作为一个"跨国集团"，集团能够从研发、销售、采购和运营方面的共同经验中获益。

通过互联网和内部网等新技术，分享持续改善的最佳做法，可以创造出一种协同效应，使经验曲线被重新定位，获得与本地企业竞争的优势。

随着新技术的应用，工人们可以在多个大洲分享方法论，也可以从以前的失败中吸取教训，他们的学习能力是出类拔萃的，这就意味着建立适当的系统并充分利用上述技术是非常必要的。

这种工作方式的改变在企业层面上是有巨大影响的。如果一个工厂发现了一种新的最佳实践，而它在另一个地方的合作伙伴决定实施另一种做法，那么这两家企业可能会逐渐疏远，而来自高层的适当协调可以使大型企业成功地发挥协同作用。

WCOM™ 方案不仅仅是许多并行运作的方案的总结，也是在企业层面上将一种新的工作方式灌输到企业结构中的能力，这些工厂的最佳实践成为整个集团的学习范例（图 14.6）。

随着该方案进入第 3 年，我们进入了实现零损失的阶段。此时，人们雄心壮志得到了提升，每个参与的人都抱有很大的希望，整个组织都参与了进来，与这个过程的开始相比，企业已经发生了全面的变化。经过几年的初步实施，最主要的是充分了解了差异并保持了积极的成果，这意味着在企业实施该方案时可以进行自主控制了。

14.6.10 现代企业中的企业管理

科技已经达到了一个新的高度，即所有的东西都可以虚拟化，人们可以对一切进行监控。自主性不再像以前那样存在，在科技力量的支配下，既有改善元素和互联网来创造高水平的共享和更新，也有强大的可视化管理，使企业能

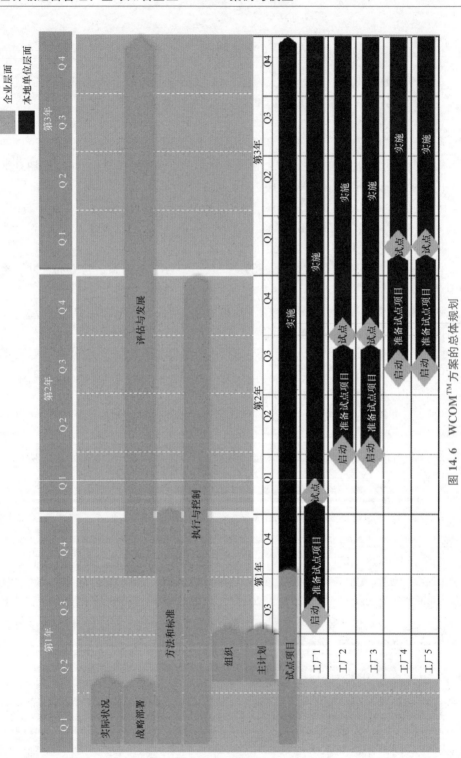

图 14.6 **WCOM™ 方案的总体规划**

（来源：埃非索咨询）

够轻松克服包括距离在内的典型问题。

　　以前，分享经验要困难得多，不同工厂之间几乎不可能保持连续性。今天，工厂被当作一个地球村来管理。这也意味着，所有产品都遵循了相同的规格，流程也是统一的。对过程变量的控制比以往任何时候都要高。WCOM™系统建立了一个综合性的网络平台，建立了由世界各地的操作人员组成的虚拟团队，他们分享自己的发现，以避免任何相同错误的发生并加速改善进程。

　　这些共享能力构成了 WCOM™ 的项目管理，它不是一个复杂的项目管理系统，而是将共同的能力整合到同一个项目中。这可以从主支柱的导入看出来，主支柱是企业的长期实体，通过保持专注和不断向企业的目标前进来指导工厂。他们通过将不同的任务分配给不同的工厂来实现这一目标，这样，每一个工厂都代表了拼图中的一小块，将它们结合在一起就可以解决整个过程。

14.7　自主性的历史

　　回顾历史，在过去，有一些大的帝国崛起并拥有统治地位，这几乎是不可思议的。例如，罗马人的统治范围跨越了大洋和大陆，但他们是在没有任何技术的情况下做到了这一点，而如今我们却能够在全球性的企业中发现这些技术。那么，他们是如何做到在那么多年的时间里依然能够控制住局面的呢？

　　例如，当罗马帝国的摩洛哥区域出现问题时，事情可能会变得有点混乱。由于那在他们统治的最远地区，很少有罗马人，所以那时向上司寻求帮助并不是那么容易。与帝国其他地区的交流就更不容易了。为了应对这些限制，罗马人设法实施了一种自治文化，那些负责人利用他们最好的知识和技能来解决任何出现的问题。

　　今天的自主文化是能够对抗共同的新敌人——时间——的关键。

　　决策所需的速度需要自主性。但另一方面，技术的可用性和全球 WCOM™系统的建立将允许利用虚拟团队来支持，以速度和知识做出本地决策。考虑随着时间的推移发生的变化，以及将继续发生的变化，WCOM™为企业迎接系统化的工作方式而做好了准备。它为企业取长补短，将职能转化为文化和企业层面上的战略、结果和能力，并持续下去。

第 15 章　TPM 与 JIPM 的历史：日本工厂维护协会（JIPM）颁发的 TPM 奖

中村努（Tsutomu Nakamura）

　　中岛清一等人为 JIPM 的发展奠定了基础，他们研究了第二次世界大战后美国的预防性维护（PM）运动，并努力实践这种做法，以适应日本的制造业。他们通过与众多企业协商，推广了维护结构和 PM 的概念，并进一步发展和推广了制造业 PM 的概念。

　　在上述背景下，日本电装株式会社（也就是现在的日本电装公司）开始大量使用自动化设备，并针对这些设备推广了"全面参与生产维护"的概念，作为提高生产率和质量的举措。JIPM 帮助实现了该计划。经过几年的咨询，日本电装公司在 1971 年获得了 PM 奖，这也成为 TPM 在行业推广的第一年。

　　PM 奖成立于 1964 年，曾授予丰田汽车、日产汽车、三菱重工等知名企业。在 1971 年日本电装公司因为 TPM 活动获得该奖项之后，许多其他企业随后也因为优秀的 TPM 活动被授予该奖项，之后该奖项的名称改为了 TPM 奖。TPM 奖的审核由 JIPM 专家团队和大学教授组成，由他们带着问题来参观相关工厂。审查过程包括一次筛查和二次筛查，以及在整个 2~6 个月过程中的多次工厂访问。其目的是确定企业是否真的在实践其所说的做法，以及 TPM 活动是否真的作为一个管理系统扎根。该团队利用他们审核全球制造型企业的经验来审核企业是否符合 TPM 奖的标准。该团队还向企业高管提供建议，使他们能够实现更高水平的运营和卓越的维护。

　　我们设置了不同级别的 TPM 奖项，用于针对不同规模和不同 TPM 活动水平的企业和工厂（见表 15.1）。

表 15.1　不同级别的 TPM 奖项

世界级 TPM 成就奖	对于 TPM 特别奖的获奖者，其进行了独特的、创造性的 TPM 活动，并获得一定成果
TPM 成就高级特别奖	对于 TPM 成就高级特别奖的获奖者，其设定和重点实践了 TPM 活动的焦点，并取得一定成果
TPM 成就特别奖	对于 TPM 成就特别奖的获奖者，其保持和不断改进 TPM 活动，并致力于独特的、开创性的 TPM 活动
TPM 持续优秀奖	对于获得 TPM 持续优秀奖（A 类或 B 类）的获奖者，其维持和改进 TPM 活动，并采取合适的措施维持和继续开展活动
TPM 优秀奖-A 类	对于已开展 TPM 8 大支柱活动的企业，产生了有形或无形的结果，为 TPM 活动奠定了基础，并完成了自主维护活动的第 4 步
TPM 优秀奖-B 类	对于已开展 TPM 5 大支柱活动的企业，专注于工厂，产生了有形或无形的结果，为 TPM 活动奠定了基础，并完成了自主维护活动的第 4 步

1971 年，JIPM 提出了 TPM 活动的步骤和支柱，以促进此项活动的引入。随着时间的推移，JIPM 开发并引入了促进 TPM 活动的新方法和概念。例如，在 1981 年出版的《TPM 部署计划》中，JIPM 提出了 7 大损失和 6 大支柱（个别改善、自主维护、计划维护、初期设备管理、教育和培训、安全和卫生）的概念，但在 1991 年出版的《新的 TPM 部署计划》中，JIPM 扩展了这个概念，提出了 16 大损失和 8 大支柱（个别改善、自主维护、计划维护、质量维护、开发管理、间接部门、教育和培训、安全和卫生）。此外，在 2002 年出版的《21 世纪第一时代的 TPM 趋势》中，JIPM 又提出了先进 TPM 活动的概念，同时将 TPM 重新定义为全面生产维护与管理。

随着 TPM 的进化和发展，JIPM 长期以来一直是日本国际贸易和工业部（现在的经济、贸易和工业部）下属的维护领域的专业组织和非营利性公益组织。2012 年，它被日本首相确认为一个公益性组织，并被重组为一个公益性注册协会，从而拥有更高的公益事业等级。

作为一个非营利性的公益性协会组织，JIPM 多年来一直在组织 TPM 奖项的审核和颁发。TPM 奖授予那些通过 TPM 活动产生值得赞扬的结果和创造卓越结构的企业和工厂。获奖者不仅限于日本的企业，还包括来自世界各地的企业，包括位于欧洲、美洲、亚洲、大洋洲和非洲的企业和工厂。到目前为止，世界各地有超过 3160 家企业和工厂以 TPM 奖作为激励，来促进团队的 TPM 活动，并提高生产力和质量。

有关 TPM 奖认证和检查清单的信息，请参考 JIPM 网站（http://www.jipm.

or.jp/）。

对于 21 世纪一流的企业和工厂的优秀管理人员来说，引入 TPM 活动，致力于卓越运营及卓越维护，从而积极提升以 WCOM™ 为代表的卓越运营，让获奖企业的员工和市场了解到企业管理的卓越表现，将变得越来越重要。

WCOM™：埃非索注册商标。

第 3 部分

人员部分

第 16 章　WCOM™ 中的人员动力

拉金德·辛格（Rajinder Singh）

　　如本书之前章节所述，WCOM™是一个完整的转型方案，旨在优化组织，创造卓越的流程和工作流，并确保组织的改善是可持续的。流程优化可以通过消除损失的方法来实现，而绩效控制系统则负责确保结果。为了使结果持久，多元化的工作氛围是必不可少的。组织必须提供优异的工作环境，使在其中的人们能理解他们进行工作事宜的原因，并被持续激励而孜孜不倦地努力。只有为人们提供由最佳的工具、系统和方法组成的结构化工作流程，并为他们提供有利的工作环境，使他们发挥出最佳水平，才能实现走向自主维持的旅程。图 16.1 解释了WCOM™在工作流和工作环境方面卓越表现的历程。理想的组织以 45°角前进，同时创造优异的工作流和工作环境，以利于人们在其中工作并保持成果。

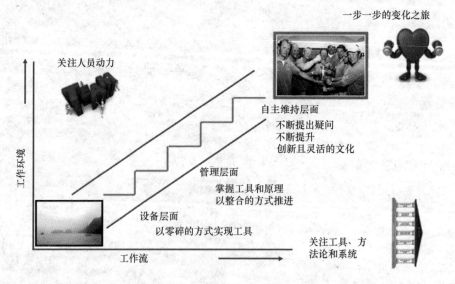

图 16.1　X-Y 图表（工作环境-工作流）
（来源：埃非索咨询）

本节着重于介绍 WCOM™实施中极为关键的因素"人"，也是整个系统的核心及这些人所营造的文化。我们将探讨所有能够充分利用人心的做法，因为这是在制造和服务部门日常建立卓越文化的主要因素，也是值得永久保护的财富。埃非索的人员动态理念强调了行为上的改变，这对于从回顾性思维方式转变为更加确定的规定性思维方式至关重要。简而言之，我们认为行为不是一个巧合，它对每个人来说都是复杂而独特的。因此，为了实现我们所期望的有效的行为改变，需要采取有效的方法来发展和激励人们采纳新的价值观、理念和行为，这对成功推动进步至关重要。

关键的问题是：我们如何能够激发和激励组织中所有层级的人接受变革，并在工作中保持一致，以实现卓越且可以长期持续的业务成果？

后面章节提供了一些见解和解决方案。但在我们进入这些由相应专家撰写的章节之前，先了解一下人员动态（HD）的关键元素。

HD 的关键元素

我们的基本信念是，人员动态是实现可持续发展的关键组成部分。我们通过一个数学方程式来介绍 HD 模型（图 16.2）。

任何组织的可持续发展（P）都是所使用改善方法论的质量（Q）——无论来自于 TPM、精益还是 WCOM™——及人员动态的 3 个 A——采纳（Adoption）、激活（Activation）和锚定（Anchoring）——的共同产物。在这个等式中，人员动态的作用是将

图 16.2　HD 模型方程式
（来源：埃非索咨询）

人们目前的意识和行为带向理想的意识和行为。首先，我们要了解上述等式中 3 个 A 的含义和目的。

第一个 A，采纳（Adoption）是管理人们接受和激励的过程，从而使大家坚持期望中的愿景或新的工作方式。无论采用何种方法或设计，其目的都应该使人们适应新的变化。采纳管理是一个创造和发展框架的过程，使人们能够接受、整合并在其职业生活中建立起变化。采纳模式为积极的参与提出了一些先决条件。它包括积极的态度、控制感和支持感，这三者结合起来，为行为的改变创造了必要的条件，这也被称为积极参与度。所有这些都是主观因素，都在人的头脑中发挥作用，可能不会受到直接影响。因此，我们可以使用几个变革杠杆，对上述先决条件建立积极影响，最终带我们实现改变员工意识和行为的最终目标。采纳模型如图 16.3 所示。

第二个 A，对理想行为的激活（Activation）与有效的、鼓舞人心的领导力直接相关。我们将领导力定义为领导者在决策或行动时表现出来的一系列行为和做法，从而提高对员工的影响，并且提升基线的财务结果。这些行为都被转

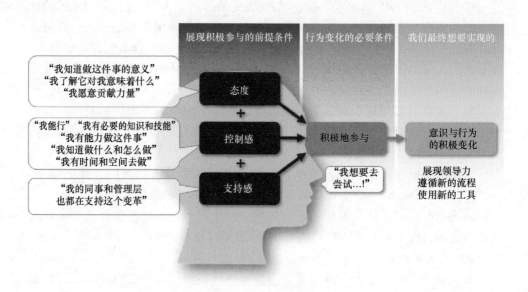

图 16.3　采纳模型

（来源：埃非索咨询）

化到为员工创造高影响力时刻（HIM）和场景，以激励他们并持续强化他们提升知识和技能。为了确保以务实和可应用的方式实现领导力的进步，我们通过"高影响力时刻"发展领导力行为。在这些时刻，领导者（应该）通过做出正确的决定、采取正确的行动、说正确的话，实现真正的有所作为。HIM（高影响力时刻）的例子可以是领导者在 Gemba（指现场）巡检、参加绩效讨论、参加团队会议或一对一谈话中进行。领导人所表现出来的行为在激活人员的过程中起着很大的作用。

第三个 A，锚定（Anchoring）所期望的理念和行为，它是基于行为的基本法则（图 16.4）。该法则指出，前因引发哪些行为，后果影响哪些行为会被重复。锚定是一个通过后果来影响行为的过程，后果可以是正向强化，也可以是负向强化。积极的行为强化要么是奖励——给予想要的东西；要么是消极的行为强化——避免得到不想要的东西。另一方面，负向强化将导致主动惩罚——得到不想要的东西；或被动惩罚——得不到想要的东西。一个被证实的假设是，如果你把 80% 的精力花在行为正向强化的后果上，就会导致对期望行为的锚定。

虽然，三个"A"可以提高任何类型的改善挑战的成功率，但支持采纳、激活和锚定的方法是通过动员改善来实现的。首先，我们要了解环境，并为受影响的人群识别所需变化的性质。接下来，选择和设计最有效的变革方法，在正确的时间和节奏下，使用正确的人员动态变革杠杆，以实现变革并使其稳固。

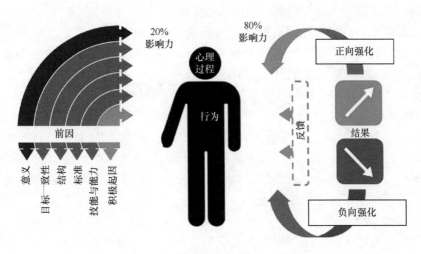

图 16. 4 锚定

（来源：埃非索咨询）

最后，在软性指标（参与度和采纳度）和硬性指标（绩效和业务成果）上实施和衡量 HD 的具体举措。

1. 变革管理与领导力

当我们谈论一个理想的状态时，这自然意味着变革将是这个旅程的一个组成部分。我们的人员动态方法论规定，要始终让我们的员工意识到即将发生的变化。因为每个人都是不同的，他们都会对任何变化做出不同的反应。人员影响分析（PIA）是一个有用的工具，可以识别人员的变革准备情况，并指导他们通过一个参与流程来提升接受度并最终使变革成为现实。人员影响分析（PIA）背后的基本理念是，如果不去识别将受到变革影响的人员、不提升其参与度、不对其状态进行监测，就不可能实现真正的变革，即便发生，也将是不可持续的。我们也将在第 17 章中看到，领导层在创造推动变革的有效氛围方面扮演的关键角色。我们考虑了组织在开启变革中可能遇到的障碍，并探讨了如果有效识别和消除这些障碍所带来的机会。我们将看到一个领导团队如何提升参与并有效激发，创造一种让他人跳出舒适区的紧迫感，以实现共同的愿景。接受新的且持续改善的关系会给生活带来好处。WCOM™ 中的变革管理理念所提供的见解来自于无数学者和专业人员的研究，以及作者在该领域 30 多年的经验。

2. 绩效行为

在第 18 章中，我们将分析行为对绩效的重要性，以及用于分析行为的模型。为了取得成果，人们需要完成一些事情，即采取一些行动。这些行动就是我们所说的行为。它涉及定义、执行、引导和监控那些能带来预期结果和绩效的行为。本章解释了如何识别、衡量和强化预期行为，并与业务目标建立明确、可衡量的联系。当组织能够清晰地定义预期绩效，并将其与实现该绩效的行为明确地联系起来时，每个人都能看到自己行为的动机和对组织绩效的影响。并且，如果通过变革管理流程建立了优异的工作氛围，他们就可以对自己的行为进行微调，以推动卓越的结果。这就是绩效行为的精髓。

ABC 模型是领导者用来确保预期行为得到强化并转化为结果的工具之一。前因-行为-后果（ABC）模型认为，有两种影响行为的方式：首先是在行为发生之前触发行为，也称为前因；其次是在某种行为发生之后奖励（肯定）或惩罚（阻止），也称为后果。通常前因只能触发一个行为，但后果将在很大程度上决定哪些行为将被不断重复并保持。

3. 新乡模型

绩效行为可以帮助任何组织推动行为变革，以实现预期的业务成果。我们如何确保我们所推动的行为是理想的？这里所说的理想行为不仅能带来好的结果，还要能带来可持续的结果。我们知道，即使是不好的行为有时也能在短期内带来好的结果，但无论是行为还是结果都是不可持续的。因此，我们面临的挑战是如何确定那些能够带来优秀且可持续结果的理想行为。

关于理想行为的选择，需要由领导者来管理采纳、激活和锚定，而这部分在第 19 章中的新乡模型（Shingo Model）中进行了有效解释。该模型介绍了指导原则的关键概念，并为领导者建立可持续的卓越文化提供了一个框架。组织要想长期成功，领导者必须深刻地、亲自理解指导其成功的原则。此外，他们必须确保每个为企业做出贡献的人的行为与这些原则相一致。简而言之，理想的行为应该建立在卓越原则的基础上。因为如果不以这些原则为基础，可能就不会得到理想的结果。它们可能会带来一些预期的短期结果，但只有当行为扎根于原则时，结果才可持续。新乡模型如图 16.5 所示。

以尊重和谦逊为例，这两者都可以被视为任何卓越模式或方法的基础。然而，尊重必须被组织中的每一个人深深感受到。当人们感觉到被尊重时，他们所付出的远比他们双手所拥有的要多——他们为领导者或组织付出了他们的思想和心灵。谦逊是另一个有利于学习和改善的原则。领导者愿意征求意见，认真倾听，不断学习，创造一个让员工感到被尊重、被激发，可以自由贡献他们创造能力的环境。当领导者以谦逊的态度进行领导时，他们会接受责任，促成变革，并对组织中任何人的好主意和创新持开放态度。此外，如追求完美、注重流程、拥抱科学思维、从源头上保证质量、改善流程和拉动等原则，也都是推动持续改善文化的助推器。如果我们要维持理想的行为，就必须以卓越的原则为基础。当组织的文化与卓越运营原则相一致时，就能保证 WCOM™ 的快速和持续实施。

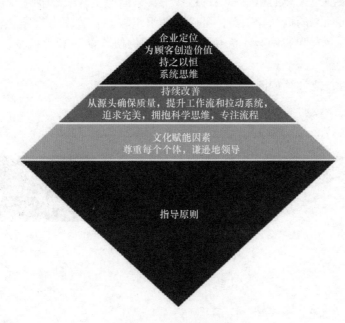

图 16.5　新乡模型

（来源：新乡研究所）

4. 一线主管技能训练（TWI）

第 20 章将讨论培养组织内各级人员关键技能的必要性和方法。实施 WCOM™需要一个合作型的人员网络，人们在其中相互支持并帮助对方成功和成长。组织中各个层级的领导人员都要进行领导转型，发展其领导技能，成为培训师和教练，以对其他人员进行流程改进提供帮助。本章学习了美国"督导人员训练"战争委员会在 20 世纪 40 年代所做的工作，探讨了培养员工领导技能、教学技能和改进方法的方法论。一旦在组织中培养出足够多拥有这些技能的员工，就能更有效地培养并实践理想行为，WCOM™实施过程中的改进方法就会被正确地教导和严格地实践，并且是用更为主动（"想要"）而非被动接受的形式。

本节关于"人"的部分介绍了在组织中发展卓越文化的最佳实践，这种卓越文化通过所有员工的集体努力，提供持续、不断改进的业务成果，这些员工都参与其中，受到激励，并以他们的工作为荣。

创造这种美好的工作环境是 WCOM™每一个项目实施的愿景，而本节中的想法和理念是实现这一愿景的关键。

毋庸置疑的是，"人"是任何转型变革的核心。使用工具（新设备、软件或建筑等）和新系统（IT 系统、招聘系统、投诉处理系统等）可以帮助实现新的结果，但如果缺乏人员的积极参与，这些工具只能产生有限的影响。

　　了解人员动态的概念和工具，可以帮助组织教导其管理人员领导转型工作，发展能力，以激发和激励组织人员，提升他们的协作能力和忠诚度，从而带来可持续的变化。

　　一线主管技能训练如图 16.6 所示。

图 16.6　一线主管技能训练

（来源：埃非索咨询）

第 17 章 变革管理与领导力

马克·古德温（Mark Goodwin）

17.1 什么促使埃非索开始了变革管理实践？

在 2000—2004 年，我们有一个特别的快速消费品客户（FMCG），在全球有 40 多家工厂。他们非常善于运用我们的方法，充分对他们的员工赋能，并在可靠性和质量方面取得了显著的改善。随着他们的能力提升（并开始时不时赢得奖项），他们也注意到不同工厂的业绩有很大的差异。

由于他们工厂的产品基本相同，使用相同的设备和原材料，所以他们请求我们帮助他们理解这一现象的原因。因此，我开始进行一些研究，以确定可能的根本原因。事后看来，这项研究是无价之宝，因为他们没有因设备、工艺、原材料或产品种类带来的"数据噪声"。

17.2 为什么会有如此大的绩效差异？

一开始，我并没有为这个快速消费品客户提供咨询，但由于我在变革管理和领导力方面的背景，我被选中对其进行研究。当我参观了他们在美国、墨西哥、乌克兰、法国和巴西的一些工厂后，我开始发现了差异。值得注意的是，大部分绩效差异的根本原因是由于领导力方面的不同。

有时，我们会发现理解上存在差异，但你也可以将理解上的差异与领导力联系起来。如果工厂的领导理解了持续改善方法背后的真正概念，他/她就会确保这个想法被其他人理解。

大多数的持续改善方法都相当直接明了。埃非索的方法比一般的问题解决方法论更有条理、更彻底，并给出了更多的案例，但尽管如此，实施持续改善和变革举措的真正秘密实际是领导力。这是一个令人"顿悟"的时刻，让我们惊讶的是，我们以前从未集中精力去研究过这个要素。

对我来说，这才是真正的思维转变：意识到大部分的业绩差异都来源于领导力的不同。我们逐个工厂进行了数据分析，并列出了一个切实可行的详细清单，记录了要成就世界级制造的成功领导者所需要关注的内容。我们引入了双轴概念：一条是与改进流程有关的横轴，即需要管理的技术事项；另一条是与环境和领导力有关的纵轴。

在继续介绍之前，我必须说，我深深地感谢 Ernie Watson 的支持和想法。最初，Ernie 来自客户，他负责组织发展，在组织发展方法、实践和技术方面有着非常丰富的经验。Ernie 拥有丰富的组织知识，并积极阅读这方面的著作。将他作为客户的知识与我在领导力和授权方面的经验结合，我们才能为领导力课程进行有效的练习开发和技巧开发。

17.3 在进行"工具教授"，如精益、TPM、六西格玛黑带的那些年，您有没有发现这些领导力问题在其他客户那里也是类似的？

在最初的 2 年里，我们的快速消费品客户（FMCG）对这一课题产生了浓厚的兴趣，因此我们的变革领导力主要集中在这个客户身上。他们几乎吸纳了我们所有的创意资源，并通过我们不断完善的这门新的领导力课程取得了卓越的成果。我们在世界各地举办了 30 多次同样的课程，包括中国、俄罗斯、乌克兰、新加坡、肯尼亚、南非、美国、巴西、英国、法国、意大利、西班牙、德国、荷兰、瑞典和沙特阿拉伯等国家。这样做的好处还在于，我们可以了解当地文化差异的影响，并做出适当的调整。效果是显而易见的，即便是处于"排列图底层"的工厂，一旦他们的领导明白了必须做什么才能获取效果，他们就会迅速地实现飞跃。

我们取得了许多显著的成效，作为结果，该客户的所有新任工厂经理或公司的高级主管都被要求参加这门课程。

17.4 领导力课程的结构是如何安排的？

课程的每一部分都能成为解决我们在最初的研究或后来发现中所产生的问题的参考。当学员理解了课程的结构方式后，他们就有了灵感。最初，我们只为工厂经理开设这个课程，因为我们意识到工厂经理是工厂领导团队中最重要的领导角色。这个课程持续了一周的时间。课程的前 4 天主要是对领导力的不同方面进行练习指导。在第 5 天，所有学员则会分享给我们课程学习的结果，以及他们作为领导要开始有哪些不同的行动。我们曾经有一个冰块的示例：如果你想要做一杯金汤力鸡尾酒的话，冰块是很有用的，但是如果你什么也不做，冰块则没什么用处且在十五分钟之后就融化殆尽了。换句话说，我们想让他们告诉我们，在培训之后的 90 天里，他们打算在他们的工厂里有哪些不同的做法。

在课程一开始我们就做了一些练习，帮助学员们认识到，他们低估了自己的作用，低估了自己在使持续改善变得更为有效的方面的重要性。这涉及了他们利用自己时间的方式、处理事务的方式、开展事情的方式。他们没有意识到自己在多大程度上发出了无意识的信息。

举个例子，我们会问工厂的领导，他们对车间改善进行了多少次回顾或审核。从他们的回答中，我们可以立即感受到他们对这些想法有多坚定。我们能够帮助他们看到他们的组织是如何从他们的"举止"中获取一切信息的。组织人员对事务的关注和兴趣程度是显而易见的。我们所发现和教授的大部分内容都是基于原则性的领导力，但通过具体工厂数据提供的优势，我们让内容变得更为真实和具体。

这也与新乡原则有关，该原则将在专门的一章中进行介绍。

17.5　管理和领导的区别是什么？

我们强调的主题之一是管理和领导的区别。这一点往往难以理解。管理来自于"Manus"一词，拉丁文的意思是"手"，意味着亲力亲为。领导力来自于维京语，原意是"使另一个人想和你一起旅行"。领导的作用更多的是目的地、愿景、参与和情感。领导力最重要的部分之一是激发人们与你共行。领导者创建出要去到某个地方的渴望，以及要去的地方的清晰愿景，且领导者自己必须有这种渴望，在其行为方式、为人处事上与人们交谈并使他们对此产生兴趣。如果没有这些，你更可能是一个管理者。管理的角色更多的是流程、逻辑和时间意识。

作为一个领导者，并不是一定要知道具体如何做某件事，但必须对愿景和方向有 100% 的把握。温斯顿·丘吉尔（Winston Churchill）就是一个很好的例子。他是一个非常自我怀疑的人，但他毫不怀疑他能在最黑暗的时刻团结英国人民。

在为期一周的课程中，我们与学员们一起练习，分辨哪些是管理任务，哪些是领导任务。他们意识到，他们管理过度而领导不足。他们中的大多数人都很擅长管理，他们研究了会议结构、数据收集、报告；他们在管理任务方面比在与人接触方面表现得更好。于是，他们将关注点集中在领导力及他们如何可以做些不同的事情上。我们过去的课程就像一个三明治：面包、肉，然后加上更多的面包。我们将技术性的东西穿插在课程中间。当然，我们会用不同的模式来教授技术性的东西。

当我们开始进行这门课程时，我们意识到大部分关于持续改善方法的材料都是为工程师编写的。这些材料的编写方式是工程师更喜欢的。而对于领导者来说，它太过详细了，或者说它对管理有好处，但对领导力却帮助不大，于是我们开始完全重新准备。

我们把所有对工厂成功的重要核心要素提取出来，并从领导力的角度进行了编写：你需要知道如何来领导持续改善、提高质量，而不是解释机房里面的细节。

如果我们关注精益、六西格玛管理、TPM 和其他持续改善方法，会发现它们往往是从工程师的实用角度来描述的，而较少从领导力的角度来描述。关于如何领导持续改善，以及一个好的工厂领导如何促进成功的文章较少。虽然持续改善的核心思想主要源于美国，但完善方法流程的部分更多的是日本人。日本式的领导力与西方有很大的不同。

回顾我们最成功的客户，我们注意到，那些拥有最佳领导力的客户从我们的方法论中获得的收益最大。因此，我们需要开启一个新的篇章来进行对领导者的教育。我们过去常说，日本的技术，欧洲的文化，以及美国的快速成果的愿望。但我们对领导力、领导力教育需求的思考还不够多。

如果你看到了我们这些年的大部分客户，会发现不管他们是否强大，几乎都是领导力方面存在问题。

我们必须考虑到，在埃非索的早期发展中，即从 1980—1995 年，很少有西方企业对日本的持续改善系统有哪怕是最基本的了解。所以，教授他们已经是一场行业革命，是一个非常大的进步。在这之前，管理层主要是处理战略、营销、财务的问题，班组长更多的是处理让机器运转的问题。

我是埃非索的早期全球客户之一。我加入了 Carnaud Metalbox（这是欧洲最大的金属包装公司，拥有 160 多家工厂），成了改变工厂文化的领导者。我一直在寻找一些能够支持我改变工厂文化的工具，使领导力的风格更为趋向授权。所以，我请埃非索来帮助我完成技术部分的工作。而我自己对参与度方面是有更多的了解的，这是我的特长，也是我大部分职业生涯的基础。

在 20 世纪 80 年代，当埃非索开始引入这些方法技术时，第一批客户的热情很高，因为一切都是新的，这是一个强大且具备开拓性的工具。早期采用者还有的一个优势就是当时几乎没有人在做这件事。即便到了 20 世纪 90 年代，也只有少数几个成功的采用者。因此，合乎逻辑的是，我们的第一批客户比一般客户更具有领导力，因为他们最早开始了新方法的采用。

比如宝洁公司，它在 20 世纪 80 年代末和 20 世纪 90 年代初已经非常成功了。他们的一个特点是在整合工作系统、人员参与度方面具有显著优势。当他们与埃非索合作时，就形成了一个成功的组合。通过这种方式，我们能够将埃非索第一批客户的领导力实践和客户具体工具的优势结合起来。

　　然后，我们就进入了"中间时期"，似乎一夜之间每个人都在进行持续改善，因为这已然是一种时尚。我们还有一些领导力不够强的客户也在追随潮流，但他们没能开创潮流。直到 20 世纪末，埃非索仍然表现得十分成功，这也使得我们没有注意到领导力的变化差异。

　　它就像一片森林，已经变得杂草丛生。刚开始的时候，这里只是一片美丽的田野，无论你在哪里种上一棵树，它都会长起来，因为此时没有对阳光的竞争。但当森林变得茂密的时候，树木必须相当坚决地强行生长，才能获得足够的光照。

　　这是一种思维的转变，我们认识到实际上我们需要进行调整，要更加关注领导力方面而非技术方面。这就是为什么在千禧年之交，持续改善领域的领导力提升变得更加重要。

　　在进一步讨论之前，需要澄清的是，我们幸运地推进了领导力课程的原因之一，是因为我和 Ernie Watson 都有心理学和治疗学的背景。我们在开发课程时，可以一起进行一些更为丰富的讨论。由于我也是群体分析研究所的成员，曾在伦敦三家医院担任群体分析师和治疗师，所以我可以很快看到工厂中不同的"群体动态"。这使我们能够根据当地的差异和特点对课程进行微调。有时，我们还可以看到一个领导者是如何将他/她的工厂氛围促成一个恶性循环的。但我们不用直接向他/她提及这一点，我们可以通过修改一个练习，让他们自己发现一些问题。

　　回想起来，我们的快速消费品客户一开始以为埃非索会举办一次课程，然后他们就可以自己重复。而当他们看到了无法完全理解的"魔力"时，他们就希望我和 Ernie 能在各地重复这个课程。如果没有对群体心理效应的理解，没有我们"深入研究"的意愿，我们也就不会取得这么大的成功。

17.6　航行的比喻：领导者必须懂得如何驾驭

　　我们曾经教授过领导者如何驾驭。我们会让他们想象自己有一艘船，然后问他们需要知道什么才能驾驶船只？我们要求他们给出三个层面的回答。

　　我们发现，答案因文化的不同而有所差异。如果有人来自狩猎文化，就像欧洲和北美的文化一样，他们很快就会说："你需要知道你要去哪里，和谁一起去。"这是"WHERE"和"WHY"。然后，他们会说一些与技术方面有关的东西，比如如何航行，如何导航，如何利用风向等，这就是你需要知道的第二类事物，"HOW"。但是他们会在努力思考第三类事物时卡住，难以进行。有时候我们会放任他们纠结，甚至放任一段时间。我们感觉如果是在日本询问这个问题，日本人可以在几秒钟内回答出第三层级的答案，但在这儿却会卡住一会儿。我们常常不得不告诉他们答案，但这本应该被避免。因为我们一说，他们就意识到自己早就应该想到了，就像泰坦尼克号要避开冰山一样。

如果你驾驶的是像泰坦尼克号那样的船，就需要知道如何避开冰山。但西方文化对避障的能力很弱，他们大多只会像猎人一样"按兵不动"。

在日本这样的农耕文化中，他们首先想到的是障碍物，就像要清除什么石头才能使灌溉畅通，使土地可以耕种。我们发现，在农耕文化中，客户比较擅长避免做那些不该做的事情。而在西方文化中，人们更善于接受目标和 KPI 并对准目标行动，而不是停止做那些不该做的事情。西方公司不太善于发现组织中哪些地方没有发挥作用。即使发现了，他们有时也会忽略它。这往往是西方领导者存在盲点的地方。

我们在课程中做了一个练习，帮助他们认识到有哪些障碍。我们说明了成功和障碍的不同情况，并找到衡量它们的方法，然后教授给他们该如何解读结果，以便重新思考领导工厂的方法。我们花了很多时间来了解他们的障碍的根源，以确保他们能消除这些障碍。

可以说，我们最成功的客户确实消除了障碍。这样一来，课程就变得既是理论性的，又是非常实用的，使他们能够与工厂领导层同事进行对标。

我们对持续改善的原则给予了充分理解，让领导者知道如何以一种创造渴望的方式来谈论它。像温斯顿·丘吉尔不需要会开飞机，也不需要下到机房。但领导者必须对一线发生的事情有足够的了解，这样当其与人交谈时，才能有效地分享积极性，但也不需要过多的细节。更重要的是你与他人在构建关系和人际交流的技巧。我们能够让听众更加清楚他们的风格，以便他们可以进行"微调"。

17.7　重塑思维模式的模型和技术

在课程中，我们提供了一些模型，以重塑学员们对作为一个有效的工厂领导/经理人意味着什么的认知的模式。我们能够将一些杰出作者书籍的理念进行重组，使其易于理解和实际使用。我们向他们展示了如何使用 Kotter 八步法进行变革管理。我们向他们介绍了 Meredith Belbin 在理解团队方面的方法。我们通过一些伟大作者的作品，将他们的理念带入到工厂经理的日常工作中。课程中的许多经理人都读过 MBA，已经听说过 Belbin 和 Kotter 的理念。但他们似乎都不知道如何实际运用这些知识，而我们能够帮他们将理论运用到现实工作中。

因此，课程的一个很重要的目标是让已知的知识和技巧变得实用起来。

对西方组织来说，另一个至关重要的因素是关于中层管理者和轮班主管的角色认定。在西方很多国家有一种文化，这种文化来自于二战时期，在那时中士不被认作军官，而只是部队战士的一部分。在 20 世纪 50 年代，西方大多数工厂的一线主管是按小时计酬的，而不是作为管理者认定。工厂有蓝领和白领之分，有些人是按小时计酬的，包括轮班主管和操作工，还有一些人是按月计酬的，他们是管理者。实际上，我们在工厂里完全地复制了军队里的结构。

我们必须努力改变这种模式。但由于组织中不同层级的人员对于工厂转型的理解不一样，我们就通过练习教给大家如何认识这一点。

一般一个 300 人的工厂，可能只有不到 20 个主管、轮班长和部门负责人等。但这 20 个人是至关重要的。每一个人都有不同的背景和不同的任务方向，工厂要想成功就需要考虑这些关键人员的情况。很多工厂的问题之一，就是他们在尝试转型时忽略了中层管理者，结果中层管理者（或主管层）有时变成了问题所在，和其他曾被忽略的人一样。所以，我们做的一些练习也是围绕这些概念进行设计的。

我们花了很多时间和大家一起共同理解如何提升他人的参与度。我们做了一些练习，以了解哪些工作能够提升参与度而哪些工作不能。同样，尽管所有其他变量相似，练习中也显示出了差异，但毫无疑问，这对我们是有所帮助的。

17.8　扩展

在与第一个客户进行了大约 18 个月的领导力项目后，我们开始为其他全球客户提供该领域的服务。在这里，必须再次提到 Ernie Watson，因为当我们开始迈入这个领域时，他就像兄弟一样与我并肩合作，然后他也将加入埃非索咨询公司。

这一阶段我们共同扩展到了更为广阔的领导力提升和教育领域。我们也将实施范围扩展到了中层管理人员。这样，整体课程就从原来单纯的工厂领导力课程，向下扩展到了工厂领导的下一层级，向上则扩展到了区域和企业的领导层级。这样一来，整个组织就可以变得更为一致。

这样做是极其必要的：我们有一些客户，他们有出色的工厂层级领导，但却时不时会受到来自总部"破坏性"审核的影响。而有时这就会破坏工厂的积极性，因为更高级的管理人员往往还没有掌握对工厂进行审核的有效方式。他们来到来工厂后只会说："这样做不好，应该换一种方式……那样做不对，你为什么不像这样做……"而这并不是有建设性的领导力方式。

MBK 是如何向雅马哈学习的

20 世纪 90 年代初，作为 CarnaudMetalbox 的领导者，我成为欧洲最早开发运用 TPM 的几家公司的负责人之一。其他公司包括法国两家钢铁公司（于齐诺尔钢铁公司和索拉克钢铁公司）、瑞典的沃尔沃和法国圣昆丁的 MBK 公司（后来被雅马哈所收购）。我想告诉你一个发生在 MBK 的动人故事。要知道，在 1987 年整个欧洲都没有关于 TPM 的英文书籍，也没有人打算在这方面有所建树。

MBK 所做的是与雅马哈（最终收购了他们）达成协议来学习 TPM。雅马哈允许 MBK 的车间员工住在一位雅马哈日本员工的家里，并在雅马哈的工厂里工作，这样他们就可以在雅马哈的员工身边开始学习如何实施 TPM。他们给车间员工提供了一个在日本停留 6 个月的机会，并近距离观察工人每天在工厂里的工作情况。如果我没有记错的话，MBK 的车间员工中大约有 200 人去日本学习了 TPM 的理念及运用方法。从此，MBK 有了一个好的开始。早期，我经常去拜访他们，因为当时我们只有 5 家企业真正在运用 TPM，对我而言，定期对标是非常有意义的。

真正的变化始于雅马哈董事长的一次到访。在 MBK 被雅马哈收购之后，雅马哈董事长每年都会来欧洲参加两三次董事会。在我和 MBK 厂长聊到这件事时，他说董事长只来参加一天的董事会，因此不允许他们把他留在办公室里超过 4 个小时。而另外 4 个小时他坚持要见到车间班组，了解他们在做什么。而这给车间员工发出的信号，与我所知道的其他任何一位董事长都不同。我发现他想直接从操作人员那里最详细地了解他们在改进摩托车方面的发现。

真正强大的不仅仅是日本人会通过"苏格拉底式"询问进行的提问式教学，还有他们对车间的创造力表现出的发自内心的兴趣。他们通过详细而有趣的问题，对他们的工作变得着迷，而这也启发了员工们。有时，即便在董事长访问几个月之后，我与操作员交谈时，他们依然会提到董事长到访给他们留下的不可思议的印象。他们可能会说："雅马哈的董事长花了 14 分钟来了解我在做什么。"想象一下，这与典型的企业总部的批评式或莅临式的访问相比，反差何其之大。

除非对他们进行教育，否则经理们可能不会明白这一点的重要性。这也是第一批美国公司成功的原因。如果你看看美国制造业的前 2 个世纪，从 17 世纪初的马萨诸塞湾殖民地到维多利亚时代中期的伦敦万国工业博览会，美国的公司都有着相同的理念，即领导者对一线工作保持兴趣，这是他们的特质。所以，对于领导者来说，了解自己对所要领导的人的影响，以及了解自己的行为方式的影响至关重要。

17.9 领导力团队：组织中领导力的纵向脊梁

在项目之初，我们的工作重点是厂长及其上下直接相关的管理人员，但随着我们对领导力课题的深入，我们发现还有更有效的东西。经过反复对管理如何做到更有效、更快捷、更丰富等方面的探索，我们发现了 John Kotter 的变革管理原则的有效性。这就是 Kotter 所说的指导团队的原则。我们创建了一个由十几名员工组成的小组，作为组织的一个纵向切片。这个小组包括工厂经理、他的几个直接汇报人员、两三个中层经理、两三个轮班主管、四五个操作员/技术员或机械师。

有了能充分代表组织中各个层级的群体，我们开始教授他们 Kotter 变革管理的所有原则。通过这种方式，我们将领导力原则带入了工厂和组织改善的各个层级。我们带领他们进行了一次持续约 9 个月的旅程。作为一个小组，他们审视了公司的文化和领导方式，以及他们之间的互动：他们如何互相支持，如何互相帮助成长。这种方法带来了变革领导力方法论的转型，对加速改进极其有益。当然，这需要组织领导者或管理者愿意了解自己的组织，且更重要的是了解自我。

在这个过程中，不仅工厂的氛围得到了改善，一些参与者还发现这也改善了他们的家庭生活。由于他们能够更好地沟通，给予和接受诚实的反馈，所以也改变了他们生活的其他部分。

我喜欢"服务式领导力"这个说法，意思是领导不仅仅是对他人的引领，也需要愿意服务、愿意学习。如果你不愿意让自己显得弱势，那么你就无法领导。如果你害怕敞开自己，害怕听到别人对你的看法，那么你只能在自己和别人之间制造距离来保护自己，而无法触及他们的需求。

当我们在一家工厂的第一个"纵向切片"获得成功后，我们就致力于横向扩展。第一支队伍成为各级横向拓展的代表。同事往往是最好的老师，或者说他们的意见更容易被人听取。研究也表明，孩子们受同伴的影响比受父母或媒体的影响更大，所以这些最初的团队成为传播文化变革最有效的团队。

17.10 成功的领导力无法衡量，结果可以被衡量，但结果不代表一切

情绪是无法衡量的，因为衡量它们的事实本身就会改变它们。你告诉我你

的感受本身，就会改变你的感受。感觉并非是一成不变的。Heisenberg 在不确定性原理中说得很好。他说，我们不可能同时找出一个原子颗粒的位置和方向，因为即使只发射一个光子去观察，也会干扰它，以至于不知道它移动到哪里去了。感觉也是类似的。一旦它们被分享，它们就会改变。你可以感受和感知情绪，但不能衡量它们。作为管理者，可以用指标来衡量结果。此外，比较难衡量的是组织的氛围。

如果你去参加一个晚宴，你可能在走进去的那一刻就能感觉到这是不是一个你想去的派对。你无法通过那里的椅子、吊灯来衡量，但你可以从气氛中判断这是否是一个你想去的地方。当然，你的感觉可能会在夜晚的时间流逝中改变。我们试图向客户解释的是，他们可以测量机器的性能，但他们难以测量润滑油，但润滑油本身对机器的性能也是有贡献的。这就是为什么不同于衡量结果，衡量成功的领导力是一件很困难的事情。

如果没有丘吉尔和英国国王的领导，英国可能无法在第二次世界大战中幸存下来。如果张伯伦首相和爱德华七世国王还在的话，那可能又会是一个非常不同的故事。而张伯伦下台和爱德华七世退位后，英国才有了新的领导层，即乔治六世国王和温斯顿·丘吉尔。他们的品质正是当时所需要的。

有些东西是无法衡量的：比如关系就无法衡量。

17.11 实施变革领导力的最大障碍

在有些组织内实施变革领导力很难成功，最大的障碍之一就是领导者或领导团队不愿意了解自己。Meredith Belbin 的研究也得出了完全相同的结论。我们要想在变革领导力方面取得成功，就需要与有意愿作为领导者持续成长的客户合作。这一点同样适用于新乡领导力原则。在这个世界上，作为领导者，你必须做出决策，无论你的角色是为了获取结果，还是为未来创造一种能够继续发展和不断改善的文化。

你是在执行一次性的工作来换取结果，还是在为下一代营造氛围？在教育孩子方面，家长的工作应该主要是营造氛围，让他们能在自己擅长的领域里有所成就，而不仅仅是取得成绩。这是一种完全不同的思维模式。如果一个领导者没有一种为了超越自己的利益而领导的意识，那么工作就有可能流于表面。

在埃非素的发展历史中，作为最早开始传授日本改善技术的企业之一，我们一开始就非常幸运。我们拥有一些具备行业领导地位的客户，他们非常有企业家精神，也是早期的先驱者。在中间阶段，更多的是辅导客户的领导团队来改变组织氛围。我想，下一个阶段更多的是关注那些愿意"更上一层楼"，做一些额外工作的客户。这也是为什么变革领导力和新乡领导力原则对于未来的领导者来说是相得益彰的方法。这将是愿意超越他们的前辈在技术实施方面所创造的氛围的领导者的第三次进化。

参与度是成功转型的最重要因素之一。

领导者不需要"寻找"参与度：关注参与度或许是缺乏安全感的表现。一个领导者应该有足够的信念和信心认为人们愿意跟着他们走。最佳的是集体领导力，这时参与度是自然而然的：当你开始寻找时，你就回到了一个佛系原则，即"寻找不是为了找到"。

17.12 给大量投入变革而收效甚微的客户的建议

我想说的是，如果客户的持续改善没有成功，首先要真正地了解原因。我们首先要了解问题是什么：通常问题都源于有限的几个原因，或是几个原因的混合，一旦我们知道是什么原因，我们就可以对症下药。

我们采用特定的评估方式：我们既要寻找成功的要素，也要理解阻碍。尽管它们如同硬币的两面，但放在一起看，却能讲出更清晰的故事。

我不能给出一个万能的秘方，就像我作为心理治疗师不会有标准配方一样。每个组织都是不同的，每个人都是不同的。人的不同组合让同样的环境变得更加不同。我们要看组织中存在哪些成功要素，以及程度如何，对阻碍也是如此。通过观察了解哪些是成功要素，哪些是阻碍的组合，就可以在很短时间内有效地抽象出组织中的情况。在此基础上，我们可以出人意料地快速得出组织氛围中可能存在的问题，以及为什么组织的土壤不够肥沃，无法孕育出持续改善的种子。

在初步评估后，我们要根据在试点区域发现的情况调整方法。这使我们能够在整个组织推广之前，对方法进行微调和适配。

但我们最看重的一个品质仍然是组织的领导者是否愿意往前多走一步，并且能够不畏惧展现自身的不足，肯作为领导去深入理解组织的真实情况。

第 18 章　绩效行为

尼尔·韦伯斯（Neil Webers）

18.1　什么是绩效行为

首先，我将分别定义行为和绩效，然后解释两者的成功结合。

在过去 60 年的大多数改善方法中，缺少的是对行为的关注：特别是假设行为可以被测量和改变，并与组织的目标保持一致。

如果我们真的想基于公司目标来提高绩效，行为是我们要付诸努力的战略资产。

本章的主体是一个员工、一组员工或整个组织的行为。

我们把行为定义为一个人、一群人或整个公司可见和不可见行动的总和。我们在讨论一个员工的时候谈论的是个人行为，我们在讨论一个组织或团体的时候，谈论的是组织行为。一个员工的行为可能与一个部门的行为有偏差，而一个部门的行为也不一定等同于整个组织的行为。

在我们意识到自己的行为表现时，如果了解某些行为的来源，我们就能更好地认识和有效地运用这些行为。当我们知道期待他人何种行为且该行为包含哪些"成分"时，我们也能更好地应对他人的行为。

绩效是所有投入的结果，包含所有期望的或不期望的结果。绩效行为学将个人绩效与组织绩效进行了区分，个人绩效涉及了一个单独个体的绩效，组织绩效涉及了组织内一群员工的绩效。

当我们知道为了达成某项绩效需要采取哪些行动时，我们就能更有效地引导这些行动，从而真正地达成结果。这既适用于引导我们自己的绩效，也适用于引导他人的绩效。

绩效行为是指在结果与达到该结果所需的行为之间建立可衡量的联系。它描述并衡量了实现预期结果所需的行为。当这种联系符合事先定义的结果或质量标准时，绩效行为就得到了保障。而因为绩效行为有所保障，其结果就是有保障的。绩效行为和驱动绩效的行动是有区别的。对于后者来说，方向虽然明确，但结果依然没有保障。

在 WCOM™方法论中，我们通过根本原因分析，采取正确的行动来弥补发现的差距，以一种结构化的、有重点的方式进行改进。绩效完全按照我们削减绩效差距的路径进行：通过深层次的行为（模式）分析、采取正确的行动来消除所发现的行为差距，将会一步步改善与绩效有关键联系的行为。进而带来一步步的绩效提升。

18.2 "绩效行为项目"中"绩效"部分的作用：如何衡量绩效

绩效线——或你希望达到的目标和预期结果——由组织通过（可衡量的）标准来确定。组织最重要的目标值被确定，随后转化为 3 个影响绩效的层次（监控、指导和行动）。首先，要将组织的总目标转化为组织内部越来越基层的目标：组织目标分解至部门目标，进而转化为每个员工的目标。这样一来，企业战略对于员工来说就不再是一个通常由董事会制定和执行的模糊的通用计划，而是直接转化至所有层级，直至员工个体目标，从而使目标变得生动。

当你想检验分解过程是否正确时，可以通过逆向过程进行：所有单个结果的总和必须达至事先确定的部门目标的实现。而部门目标的总和也顺理成章地促进组织战略的实现。

大多数组织将管理区分为以下 3 个层级：

1）战略层（这是绩效行为方面的监控层）。

2）战术层（这是绩效行为方面的指导层）。

3）操作层（这是绩效行为方面的行动层）。

这个理念的实践会根据组织的规模来调整。在跨国公司，中层管理或战术层由多个层级组成，有些层级可能在较小的组织中已经是战略层。这可能包括在不同国家各个办事处工作的经理、部门主管和主管的子层。例如，一家小医院的中层管理人员是仅在院长之下的监督层，也就是战略层。管理者在影响结果方面所起的具体作用（战略、战术或操作），很大程度上取决于他所处的层级。这一点在大型组织和小型组织之间有很大的不同，因此也可能导致对不同组织的角色的比较变得困难。

战略层——组织的最高层级——处理的是"在未来三到五年内，我们要与哪些客户、在哪些市场取得哪些成果？"这个组织层级需要进行内、外部分析，主动确定组织应该选择的方向。分析自身的优势、劣势、机会和威胁，为组织的跨年度计划和各部门（即战术层）的年度计划提供了依据。绩效指标是确定组织是否以及何时向正确方向发展的重要工具。通过衡量战略层级绩效指标的各个目标值，可以监测所有进展。

战术层将战略政策转化为组织资源。他们的工作是确定执行计划所需的要素，并将人员和资源分配给有目标要求的组织单位。这是以一年或两年为单位来衡量的。中层管理者塑造战术层级，他们要将管理层的政策（在战略层级确定的）进一步转化为指导指标，以便从结构上解决运营问题。战术层的核心竞争力在于创建或调整结构以引导人员，使组织顺利运作。

组织的操作层负责处理日常事务。这一层级要在战术层建立的框架内具体开展活动，该层级通常有班组长、主管、协调员或团队教练等职位，也会有生产负责人或领班。这是为了确保团队规模仍然易于安排。在这个层级安排的都是一年内的计划。绩效指标是操作层所使用的重要工具，用于确定整体方向是否正确、进度是否合适。这些指标衡量的是行动（操作）层的各种目标。

这个层级还需观察每个员工为了执行根据策略所定义的部门计划而开展的具体活动。这会反映在个人目标上。当然，也有组织不关注个人目标，而更多地倚赖于团队目标。

由于不同指标的目标值要在每个组织层级上实现，所以 3 个层级上的活动都有很大的不同。这也使得指标的具体目标值——绩效行为模式的绩效目标——在每个层级上有所不同。

18.3 绩效行为在组织结构中的影响和作用

为了安排引导各层级实现具体目标的过程，需要建立绩效管理结构。绩效管理是绩效行为的一部分，是一个关注影响绩效水平目标偏差的过程：从行动指标（"实时"行动层级）到指导指标（指导层级）再到业绩指标（监控层级）。这些都是根据组织的战略目标分解的。

绩效管理方法是一个组织 PDCA 循环的一部分。PDCA 是计划（Plan）、实施（Do）、检查（Check）、行动（Act）的缩写。这个模型也被称为戴明环。然而，在 PDCA 循环运行之前，还有些一些重要的事情需要明确：确定一个目标或具体的目标值。在没有目标的情况下制定计划，就像买了旅游指南却没有选择目的地一样。

确定各绩效影响层的目标值是绩效行为的起点，因为没有具体的目标值就无法对实际绩效值与目标值之间产生的偏差进行引导。这一切都要从制定长期目标开始。在过去的 10 年里，这些长期目标的周期被大大缩短了，因为现在组织的生命周期更新得更快了。在 20 世纪，一项长期策略涵盖 10 年，而现在大多数组织能提前规划 3 年就很幸运了。但即便周期缩短，每个组织仍需拥有长期策略来作为选择目标和资源的基础。

18.4 为什么要将绩效指标转化为引导指标和行动指标？

将绩效指标转化为引导指标和行动指标，不仅仅是将战略转化为各种绩效影响层次，还要使各种目标相互协调。组织要能够理解战略的意义，并通过绩效管理来引导和促进目标的实现。目的是能够在组织内部的每一个层级上，指出每个目标对组织战略目标的具体贡献。这就是所谓的分解：将战略层级的目标进行分解，使其在最深的目标层级也能发挥作用。在《绩效行为学》中，我们称之为目标分解，即将战略目标分解到行动层级。

现在是引入"锤出天际"这一比喻的时候了，以便更好地研究分解的概念（图 18.1）。

"锤出天际"是一个狂欢节上受欢迎的项目，由 3 个主要部分组成。

图 18.1 锤出天际（来源：埃非索咨询）

1）用锤子敲击销子（行动层级）。

2）竖杆与垂直标尺（指导层级）。

3）铃铛（监控级别）。

参与者用锤子敲击销子，感应小球就会沿着竖杆飞上去，标尺最底层标有"懦夫"层级，最顶层标有"猛士"层级，当小球撞到杆顶的铃铛时，就是最佳表现。当拿着锤子的人用锤子撞击销子后，他所做的努力就已经完成了，然后变成了观望的状态。小球能飞多高，最终到底能不能撞到铃铛？

当我们将它和一个组织进行比较时，拿锤子的人的敲击是主要流程，标尺的位置是指导指标，而铃声是这个动作的监控指标。组织希望其绩效每一次、每一天都能够敲到铃铛，而不管是由谁手拿大锤。但在大多数组织中，这一点是无法保证的。他们可能有此愿望，当然也想这么做，但的确难以确保结果。这正是绩效行为学的目标。它回答的问题是："我如何确保行为有效，以便能达到预期的绩效？"

为了回答这个问题，我们将继续使用"锤出天际"作为例子。需要什么样的行为才能达到理想的绩效呢？我们列举几个要素：

- 把锤子举得足够高。
- 站在被敲击的销子的正前方。
- 以正确的方式握住锤子。
- 用锤子狠狠地敲击销子。
- 检查所有的部件是否涂抹了油脂，以便小球能顺利上移。
- 用锤子击打准确的部位。
- 背部和头部保持合适的位置。
- 集中精力达到目标。
- 检查锤头是否有损伤。
- 当然可能还有更多的行为要素会影响结果。

我们使结果变得可衡量的方式是绩效管理最重要的部分。使结果可衡量意味着我们可以衡量业绩的实际数值。如果我们能够测量这些值，就能够对它们进行比较和改进。

此外，我们可以设定目标，并将实际值与目标值进行比较，进而对目标值和实际值之间可能存在的差异进行指导。

财务指标经常被用作指导的基础。然而，从当代的情况来看，这种形式的绩效管理并不能提供指导绩效的手段来确保组织在市场上具有竞争力。产品、服务和组织的生命周期越来越短，买家的要求越来越高，信息技术在所有行业都越来越重要。在这种情况下，过去的结果将不能保证未来的发展。此外，如果说 2008 年冲击美国和欧盟的信贷危机给了我们什么启示的话，那就是我们需要的不仅仅是金融和财务数据。

除此之外，我们还观察到许多组织的管理方式发生了变化：以前我们看的是历史数据，而现在我们看的是以未来的眼光证实的预算和计划。随之而来的是，绩效管理变得不仅仅是"衡量了就是了解了"，绩效衡量指标被放在了一个更广阔的视野中，而不是单纯地在财务领域。近年来，无论是非常成功的组织，还是看似不堪一击的银行，价值观、行为、责任和领导力都成为它们应对衰退的关键。由于仅仅关注干系人的利益且只注重财务指标，很多类似的银行一个接一个的破产了。

在绩效管理中，以下原则适用于目标的转化：

1) 所讨论的战略目标和行动目标之间的联系必须是可见的。每一个目标都需要在每一个绩效影响层级（监控、指导和行动）为组织的战略做出贡献，不同影响层级目标之间的联系可以从组织的战略选择中得出。

2）必须对每个（关键）绩效指标进行正确、完整的分解：从监控层级的（关键）绩效指标到指导层级的指导指标再到行动层级的行动指标。

3）（财务）业绩和带来这种业绩的行为之间必须有联系。

第二项原则对于影响（关键）绩效指标并最终实现战略层级设定的目标至关重要。在组织中，有多个（关键）绩效指标在战略层级受到监控。为了能够影响这些（关键）绩效指标，有必要对它们都进行完整的分解。有了这个分解，组织就可以确定哪些行动层级的行动会影响（关键）绩效指标，以及如何在指导层级借助指导指标来跟踪这些行动。

高质量的指标分解明确了（关键）绩效指标、对应的指导指标及随后由指导指标所决定的行动指标。通常情况下，由于每个指标都会受到其他多个低级指标的影响，分解的状态在顶部很窄，并向底部扩大。

除了概述（关键）绩效指标的影响因素，这些分解还提供了一个很好的结构，用于说明在组织的每个层级（监控、指导和行动）应该讨论多少和哪些行动指标。行动层需要讨论的指标最多，其次是指导层，讨论的指标要能够指导行动层。最终，在监控层讨论的是几个关键业绩指标。

第三个原则是对绩效行为模式组成部分的进一步阐述：行为部分。

18.5 "行为"部分在"绩效行为"项目中的作用：如何分析、发展和衡量行为

绩效行为管理中使用的 ABC 模式可以解释为什么某种行为会出现和被执行（或不被执行），也解释了需要改变什么才能使员工展现出某种行为。它分析了是什么促使了行为的发生，以及行为会促发什么后果，因为两者都以各自的方式对行为产生了特定的影响。

ABC 代表了前因（Antecedents，指任何促使人们行动的东西，所以在行为之前）、行为（Behavior，指我们做什么和说什么，是行动）、后果（Consequences，指行为的结果会给人带来什么，即行为的影响）。前因和后果对行为的影响是不一样的。

1. 前因

前因是为员工的某种行为做准备的一切，也是能触发行为的一切。所以说，前因是行为发生的基础，为行为的发生创造了条件，使行为更有可能发生。前因可以有效地启动一个行为，但它可能不会持久，因为它们在行为中产生的是一个小的，且往往是暂时的变化。

然而，我们不应忽视前因的重要性，因为它们仍然可以成为强有力的触发条件。前因的真正力量是它们与后果的联系。两者之间的联系越多，前因的力

量就越大。

2. 后果

前因可以启动行为，但能够维持行为的是后果。我们最接近行为法则（就像重力是一个法则一样）的东西是，行为是其后果的一个函数。有两种基本类型的后果：强化行为后果和减少行为后果。

强化行为后果以 2 种方式增加行为：1）如果行为之后我们获得了想要的东西，我们就会更频繁地做某件事，这是有价值的结果（**正向强化**）；2）如果行为之后可以去除我们不想要的东西，我们也会更频繁地做某件事，即避免厌恶结果（**负向强化**）。**减少行为后果**的形式也有 2 种：1）如果这种行为带来的是我们不想要的东西，我们就会减少做某件事的次数（主动惩罚）；2）如果这种行为之后是失去我们拥有的东西，我们就会减少做某件事的次数（被动惩罚）。

从价值的角度来看，结果没有好坏之分；它们只是对行为的方向和速度产生了一个可预测的影响。正向强化可能会由于个体经历的强化导致其反复做出一些对社会不利的事情。

3. 结果的相对影响

你所考察的后果只与目标行为相联系。记住你在考察谁的行为，你在评估谁的后果。在检查行为时，要从执行者的角度来分析问题。

在进行 ABC 分析时，有 3 个维度是需要考虑后果部分的评估的：

1）后果可以是对人的正面后果，也可以是负面后果。

2）后果可以立即发生或在未来发生。立即是指在行为发生的时候，未来是指在当事人不再从事有关行为的时候。

3）后果的概率可以是确定的或不确定的。

这些后果的具体组合将决定它们的相对效果。例如，一个确定会发生的小而直接的后果，要比未来或不确定的有非常大的积极或消极的后果更有力。

18.6 将行为部分转化为具体目标

当确定了绩效部分的目标后，下一步就是**确定行为部分的目标**。绩效行为模式中绩效部分的目标是内容，而行为部分的目标关注发展。同样，每个层级的转化方式也不同。因此，我们既要仔细观察组织下面层级的期望行为，也要仔细观察组织的总体目标值。所有这些层级都应该是一致的。

一个大型物流组织的例子说明了这种一致性是极其重要的。这个特定的组织把他们的核心价值定义为灵活性，而事实上他们的客户更关注可靠性而不是灵活性。但这个核心价值在公司内部已经传达了多年，导致大多数人都只在乎灵活性，而只有极少数员工是实际关注标准执行的。在这个案例中，流程所期望的行为和从组织的价值观角度所期望的行为之间存在明显的错位。组织没有强调保障标准，而只注重灵活性；而客户要求的是标准得到保障，工作规划的偏差尽可能小，产出尽可能可靠。

在组织识别出这种错位之后，启动了一项变革举措，重新确定了对组织下层级的期望行为。在日常工作中嵌入了诸如工作规划偏差和产出变化等行动指标，以提高可靠性。变革计划实施 8 个月后，与开始时的情况相比，改进是显而易见的。计划的偏差减少了，产出的变化也减少了，组织中几乎所有的员工都在维护标准。这些变化显著提高了流程的可靠性。此外，这种对可靠性的关注还产生了其他的积极作用。

由于可靠性的提高，在这个过程中出现中断的情况较少。因此，对客户有了更大更灵活空间。最终，由于发现了组织下层所希望的行为与组织的价值观之间的不一致，导致了一项变革举措实施，但它使供应链变得更加可靠，也使组织在商业上更加灵活。

为了确保组织下层的期望行为与组织价值观之间的契合，有必要开发组织绩效行为模型的行为部分。首先，要从战略层级定义组织的价值观。如果一个组织没有共同的价值观，每个人都会把自己的价值观带到组织中来。人们自己认可的价值观就会成为组织的价值观，会导致整体价值观不协调。

当然，每个人总是会把自己的价值观带到工作中去，但当组织清晰、明确地提出其价值观时，每个人都可以事先确定他对这些价值观的认可程度，并选择是否愿意遵守这些价值观，以及是否愿意为组织工作。如果他决定为组织工作，组织也将期望他按照这些共同的价值观来开展工作。当一个组织内部没有共同的价值观时，就会出现旁观者效应：群体越大，个人展现出来的行动就越少。责任就会被群体内存在的人数"瓜分"。在各种实验中已经证明，其他人的存在会抑制行动的意愿。反之亦然：当在场的人越少时，行动的意愿就越大。

在大多数情况下，实验涉及日常情况：在紧急情况下帮助他人，有时需要立即采取行动。旁观者越多，获取帮助所需的时间就越长，因为每个人都认为"别人会采取行动"。但是，如果你是一个人且遇到紧急情况时，你可能会更快地采取行动，因为没有其他人可以对该情况做出反应。

人们在他人面前表现被动的另一个原因在于，他人的反应往往会为我们树立榜样：既然没有人行动，那么行动显然是没有必要的。在这种情况下，当群体的数量增加时，测得的效果更强也被验证了。

最后一个原因，人们常常认为其他人能够比自己做得更好，并以此为自己开脱，认为没有必要采取行动。旁观者效应通常被表述为：当每个人都担负职责时，则无人负责。

当组织内部的共同价值观在行动层上得到明确时，就会有更多符合确定的价值观的行动得以浮现。

旁观者效应解释了为什么在一个组织内必须有明确定义和清晰的共同价值观。但是，当一个组织内部确定了共同的价值观时，员工往往不按照这些价值观行事，或者不以正确的方式行事。之所以会出现这种情况，是因为很多组织没有将组织的价值观转化为符合这些价值观的期望行为。如果不进行这种转化，人们就会根据自己的思维理解，顺理成章地根据价值观对其行为做出自己的个体解读。

让我们回到绩效行为模型的行为部分。在监控层，最高管理层必须明确想用什么价值观来实现目标。价值观表明了一个组织希望在社会领域传播的内容：组织追求的理想和动机。由价值观产生的行为标准是影响组织内部日常社交的行动指南。这为价值观增添了实质内容。

在指导层，行为标准要转化为能力：员工应该知道什么，能够做什么，希望以什么样的态度来实现绩效行为模型中绩效部分所确立的具体目标值。随后，员工个体所表现出来的行为必须是可测量的，这样才能确定他们是否达到了期望的行为。为了能够衡量这一点，有必要建立行为标准，在行动层上描述哪些具体行为是实现特定绩效所需要的。

下一步是逐一评估每个人当前的知识、态度和能力在多大程度上可以胜任工作。目标与当前的知识、能力和态度之间的差距相当于员工为追求组织的成果而必须经历的个人发展路径。

在组织的每一个绩效影响层级，绩效目标和行为目标之间都存在着联系。就监控层而言，年度计划的（关键）绩效指标必须与已经确立的价值观和行为标准相一致。对于指导层，能力必须与指导指标相联系。在行动层，行为标准要与行动指标挂钩。

回到"锤出天际"的例子，我们随意用锤子敲击销子，并希望达到预期的表现水平。通过测量各种会影响结果的行为，我们能够发现为什么这种随意的行为不能达到预期的结果水平。例如，当原因在于他的身体无法正确挥锤时，我们就可以关注他的肌肉力量的发展。然而，在发现原因之前，我们首先要确定我们可以测量哪些行为。我们通过观察分析行为，然后列举出最重要的影响因素。这 3 个主要影响因素是：

1) 在销子前的站立位置。
2) 结合体力进行挥锤。
3) 持锤方式。

然而，我们希望能够在结果实现之前影响行为。因此，在这种情况下，我们将在人的附近放置一个摄像头，并在销子的旁边放置一个屏幕，这样这个人就可以同时看到他要击打的销子和屏幕。此外，我们会存储所有的录像，这样我们就可以分析出这个人挥动锤子的行为模式。在屏幕上，他可以看到自己的位置，如果击球不正确，他可以通过屏幕直接收到警告。同时，当挥击不符合规范时，他也会通过屏幕直接收到信号，当他没有正确握锤时，也会听到哨声信号。在这个（想象的）例子中，我们现在有：

- 指定的行动指标。
- 一个反馈系统，通过该系统，个人可以得到关于其行为的反馈。
- 收集了有关打击次数、不同的人及其行为的具体改善点的信息。

这就会促发挥锤者击打得更好、更频繁，也就是说，铃声响得更频繁。简而言之：它引领了更好的结果绩效。

我们甚至可以更进一步，评估现有的标准（间隔多久、以何种方式检查锤头？）或观察健身房的训练计划，以增加其体力。这些都是只有在我们设定了目标，测得了当前值与目标值之间的偏差，并确定了这种偏差的根本原因后才能找到的干预措施。

简而言之，将战略转化为部门和个人的目标和成果是非常重要的。此外，还必须制定计划来实现这些成果。这样，才有可能使员工个人对实现自己的目标和组织的目标担负起责任。

18.7 绩效成功和失败是否总是归因于特定的人或原因？

行为是在情境下发生的。一个人如果完全按照行为标准来执行他的行动，但在他实施击打的时候被分散了注意力，则很可能也达不到预期的结果。没有达到预期结果的原因可以在人自身上找到，也可以在情境中找到。这就提出了一个问题：绩效成功和失败是否总是归因于特定的人或原因？

我们可以通过审视自己（"我整理工作空间是因为我认为这是一个正确的决定"）或审视周围的世界（"我表现出这种行为是因为受到了同事的鼓励"）来解释自己的行为。第一种被称为内部归因，第二种被称为外部归因。然而，这种划分并不总是有效的，我们经常会犯归因错误。我们把"好"的行为归于自己，而把错误的行为归咎他人。相反，我们倾向于将他人的错误行为归因于他自身的"性格"，而将他人的良好行为归因于环境因素。

归因错误在"绩效行为学"中能被有效避免。当绩效是可衡量的、具体的，并且与行为之间的联系是明确的时候，就像绩效行为那样，所取得的绩效就可以明确地归因于自己的行为。

保育箱的故事：当关键绩效指标（KPI）和行为不一致时

我的宝宝是个早产儿，因此我在保育箱的房间周围待过不少时间。我很快发现每个孵化器上都在测量三个关键的参数，我们可以用它们来比喻我们所说的关键绩效指标（KPI）：婴儿呼吸、婴儿体温和婴儿心跳。

护士应该根据参数趋势采取一些行动。我一直对此很感兴趣，我在观察过程中发现，在关乎宝宝生命的这一重要流程中是完全没有标准的。没有检查标准的流程，也没有调整可能偏差的引导流程。在那个特定的场景下，有一个接口通过三个连接器将婴儿和监视器连在一起。接口插座有三种颜色：红色、黑色和白色。而连接宝宝和监视器的连接器则是蓝色、红色和黄色的。要把这三个接头连接到监视器的插座，但颜色是不一样的！第一次我把宝宝放到保育箱里时，我思考了一段时间后便去问护士："你是怎么把这些连接器重新连接到监视器上的？"

她说："这很简单，你必须用最接近的颜色。"这是一个真实的例子，但也隐喻了现实中在组织中发生的事情：如果没有标准，人们就会制定自己的标准。在这种情况下，每个人都在为最终的结果尽心尽力；但是，虽然他们心中有了目标，在行为上他们却做出了错误的决定，这将偏离预期的结果。

在项目开始时，我们将关键行动（行为）与关键绩效指标联系起来。我们只关注那些对实现绩效至关重要的行为。在这个例子中，很明显，插拔连接器对这个关键指标很重要，所以我们需要一个标准。

保育箱里有一个颜色系统，但存在使用错误颜色的风险，这就增加了行为错误的风险。我在我的班组里做了 5 次连接变化，所以一定要对它进行检查，这就是指导。

如果有人不恰当地更改接口，必须记录这个偏差，而且这个偏差必须能引导改善行动。从日常管理到改善：需要带着一个改善小组去重新研究可能导致错误绩效的标准。

此外，我们必须考虑到，行为是我们看到的行动。我们衡量我们所看到的东西，但我们也需要考虑到，有一个由假设、信念、信条组成的影响人们选择行为方式的灰色区域。我们可以以向人们询问，但在《绩效行为》中，我们并没有更深入地探讨这个问题。

在这个例子中，如果是在工作的话，我会问护士是什么建立起了她的假设，让她给家长下达使用最接近的颜色的指令？她是否相信这样做足够安全？她是否感到有压力？她是否有足够的时间？在这种情况下，询问假设和心态将是非常有必要的。

行为发展的关键由两部分组成：第一部分是在行为发生时尽快进行干预；第二部分是检测行为模式。也许我们会看到，这个护士在不同的地方展现出类似的行为模式：当她要打针时，她必须进行常规复查，而她没有，她可能会说"我了解这个宝宝"，或者她对同事说"我相信你"。但我们知道，复查流程与信任无关：它是为了保证结果。

所以，在我们的例子中，连接器不匹配不是一个单个事件，而是一个人的行为模式。这意味着我不仅要实时进行干预，进行引导，进行纠正；我还要进行预防性干预，了解这些模式来自哪里，护士的感觉如何，为什么她坚信这是正确的，我要如何对她进行引导，等等。

对与员工所取得的业绩有关的行为进行**正确而具体的反馈**，是绩效行为体系中的一个锚点。首先，管理者将正确的行为归于某人。这意味着他确定这个人所表现出的具体行为确实导致了所取得的绩效。随后，他通过表明所展示的行为是期望的行为（激励）来验证归因行为。在尽可能接近行为发生的时刻，将行为归因与激励期望行为相结合，是验证期望行为并在你的组织中确保期望行为的最有效方法。

18.8　如何建立行为和绩效的引导和问责机制？

实现绩效与实现绩效的行为有关。当我们希望影响绩效（解读为增加绩效）时，我们必须在适当的水平上明确绩效和实现绩效的行为。下一步是对已实现的绩效和可能偏离目标值的行为进行说明。在最后一步，对期望的行为进行奖励，使实现绩效的行为得到激励。这就形成了绩效行为中的以下步骤：

步骤 1：明确绩效和实现绩效所需的行为。

步骤 2：建立绩效结果的问责制度，这样就可以对绩效目标值的偏差进行引导。其中，绩效测量的频率（绩效测量在一定时间内应执行的次数）必须与行为频率（为达到绩效而展现出的行动频率）保持一致。

步骤 3：确认预期绩效和行为，并指导不理想的绩效和行为：纠正和预防。

当这种情况发生在组织内每一个绩效影响层级上时，这就是所谓的"有保障的指导和问责"结构。

行动层的绩效测量频率高于监控层。然而，监控层对结果的影响大于行动层。

目标值和实际绩效值以适当的频率进行回环：离主流程越近，目标值和绩效值的回环频率越高；离主流程越远，回环的频率越低。

为了引导绩效与行为相结合，组织内部需要有一个系统来引导行为，以确保真正地实现结果。这个系统的基础是保障既定的标准，对结果进行检查并处理与目标值的偏差。

18.9　绩效行为与改善活动如何配合？

如果你观察埃非索的无限循环法，那么绩效行为最符合绩效控制系统（不仅仅是"日常控制"）。这是有原因的，如果你想培养行为，就必须在与行为发生的频率相同的情况下进行（所以这与影响无关，而是与频率有关）。行为发生的频率越高，测量和闭环的频率就越高。这就是为什么绩效行为项目最大的影响是在车间和现场。在组织中，我们越"向上"，就越远离现实，因此所需的来调整/优化行为的频率也就越低。在高层级，你可以通过不频繁的干预来产生高影响力。在现实中，你必须通过低影响、高频率的干预来改善行为。如果你这样做，就可以把行为改善嵌入到日常现实和日常工作中（而不是像以前的绩效管理模式那样，每年对员工进行两次考核……）。

如果在现实中进行管理和改善，你就可以将流程层级与人的行为联系起来。如果你与这个"行为层级"连接，那么就说明你已经在行为层级上了。优化这个"行为层级"，就会立即改善结果。绩效行为是在双轴上工作的，即改善绩效的"产生"方式和绩效（偏差）的应对方式；所做的执行工作和偏差修正的过程。

不同层级的指标联系见表 18.1。

表 18.1　不同层级的指标联系

组织/部门	（关键）绩效指标	引导指标	行为指标
包装公司	目标是在现有的时间内，按照既定的质量标准制作尽可能多的包装	正确包装的数量	每条生产线每小时正确进行质量检查的次数
生产企业	目标是优化生产设备的利用	生产率	每小时技术故障时长
加油站	目标是最大限度地提高每个客户的支付金额	额外营业额	每位客户除燃料外的额外销售额
疗养院	目标是使居住者尽可能满意	居住者满意度	在指定时间按约定温度供应食物
承包商	目标是根据协议规定的时间和质量交货	项目运行时间	及时供应建筑材料
制造商	可靠性	在会议上做好准备	会前准备质量

（续）

组织/部门	（关键）绩效指标	引导指标	行为指标
健康护理	参与度	询问客户的工作情况	每周两次对反应进行反馈
石油和化工	安全	对确认标准的主动检查	对标准中测量的偏差进行反馈；检查并制定行动，以找出根本原因

18.10　绩效行为中的变革管理部分

绩效行为计划将推动其他行为的实施，尤其是在车间和管理层。人们会抵触，并会在变化中表现出各种行为。为了指导这个过程（作为一个实施过程），我们必须指导管理团队如何处理变化。为此，我们使用了 Kotter 的变革管理步骤。我们要求提供推动变革所需的资源，并将制定一个变革计划和一个沟通计划来告知人们正在进行的变革，同时我们需要变革使者。我们需要识别出那些文化变革使者。因此，我们不是在单独的研讨会上使用变革管理技术，而是在指导委员会中使用更多的规则和动态元素，对指导和引导进行管理，就像我们使用领导力提升的内容一样。比如，你要创造责任感，就需要引导管理层提出问题，而不是给出正确的答案。这是管理中非常具体的微小方面，而在很多组织中，管理者是从车间里成长起来的，他们是最知道答案的人并且一直在给出答案，而不是提出问题。这个变革的过程和我们需要的行为一定要和管理者一起创造：你希望最后看到的行为是什么，你的战略需要什么行为来支撑，相比你想去向何方你现在处于何处，我们可以计划采取什么干预措施来缩小差距。

我们可以总结为改变当前的行为是为了达到**理想**的行为：我们需要实现一个目标来改变我们的行为。

18.11　需要的参与度和实施过程的约束

高度参与的高层管理人员以及约占 70% 的一线管理人员。

最大的障碍是改变管理层，因为高层管理人员必须百分之百地相信该方案。改变行为是一个长期的努力过程，短期成果可以很快取得，但需要至少一年的时间才能实现可持续性。

行为发展是包装工厂业绩增长的根源

客户是为食品行业提供增值包装解决方案的市场领导者。由于市场竞争激烈，持续改善是唯一的出路。在过去的几年中，WCOM™的实施取得了很高的成功率，但在一些关键绩效指标上仍存在一些问题。例如，运营报废率趋于平稳，不再下降。

从我们的分析中可以看出，其根本原因是车间层级缺少主人翁精神，这是一线领导者缺乏对员工指导和没有行为导向所导致的。

一位经理评论道："我们有许多委员会、流程和结构，但我们无法使其发挥作用。"

我们与客户达成一致，决定引入绩效行为，以便在行为方面进行干预。

当推广工作开始时，每个人都非常渴望学习。通过把已验证的方法和技术转化为新的工具和标准，我们清楚地描述了在车间应该采取什么样的行为来获取结果。

绩效行为发展得到了内部促进者的支持，渐渐地，工厂里出现了一种全新的运营方式。

一位内部促进者评论道："我们过去不习惯讨论和质疑行为，也不习惯在我们应该得到称赞的时候互相赞美，但实际上，这真的很好。人们开始扩展期望的行为，并且气氛变得更加积极，更加鼓舞人心。"

随着计划的实施，重点 KPI 运营报废的结果开始改善。经过多年的小幅改善，达到了 15% 的持续性进步。

生产经理表示："操作人员对他们的成果有了更多的自主权。大家知道我们对他们的期望。他们的目标很明确，且所有人都在为结果而努力。"

日常管理方法彻底改变了生产线管理的日常活动。大家更加关注细小的偏差，在其发展成真正的问题之前从根本上迅速将其消除。日常管理是重中之重，并且与持续改善活动明确挂钩。同时，在每周的管理会议上都会将行为发展作为 KPI 进行讨论。

厂长说："显然，我们的业务中的'意外'减少了，并且'意外'不再升级。在每周的管理会议上，我们决定哪些偏差拥有最高优先级且应该由一个持续改善小组进一步进行分析。"

给想要开始引入绩效行为的企业的建议

绩效行为是改善工作的保障。如果没有一个合适的行为驱动的运营指导体系，那么组织就无法保障标准执行，无法对偏差进行引导，也无法采取适当的预防措施。那么绩效就不稳定，不安全。有了绩效行为，偏差就会更少，参与度、自主性和纪律性会更高，并将通过维持强大的基础来进一步推动绩效的改善。

18.12　我们可以认为行为是可以改变的吗？

不是所有的行为都可以改变，也不是所有的行为都可以改变到理想的程度。如果你有几种与职位相匹配的行为模式，那么这会更容易发展一种特定的行为。比如，有些人天生并不是主导型的，但即便如此也可以表现出主导性，尽管在自发情况下并不是这样的。如果你日常工作中的角色需要经常展现主导性，那这对你来说要付出很大的努力才能满足角色的需要。这也是人类和动物的区别：人类有道德判断力，并可以做出相应的选择。人的意向行为和实际行为是存在差异的。例如，我不想抽烟，这是意向；但实际上，如果我喝了酒，我就忍不住要抽烟。这是一个极难引导的领域，因为人类是有意识的，是可以选择的，但在一些行为天性下人类会按照一些典型的行为模式行事。例如，我有很精简的资料（内容的重点突出），所以在谈话中，我可以很容易地即兴采取行动；而某个人拥有非常全面的资料，但他/她可能无法如此灵活地对变化的环境做出反应。不过，从另一方面来看，这个人的准备会比我深入得多。这没有好坏之分，要看你在这种情况下需要什么。对于团队来说，只有前锋或只有后卫的团队都不会持续胜利，需要两者兼顾⊖。

⊖　该章节中的重要理念来自于《绩效行为》一书［美国版本发布（2012）］，特别感谢 Lucas van Engelen，埃非索咨询国际行为专家的贡献。

第 19 章　新乡模型

马克·贝克（Mark Baker）

19.1　一个 8 岁小提琴手的课程

作为一个年轻的父亲，我曾与我的小女儿伊丽莎白一起表演小提琴和大提琴的二重奏，当时她才 8 岁。有一天晚上，我回到家，正赶着去参加下一个工作会议，但妻子提醒我，我需要和女儿一起排练。作为一个忙碌的高管，我觉得自己没有时间排练，但我还是很快就把大提琴和琴弓、琴架、乐谱都拿了出来。开始排练时，我看着女儿，开玩笑说要和她"比赛看谁更快地完成排演"。她回过头来笑着对我说："爸爸，我希望我们能一起完成。"我被她的回答感动了。我想起我们现在在做的，只有我们一起努力、小心翼翼地同步并达到和谐，才会成功。我喜欢和家人一起创作美妙的音乐，我喜欢在我们的家庭关系中寻找爱与和谐。

就像我和我女儿的经历一样，各组织经常作为独立的职能运作，与其他职能部门严重隔离，每个人都在努力且尽可能高效地完成自己的任务。这种情况也不仅仅发生在部门之间，往往也发生在部门内部。专业化并不是坏事，但当我们忘记了在和谐的合作中可以产生巨大的价值时，我们就会失去许多获得更好的成功的机会，同时也会为竞争对手打开大门，使他们比你做得更好，甚至抢走你的业务。新乡模型给我们提供了一个观点，即如何建立更大的同步性和协调性，才能真正做到敏捷，为客户创造最佳价值，成为价值的"交响乐"。下面将简单介绍一下新乡模型及其主要内容。

19.2　新乡模型简史

　　很少有人能像新乡重夫（Shigeo Shingo）那样，对我们所谓的 TQM、JIT 和精益理念的发展做出如此大的贡献。新乡博士一生中共撰写并出版了 18 本书，其中有 8 本从日文翻译成了英文。在这些书流行于西方世界之前的很多年，新乡博士就写下了从源头上保证质量、将顾客价值创造流动起来、零库存、通过"一分钟换模（SMED）"系统快速设置机器，以及到实际工作场所掌握真实情况（"去现场"）等思想。他与丰田公司的高层，特别是大野耐一先生进行了广泛的合作，将这些理念应用到实际工作中。

　　新乡博士总是站在新思想的前沿，他设想与一个组织合作，通过研究、实践教育和一项表彰全世界优秀企业的计划，进一步推进他一生的工作。1988 年，新乡博士获得了美国犹他州立大学管理学的荣誉博士学位；同年晚些时候，他的雄心壮志得以实现，新乡奖被组织起来，并成了美国犹他州立大学的一部分，最近更名为新乡研究所，这是因为它的范围已经扩大到了教育服务领域，变得更加注重研究，并建立了一个由特许附属机构组成的国际网络。

19.3　新乡模型的基本概况

　　当大多数组织从一个只有几个人的小团体发展成一个大组织时，都需要分工和专业化，围绕每个职能创造更多的专业知识和技能，无论是会计、研发、采购、人力资源、生产还是其他职能。每一个职能部门都会正式或非正式地建立系统的工作方式，以及各种完成工作的工具。例如，人力资源部门可能会建立一个新员工入职系统或绩效评估系统。采购部门可能会建立供应商准入管理系统、供应商绩效衡量系统或标准化的招标系统。系统在组织的所有部门和职能中都会体现。在整个组织中，系统和子系统的总数很可能有几百个，甚至几千个。

　　每一个系统都使用工具来帮助创造预期的结果。这些工具可以是图表、报告、软件程序、监控器等，不胜枚举。组织依靠这些系统和工具的功能来创造组织的计划目标和目的的综合结果。当领导者想对结果进行改进或实现不同的目标和目的时，他们往往会花时间在系统和工具上或在系统和工具内进行改变，以获得新的和改进的结果。这可以被认为是当前的典型现状。

　　在新乡研究所成立的 28 年里，我们观察到最成功的组织都有一个明确的主题：持续的优秀成果取决于一个组织的文化在多大程度上与具体的指导原则相一致，而不是仅仅依靠工具、系统、方案或举措（图 19.1）。

图 19.1　新乡模型

（来源：犹他州立大学，新乡研究所）

多年来，人们发现除了推动成果的制度和工具，一个组织的文化对一个组织持续提供预期成果的能力也有着巨大影响。文化并不等同于墙上的企业使命宣言，这些宣言很少有人真正去看和认同。在新乡研究所，研究人员在对世界各地的组织进行"新乡奖"评估时，发现组织文化是组织中每个人的行为组合。因此，为了取得理想的结果，一个组织必须创造一种文化，使每个人在每一个不同的情况下都有理想的行为。

组织中的行为受到我们每个人的信念和看待世界的方式的影响。当然，各组织会建立制度来推动或引导人们以某种方式行事，但最终驱动行为的还是组织的制度（无论是标准化的还是非正式的）和员工的信念。

19.4　新乡的指导原则

那么，组织如何知道在特定情况下的理想方向？在无法预料或反常的情况下，员工应该如何表现？有没有一个参考或方向上的指导可以帮助组织长期达到理想或完美状态？

通过多年来的仔细研究和分析，新乡研究所的人开始发现，比起那些经历过成功但随着时间推移而消失的组织，取得真正可持续成果的组织的关键共同点。通过研究，他们定义了 10 项基本原则，这些原则对任何组织来说都是至关重要的，无论其行业和国家，也无论其是否为盈利或非营利组织。

目前，我不会深入探讨这 10 项原则，但它们是任何组织可持续成功的基础。这 10 项原则是：

1）**为客户创造价值**。确保每个人所做的一切都与为客户创造实际价值的总体目标相一致。

2）**创造目标的一致性**。确保组织中的每个人都被一个持续的、不变的愿景所关注和激励。例如，在获得新乡奖的汽车安全气囊制造商奥托立夫公司，他们明确而有力的"我们拯救生命"的宣言每天都在激励和指导着每个人。他们不断地问自己："今天我能做什么来拯救更多的生命？"

3）**系统地思考问题**。确保所有的行动、变化、改进都从更高的层面来看待，力求了解一个系统的所有部分，或不同的系统之间是如何相互联系、相互影响的。

4）**增加流动与价值拉动**。丰田汽车公司的大野耐一多年前就说过，一个组织的基本目标是"要看从客户给我们下订单的那一刻起，到我们收取现金的那一刻的时间线，然后通过减少不能增值的浪费来努力缩短时间线"。在整个组织中努力消除每一种浪费，以便向顾客提供最大的价值，这一基本思想是关键，应该被所有人理解和接受。

5）**从源头保证质量**。"第一次就把正确的事情做对"的理念是精益管理的根本，这是相当广泛的要求，包括产品和流程开发、供应链和每一个办公职能。这可能是一个能够实现基本理解的简单概念，但需要付出巨大的、持续的努力才能实现。

6）**注重流程设计**。通常情况下，当事情出错时，人们会寻找有过错的人。然而，与其指责或惩罚个人，不如寻求在过程中发生了什么导致了失败。即使是人为的错误，与其惩罚，不如去了解流程的设计是否稳健，如系统中是否有足够的防错措施？这个过程是非常不稳定，只有专家人员在好的状态下才能做出好的结果，还是这个过程非常稳定，任何人只要经过基本的培训就能每次都做出好的结果？也许流程参与人员的选择、培训和发展过程并不充分。我们很少发现有当事人想主观创造一个不好的结果的情况，更多的是我们发现问题往往出在过程中的某个地方。

7）**保持科学的思维方式**。确保组织中的每个人，能够通过收集和分析数据，更深入地了解正在发生的事情，无论事情多么简单，都要将改进活动建立在使用科学方法检验假设的基础上。各级人员都可以运用简单的 A3、PDCA 或 DMAIC 方法来解决问题。这有助于消除"凭直觉进行改进"的问题，使改进更有持续性。

8）**追求完美**。戴明常说："我们要不断地、永远地改进生产和服务系统。"永不满足于现状是 WCOM™ 和精益的重要组成部分。创造一种永远努力把事情做得更好的文化是一种赋能，它可以使组织超越有着"当它足够好时就停止"的思想的竞争对手。

9）**尊重每一个人**。当我还是本田汽车公司一名年轻的机械工程师时，我就会听到本田宗一郎（Soichiro Honda）先生经常说："一个组织如果没有所有人的投入、参与和想法，它将永远无法实现其全部潜力。"当人们感受到被尊重时，他们就会更加投入和参与，不仅用手，而且用脑和用心。全球只有约 10% 的员工表示自己在工作中感觉到高度的投入，感觉不到被尊重或重视是造成这种情况的主要原因之一。我们通过询问人们的意见，并为他们做一些事情来表示尊重；通过肯定人们的贡献来表示尊重；通过到他们的工作区域去了解他们的情况，以及如何使他们的工作变得更好来表示尊重。

10）**以谦逊的态度进行领导**。在企业界，"领导力"和"谦逊"这两个词很少在同一个句子里出现，但多年来我们了解到，领导一个组织最有力的方法之一就是谦逊。谦虚就是承认你并没有所有的答案，组织中的其他人都可能会有一些有价值的见解，可以用来改善组织。即使是对领导者个人来说，只有接受"我们不是完美的领导者"的事实，愿意接受别人的批评反馈，才能学习和成长，而这是一件非常重要的事情。否则，我们将失去任何成长和发展成为更好的领导者的机会。当人们看到自己的领导者是真实、开放、成长的时候，他们会做出有力的回应。相反，当他们觉得他们的领导者是傲慢的，不关心任何人或他们的意见时，人们往往会只给出最低限度的意见（图 19.2）。

图 19.2　新乡模型原则

（来源：犹他州立大学，新乡研究所）

19.5　3 个洞察：理解这一切是如何共同运作的

洞察 1：信念和体系驱动行为。

人们如何相信，以及制度如何建立，都会影响人们的行为，从而影响结果（图 19.3）。

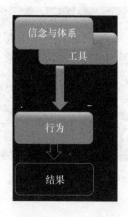

图 19.3 新乡模型洞察 1：关于信念和体系与行为的关联

（来源：埃非索咨询）

洞察 2：理想的结果需要理想的行为做支撑。

如果一个组织要取得理想的结果，那么人们每次都必须以理想的方式行事。没有理想的行为，就不可能有理想的结果（图 19.4）。

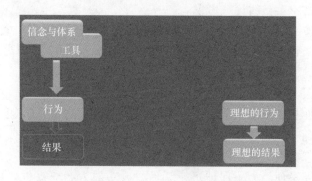

图 19.4 新乡模型洞察 2：关于理想的结果与行为的关联

（来源：埃非索咨询）

洞察 3：新乡原则构建理想行为。

只有有了明确的参照模型，如新乡原则，我们才能知道我们正在逐步接近创造一种文化，在这种文化中，每个人都知道并希望拥有理想的行为和系统，这些系统与理想的行为相一致，并支持这些理想的行为，从而带来理想的、可持续的结果（图 19.5）。

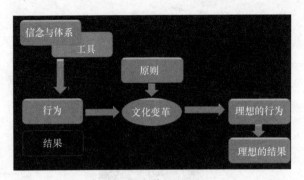

图 19.5　新乡模型洞察 3：关于新乡原则与可持续性结果的关联
（来源：埃非索咨询）

19.6　文化：房间里的大象

"房间里的大象"这个短语可以解释为"一个英语比喻性的谚语，指一个存在明显的事实，但这个事实要么被忽视，要么没有得到解决"。在大多数组织中，文化是房间里的大象，因为它对组织有着巨大的影响，然而在涉及组织的成功时，它通常不会被讨论或考虑。

彼得·德鲁克（Peter Drucker）曾写道："文化把战略当早餐吃。"美国麻省理工学院斯隆管理学院教授艾德佳·沙因（Edgar Schein）曾写道："领导者唯一真正重要的事情就是创造和管理文化。如果你不管理文化，文化就会管理你，而你可能根本没有意识到这种情况发展的程度。"

尽管这些强有力的声明表明了文化对组织及其取得成果的能力的影响，但我们经常观察到一些领导者并不认为文化对此有很大的影响，或者他们认为只要告诉员工该怎么做，就能创造出他们想要的结果。

然而，我们发现，为了保证可持续地、成功地为客户提供价值，文化是一个组织中领导者应该关注的首要方面。但领导者如何做到这一点呢？他/她用什么作为参考模型才能知道自己的文化和员工正朝着正确的方向发展？

19.7　北极星：目标的一致性

> ### 你知道你在哪里吗？
>
> 20 世纪 70 年代时，我大约 15 岁，那时我是一个年轻又没有经验的长跑运动员。我的童子军团长让我开始跑步，为我们即将到来的阿巴拉契亚

山脉远足旅行锻炼身体，我很喜欢这个运动，并在徒步旅行后仍继续进行长跑。后来，我问我的童子军团长："你怎么知道在比赛中该走哪条路？"他回答说："跟着前面的人走就行了。"我将这个办法用了一段时间，发现效果还不错。后来，在一个夏天里的某一天，我们去参加一个 13 英里的比赛。那是在 8 月份，天气并不适合跑步，因为当时的温度差不多有 38 摄氏度，湿度接近 100%。

比赛开始时，很多人紧紧地靠在一起，但由于极端的天气状况，人们很快就分散在 13 英里的赛道上。当我在比赛中挣扎的时候，有一次我抬起头来，发现我只能看到前面还有一个选手。但是，我知道我肯定不是第二名！选手们已经变得非常分散，以至于现在我只能看到另外一个选手。我在想，他是怎么知道自己在哪里，要去哪里的呢？我还是跟着他走了一会儿。突然，他停了下来，开始四处张望。我最终追上了他，他看着我问："你知道你在哪里吗？"你可以想象我当时的震惊！我在不知不觉中跟着一个人，但是他自己其实已经迷路了。

一个组织中的每个人都应该清楚地了解这个组织"为什么"存在，或者换句话说，他们要去哪里，以及为什么要去？建立对"为什么"的清晰理解，将对组织中的每个人起到指导和激励作用。每个组织都需要某种明确的存在理由，以引导和激励组织中的每个人。一个强有力的对组织"为什么"存在的陈述，以及个人角色与"为什么"是"如何"建立联系的陈述，在组织中会有非常大的不同。人们不仅要用手工作，也要开始用脑和用心工作！

19.8　卓越的交响乐：回到我女儿的故事

随着时间的推移，我们吸取了这样的教训：建立以原则为基础的卓越文化，对于取得可持续的成果是绝对必要的。每个人都必须了解组织存在的"原因"，以及他们的角色应如何与更高的目标相联系，当每个人不仅用手，而且用脑和用心去创造价值时，我们就会看到巨大的成果。我们发现，要创造优秀的行为，需要保证我们有优秀的、统一的系统和正确的工具，使人们获得成功，才能最终打造出价值创造的交响乐。

第20章 TWI（一线主管技能训练）

拉金德·辛格（Rajinder Singh） 诺拉·巴莱里奥（Noela Ballerio）

主管的困境

作为一名一线主管，在职业生涯初期我总是感到压力很大，一方面管理层要求越来越好的结果，另一方面我要为一线员工的工作结果负责，夹在两者之间让我感到很困惑。我的挫败感来自于无法从我所管理的人那里得到足够的合作和支持。当时他们中的很多人都比我更有工作经验，对工作的了解也比我多，而且他们更年长。我有时也会遇到一些刚参加工作的新人，他们在适应新的行业纪律和工作场所文化方面存在问题。在这种情况下，我确实很难达到管理层对我的期望，即不断改善和建立一个和谐的工作环境。这对我来说是一个挑战。我从未接受过如何通过管理他人来完成工作的培训。

我能学会生存的唯一方法就是观察同事（其他主管），并尝试复制他们与员工相处的方式。我尝试了不同的方式（从大喊大叫、责骂到请求和乞求完成工作），渐渐形成了自己独特的风格。随着我在组织中的成长，我看到许多新的主管试图模仿我的方式，但很多时候都失败了，也感到很沮丧：考虑到主管在任何组织的运作及在持续改善方法和流程方面所起的关键作用，这种情况很让人遗憾。

一线主管是管理层和一线员工之间的关键纽带。

由于一线员工是为产品和服务增值的人，因此保持他们的激情、积极性，对其进行良好的培训和能力培养，对于改善、转型及日常运营都是非常重要的。任何重大的转型项目，如WCOM™，都需要一线员工深入参与，识别机会并使其持续改善。要做到这一点，管理娴熟的一线主管是一个关键的要求。

问题是，如何培训主管来解决他们的困境？

20.1　TWI 来助一臂之力！

　　TWI 是"一线主管技能训练"的英文首字母缩写，它是第二次世界大战期间由美国战争人力委员会下属的培训局创立的一套培训方案。

　　最初的需求是帮助工业界加快传统的技能培养进程，以便在最短的时间内打造一支能够提高美国工业生产力和产能的自主劳动力队伍。

　　当时，大部分正规劳动力都被征召到军队中，可用的劳动力主要由家庭主妇和农民组成，他们对工业环境和严格的工作方式完全陌生。

　　TWI 方案对战争物资工业生产的推动作用是超乎想象的，这里将重点介绍广为流传的研磨镜片的故事。

研磨镜片的故事

　　在战争期间，由于镜片广泛用于武器和望远镜，镜片研磨行业出现了产能短缺。考虑到当时可用的劳动力在任何制造流程中都不熟练，必须找到迅速提高产量的方法。

　　除此之外，光学镜片研磨技术是一个复杂的过程，一般人需要 5 年才能掌握。

　　到 1945 年底，这种镜片研磨的学习过程被大幅缩短到 6 周。

　　这是通过将工序分解成一个个小模块，用特殊的方法逐一传授，使工人在极短的时间内自主有效地完成任务而实现的。

　　这种方法成为作业指导培训的基础。

　　美国战争人力委员会了解镜片研磨经验的潜力，其"一线主管技能训练（TWI）服务组"利用这一机会制定了 TWI 方案。

20.2　主管技能发展的 4 个模块

　　确定**主管技能发展的 4 个模块**，并以非常详细的方式记录下来，以便让培训师能够轻松地进行培训，并确保取得成果。前 3 个模块统称为 **TWI J 模块**，每个模块都针对有效管理的一个基本技能领域。

　　每个模块都安排 5 次培训，每次 2h。这些模块都是高度标准化的，要求严格遵守标准（TWI 手册）中的内容和建议的行为。

TWI J 模块简介

开发的第 1 个模块是**工作指导培训（JIT）**。

在这一模块中，要教授的工作被分解成一个个小步骤，并指导受训者以安全、正确的方式和理想的速度学习每个步骤的技能。JIT 的主要目的是向主管人员传授"如何正确、安全地教授员工完成一项工作"，并在短时间内提高工作效率，同时将损失降到最低。

然而，很快就会发现仅有技能发展是不够的。**做事的意愿**是影响生产率的另一个基本因素。这是第 2 个模块"**工作关系培训（JRT）**"的主题，其目的是培养主管的领导能力，以激励和鼓舞员工做好工作。它还给出了一个使用结构化方法解决人际问题的流程。

第 3 个模块是"**工作方法培训（JMT）**"。其目的是培训主管和员工分析活动，并实施改善，以便利用现有资源生产更多的优质产品。

此外，还开发了名为"**项目管理**"的第 4 个模块，旨在培训员工解决其组织特有的问题的能力。

TWI 原则是如此普遍，以至于它们超越了最初创立时定义的范围，即工业环境及工业环境中所关注的特定关系：主管与工人的关系。事实上，TWI 适用于任何组织的各个层面，也适用于工业以外的组织。例如，我们已经在医疗健康和"业务流程外包"组织中像制造业一样有效地使用了 TWI 方案。

20.3　主管的 5 大要求

对于实施 WCOM™ 体系的高绩效组织来讲，理解主管复杂且困难的角色是建立协作式工作方式至关重要的一环。

考虑到这一点，TWI 服务组制定了主管的 5 大基本要求，任何主管在有效履行其工作职责之前必须满足这些要求（图 20.1）。主管的 5 大要求也是任何需要管理他人完成工作的岗位的基本要求，这些原则适用于组织中从一线到最高管理层的任何人。

主管的 5 大要求

1）**工作知识**。这是主管人员从事日常工作所需要掌握的知识。它包括与工作有关的材料、工具、工艺、设备、操作、产品及它们的制造和使用方法等知识。每引进一种新的工艺或产品，主管人员都需要掌握工作变化带来的新知识。

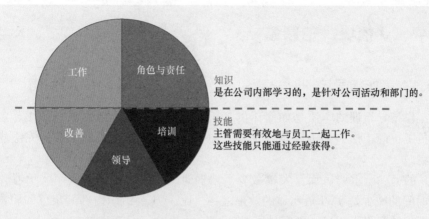

图 20.1　主管的 5 大要求（来源：埃非索咨询）

2）**角色与责任知识**。主管必须清楚地了解作为管理层成员和 WCOM™ 推动者的权力和责任。有关政策、协议、规章、制度、时间表、部门间关系等方面的内容都是职责知识的一部分。

以上两种知识需求必须由工厂或企业通过定期培训主管人员来满足。

3）**培训技能**。这项技能帮助主管培养训练有素的员工队伍，使员工更快地投入生产来提高产量；减少报废、返工和次品；减少事故，减少工具和设备的损坏。主管需要具备指导技能，才能将自己的知识和技能传授给他人。

4）**改善方法技能**。这涉及更有效地利用材料、机器和人力，赋能主管人员研究每一个操作，以消除、组合、重新安排和简化工作步骤。有了这项技能，主管可以更有效地利用现有资源，以交付更多的优质产品和服务。

5）**领导技能**。这项技能通过帮助主管提高对每位员工个体的理解、对情况的判断能力和与人合作的方式来提高产出。主管的工作成果取决于其他人的产出，因此，为了达成绩效，主管人员需要具备领导技能。

以上三种技能必须单独掌握。通过练习和应用，无论是新主管还是有经验的主管，都能及时识别和解决日常问题。

TWI 可以通过 3 个 10 小时的训练帮助企业让他们的主管开始学习这些技能：通过**工作指导培训**获得指导技能，通过**工作方法培训**获得改善方法技能，通过**工作关系培训**获得领导技能。

通过这种培训获得的技能，必须成为日常工作的一部分。除此之外，没有其他方式可以如此迅速地培养员工并影响生产。

20.4 "J 模块"的精髓

20.4.1 工作指导培训

工作指导培训的本质是如何让员工正确、快速、安全地完成一项工作。从每位员工正确工作，到工厂全员正确工作，是实现安全、最低浪费的完美生产的答案。

JI 的另一个重要方面：大幅减少了培训时间，同时提高了效率。学习（培训）时间的减少是 TWI 最明显的效果之一，比 TWI 为组织内部的角色和职责带来的模式转变更为明显，更容易衡量。

培训过程涉及两种资源：学员和培训师。培训中唯一增值的部分是学员学习其工作所需技能的时间。任何没有传授知识或发展技能的活动都是一种损失。

在典型的培训中，大量的时间被用于重复和提供不必要的知识和信息。由于培训复杂度通常很高，很容易产生误解，需要花费额外的时间来进一步澄清。有时就会出现这样的情况：培训师认为对背景知识的了解是理所当然的，在培训中会略过，如果略过的知识学员依然没有自主掌握，培训师就需要另外组织基础知识培训。这样一来，课时比预期时间增加一倍，效果也会降低。此外，有时还会出现在培训中遗漏影响生产率、质量和安全问题的关键点等情况。

在 TWI 方案中，遵循了一个预先定义的结构化的模式，从根本上消除了上述损失。培训准备时间只包含增值时间，即培训师专注于培训，学员专注于学习。

每次培训持续 15~20min，只讲解并练习一个科目，学员可以从头开始学习，不要求一定具备基础。培训师在课前已经了解了学员的初始水平，这样可以提高学习速度，持续关注学习水平。实现学员在工作中的自主性是最终目标，技能是按照具体的预设步骤逐步形成并由培训师检查的。这就是总培训时间大幅减少的原因，与传统的培训课程相比，通常可减少 50%~60%（图 20.2）。

1. 一场重新界定培训师和学员职责的革命

大多数人在开始 TWI 课程之前，都认为学习是学员的任务和责任，如果培训效果不佳就是学员的问题。换句话说，**学不好是学员的责任**。

而 TWI 的理念是完全不同的，需要深层次的思想转变。

TWI 的座右铭是："没有学不到，只有教不到"。

这意味着培训的责任完全由培训师承担，培训师一般是主管或经理，通过其所培训和辅导的人的工作来获得成果。因此，主管要明白，其工作就是让每个人都成为优秀的工作者，消除一切阻碍学员学习和取得良好业绩的障碍。

如何指导	
第1步　为工人做准备	**第3步　尝试**
■ 让对方感到安心	■ 让人工作——纠正错误
■ 说明工作内容	■ 让人一边工作一边解释每个重要步骤
■ 找出对方已经知道的内容	■ 让人一边工作一边解释每个关键点
■ 让对方对学习工作感兴趣	■ 确保对方是能理解的
■ 把人安排在正确的位置上	■ 继续，直到确定明白
第2步　展示操作	**第4步　跟进**
■ 讲述、展示并说明重要的步骤，一次说一个	■ 把人放在他们该有的位置上
■ 再次强调关键点	■ 指定该人向谁寻求帮助
■ 清晰、完整并耐心地指导，但是不要给出太多信息，他们一次性掌握不了	■ 经常检查该人的情况
	■ 鼓励提问
	■ 逐渐减少额外的辅导和密切关注

图 20.2　JI：一个优化指导培训过程中的 4 个步骤

2. 准备是成功的关键

在 JI 培训中，最被低估的一个要求就是在正式开始培训员工之前需要做的准备工作。以下内容传递了一个非常重要的信息，如果这个信息能够被理解并实践，那么将可以对任何 WCOM™ 历程产生巨大影响。

以下是一些重要的观点：

1）**任何培训都不应该是偶然的**。所有的培训都应该是有计划的活动，应事先与员工沟通使其有机会在身体和精神上为接受培训做好准备。这一点看似微不足道，但事实上，很多车间和在职培训都是以临时的方式进行的。在实施WCOM™ 的过程中，班组长和支柱成员都是按照规划参与培训和改善活动的，这样培训效果也有保证。

用于这种规划的工具虽然非常简单，但却是最强大、最好用的工具之一，可以使任何主管的工作变得简单，即培训时间表。这是一个简单的表格，它规定：

谁需要被培训？

从事哪项工作需要培训？

什么时候完成培训？

这个培训时间表可以帮助主管掌握部门内技术人才的可用性，并规划未来的培训需求（图 20.3）。

2）**工作场所组织（5S）**。TWI 强调培训师应在学员实际从事工作的环境中进行培训。工作场所的组织要与学员学习完后做工作时的情况完全一样。这是一种强有力的沟通方式，说明了正确的工作场所组织对安全和效率的必要性。

	工作任务1	工作任务2	工作任务3	工作任务4	工作任务5	工作任务6	当前技能数量	年末期望技能数量	评价
员工1姓名						✓	1		
员工2姓名							0		
员工3姓名			✓				1		
员工4姓名	✓				✓		2		
员工5姓名				✓	✓		2		
员工6姓名						✓	1		
员工7姓名							0		
员工8姓名			✓		✓		2		
理想员工数量	3	3	3	3	3	3			
当前员工数量	1	1	1	1	3	2			

图 20.3　主管的培训时间表（来源：埃非索咨询）

如果培训师进行培训时遵守正确的安全规程，使用正确的工具和方法，树立正确的行为榜样，并注意工作场所良好的状态，那么学员不仅可以学习工作，还可以学习使工作顺利进行的其他方面。

3）**工作分解表**。工作分解表是培训师进行培训的标准工作表。编制此表可以确保工作中的所有关键要素都被考虑并记录下来。准备工作应该是精确的，培训应完全按照此表来进行。这样可以确保培训师百分之百地关注学员，真正观察和倾听他们的需求和困难，并评估他们的潜力，同时用简单的方式培训必要的内容（图 20.4）。

工作描述	打一个保险人式的结	
零件	缠绕的电灯电线	
工具和材料	无	
重要步骤	**关键点**	**原因**
要做什么? 推动工作进程的操作的一部分	怎么做? 步骤中可能发生的: - 成就或使这个工作失败 - 伤到工人 - 让工作更轻松(如诀窍、小技巧、特殊的时机等)	为什么要做? 关键点的理由
1.把缠绕的电线解开	六英寸	给下一个操作留下足够的长度
2.在右边打一个结	在主线前面	打的结可能不会正确系上
3.在左边打一个结	把结向自己的方向拉动 在结底部的下面 在主线后面	进行下一个动作更容易 打的结可能不会正确系上 打的结不能确保安全

图 20.4　工作分解表示例（来源：埃非索咨询）

3. 流程标准化

在工作指导培训中，每个学员都必须将一个实际的任务带到课堂上，然后对其他学员进行培训。我们总会发现，大多数学员并不熟悉完成其所选任务的最佳方法，要么步骤不明确，要么不了解各步骤的关键点。这反映了工作场所的真实情况，每个人都按照自己的理解来执行任务，而不是按照标准来执行。

工作指导培训促使学员想出一个完成任务的操作方法，然后与其他了解任务的员工讨论，把关键点列出来。这个培训标准被称为工作分解表，之后通过添加一些图片和其他说明，就可以迅速转化为工作标准。

一个和工作指导有关的故事

某大型摩托车制造商希望建立一个能够从一开始就打破所有生产率和质量记录的新工厂。考虑其现有工厂低效和高压的工作环境，这将是一项非常困难的任务。

我们受邀指导团队并帮助他们实现这一目标。

企业管理层授权我们设计全套方案。

在员工上岗的 3 个月前，我们开始与一线主管合作：我们要求他们列出在其指定领域内执行的所有任务，并为他们准备好培训给新员工任务的说明。我们确定了每项任务的重要步骤和关键点。为了帮助他们，我们还给主管进行了大量的工作指导培训和 10 多个小时的研讨会。

主管人员被派往现有的工厂，观察工作的进行情况。然后，他们将为自己而不是员工编写培训说明。这样做有很大的好处，新主管开始对他们所负责的每项工作进行深入的了解，并清楚地知道如何以最佳的方式完成任务。他们因此了解了与每项任务有关的困难和问题。

其次，他们明白了要想取得成果和成功，他们要扮演的角色是指导和辅导员工。每当员工犯错时，受质疑的是培训和指导方法而不是员工。这使新工厂形成了非常积极的学习环境。

新工厂在投产时树立了质量、生产率和安全方面的标杆。

这个工厂的文化与其他工厂完全不同，后续更是激发了整个组织的发展。

20.4.2　工作关系培训

主管的工作结果取决于员工的工作，因为这些员工直接影响生产、成本、安全、质量、维护、物流、分销、培训、士气等方面的表现。

要想成为一名优秀的主管，与他人的合作是关键，而发展这种合作的方法是培训主管如何与他们所管理的每一个人建立和保持良好的关系，换句话说，就是如何提高主管的领导力。

1. 主管的角色

在啤酒厂里，顾问问主管："你的角色是什么？"

主管回答："我是做啤酒的。"

关键是，主管根本不是在做啤酒，是车间工人操作设备生产啤酒，而不是主管。

TWI 的第一个转变是主管的角色。

主管工作的核心是人，因为**主管通过这些人获得成果**。并非所有的主管都充分认识到自己的角色主要是**与人打交道并激励他们**（图 20.5）。

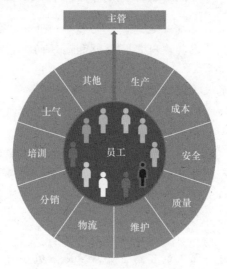

图 20.5　主管和员工之间的关系（来源：埃非索咨询）

2. 主管如何通过管理的员工的工作取得成果？

主管通过与所管理的员工之间建立**联系**来实现这一目标。

这种联系就是所谓的工作关系。如果联系紧密，结果就会好，如果联系薄弱，结果就会差。

凡是有管理的地方就有关系：它可以是一种健康而深入的关系，也可以是一种破裂的关系，但它总是存在的，并且需要适当的关注。主管有责任与每一位员工进行一对一的沟通，以了解员工的优势。

在日常工作中运用良好关系的 4 个基础是改善工作关系的根本，我们将在下面解释。

3. 个体的价值

卓越项目的基本原则之一是"尊重个体"，尊重他/她的所有差异，这个内容在新乡模型一章中有更深入的探讨。

　　如果把一位员工从群体中抽出来，我们可以看到有一些特定的因素会使他/她与其他个体不同（图 20.6）。

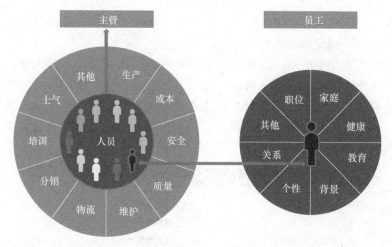

图 20.6　是什么让每个人独一无二（来源：埃非索咨询）

　　员工带着所有个性和动机的差异来工作，主管必须了解和处理这些问题，因为对个体差异的尊重和理解是影响工作能否顺利完成的基本条件。

20.4.3　良好关系的 4 个基础

　　我们已经指出，对于任何主管来说，良好的结果来自于其自身与所管理员工之间的良好关系。为了改善这种关系，主管需要加强以下基础：

1. 让每位员工了解自己的工作情况

　　每个人都需要得到自己工作的反馈。每个主管都必须持续给员工的表现予以反馈。这样可以避免意外情况，加强关系。为了有效地做到这一点，主管必须首先清楚地说明期望，并帮助员工通过他们的表现达到期望。这样就会形成一种建设性的沟通，从而改善关系。

2. 给员工及时的认可

　　人们都希望自己的出色工作能够得到认可。主管有责任寻找机会，对员工超出期望的表现予以赞赏。

3. 提前告知员工会影响他们的变化

　　工作中没有人喜欢突然的事情。人们都想要参与任何影响自身的决策。提前让员工知道知晓变化，可以让他们有时间思考，如果有需要，还可以提出建议。

4. 充分利用个体的能力

　　物尽其用，人尽其才。

　　如果没有用武之地，员工就会觉得没有发挥空间，感到被忽视。优秀的主管有一种天赋，就是能把自己所管理的人的隐藏能力发掘出来，然后充分利用这些能力。

在 WCOM™ 项目中，损失削减小组的成效之一是在改善项目实施和支柱活动中识别和发掘隐藏的人才和能力。

我们时不时会听到，通过改善项目的机会，很多有潜力的人才崭露头角，而这些人才是组织之前所不知道的，因此没有得到利用。有领导潜质者、具有计算机和分析能力的员工、善于问题解决者，甚至是具有技术能力的人都会被发掘出来并得到认可，一旦才以致用，他们就会被激励，成为更有价值的员工（图 20.7）。

如何处理问题

第1步　了解事实真相
- 审查记录
- 找出适用的规则和习俗
- 与有关个人交谈
- 了解意见和感受
  确保掌握事情全貌

第2步　衡量和决策
- 将这些事实结合起来
- 考虑它们之间的相互关系
- 有哪些可能的行动？
- 检查做法和政策
- 考虑目标和对个人、团体和
  生产的影响
  不要急于下结论

第3步　采取行动
- 你打算自己处理吗？
- 你需要帮助处理吗？
- 你应该把这个问题提交给上级吗？
- 注意你行动的时机
  不要推卸责任

第4步　检查结果
- 将在多长时间内进行跟进？
- 需要什么样的频次进行检查？
- 观察产出、态度和关系的变化、
  行动是否有助于问题解决？

实现目标了吗？

图 20.7　如何处理问题（来源：埃非索咨询）

JR 小故事：废除服务台

位于印度北部的一家大型压铸厂邀请我们帮助他们实施一个结构化的卓越运营体系。在首次访问工厂时，他们的总裁解释了他们如何投资创建了一个世界级的工厂，并在附近配有设备一流、准时化的铝液供应商。然而，不知哪里出了问题，工厂结果与预期相差甚远，损耗率很高，员工也不满意。

总裁把我介绍给人力资源部门的负责人，他很自豪地向我展示了车间里一张标有"服务台"的桌子，它被用来处理员工的抱怨。

有一队人负责这个服务台，任何员工都可以来登记自己的不满。这一举措非常受欢迎，越来越多的员工都过来提出不满，人力资源部门很高兴。

我在会议上提出了让工厂管理层惊讶的建议：在推行任何"卓越运营"活动之前，需要取消这个服务台，将其从工厂中移走。

　　服务台使用越频繁说明员工的不满意增多，主管们对员工的关怀不足，这并不是一个好现象，公司当前的文化也不利于任何卓越体系的实施。

　　我们在该工厂启动了工作关系模块，培训了许多一线主管，使他们成为 JR 的培训师和倡导者。他们进一步培训了更多的主管，最终约有 100 名主管和经理接受了 JR 培训。这些人开始以 HR 人员无法做到的方式关心他们的员工。良好员工关系的基础得到了加强，各种问题也迎刃而解。在许多情况下，只要做到第一步（了解事实）就可以化解问题。主管只要去了解事实，就能打开沟通的大门，不需要采取其他措施。

　　情况逐渐开始发生变化，在三四个月内没有人再使用服务台。这一切都发生在工厂启动 WCOM™ 之后的 6 个月里，活动取得了很好的成果。

　　通过了解想法和感觉来弄清问题的真实情况并不容易。事实往往隐藏在一堆意见和感觉背后，必须抽丝剥茧才能得到事实。要想从众说纷纭中得到事实，主管必须学会 6 件事。这种技能可以通过练习获得，而一旦掌握之后，就会成为主管的有用工具。

　　1）不要争论。在了解情况的时候，主管应避免争论，让对方说话，并用心倾听，不断收集尽可能多的相关信息。

　　2）鼓励员工说出对他们自己重要的事情。主管了解员工的问题很重要，在了解情况的时候，应鼓励员工谈谈对他们来说重要的事情，然后再说出问题的重要事实。

　　3）不要打断别人的讲话。打断会使对方失去思路，使他们认为自己所说的内容并不重要，更糟的是主管听不到下文，就无法了解后面的重要信息。

　　4）不要急于下结论。在主管还没有掌握所有事实之前就做出决定，会减少解决问题的可选项。

　　5）避免一言堂。在主管想要找出问题的时候，他们往往会对问题进行"演讲"或"说教"，而不是想方设法多让员工来表达。

　　6）倾听。积极倾听，用适当的回应鼓励员工继续说话，只有在需要的时候才要求员工澄清，而不要让员工处于防御状态。主管的肢体语言应该传达出他在积极倾听，包括保持眼神接触，积极地点头，身体向前倾以表示兴趣，并提出问题以验证你对讨论的理解。

20.4.4 作业方法改善

提问的力量

JM（作业方法）第一阶段的目的就是培养主管进行分解工作和热衷提问的态度。这可以让他们快速获得一些信息，得出一些改善的想法。在之后的研讨会中，通过更细致的、层层深入的提问来了解更多具体的信息，真正促使他们思考和逐步发展更深层次的想法。

JM 模块是培训员工通过分解和提问，在不产生额外费用的情况下，来改善工作方法的艺术和科学。这是一个实用的模块，可以充分利用现有的人力、设备和材料，在更短的时间内生产更多的优质产品。

JM 的另一个重点：细节决定成败。在进行改善的时候，每项工作被分解成更详细的子步骤，具体说明当前工作是如何进行的，给员工一个机会去深刻检讨所有操作的细节，并质疑这些细节的必要性及其价值。很多时候，我们由于没有深入到微小的细节而错过消除损失的机会。

当工作分解为详细步骤后，便可以提问：为什么要做？做什么内容？在哪里做？何时做？谁来做？如何做？质疑每一个细节，迫使研究者找到更好的方法或消除不必要的步骤。

这种将工作分解为详细步骤，然后对每一个细节进行质疑，从而得出更好的工作方法的技巧，是每个改善和 WCOM™ 消减损失方法的核心。

20.4.5 TWI 和 WCOM™：协同致胜

WCOM™ 关注的是在所有员工的参与下，不断改善流程和方法，以消除资源利用中的损失。

TWI 项目旨在以简单而具体的方式培养员工的能力，以实现 WCOM™ 的目标，确保创造一种以尊重和结果为导向的文化，由对自己的工作负责并得到领导充分支持的员工来长期维持整个体系。

TWI 所有的 3 个 J 模块都融入了 WCOM™ 体系，并体现了上述的价值观。

WCOM™ 将 TWI 原则融入其所有阶段，以保证成功和可持续性。

下面的路径反映了 WCOM™ 之旅的学习过程。TWI 作为一种实操性强的培训和辅导方式，主要的关注点是在"吾做吾悟"的阶段（图 20.8）。

为了凸显 TWI 在 WCOM™ 中的重要性，下面讨论 3 个例子。

1) WCOM™ 损失削减使用的基本工具是 5Why、5W+1H 及 ECRS。所有这些工具都源于工作方法改善模块中的质疑方法。

图 20.8　WCOM™体系的学习进程（来源：埃非索咨询）

2）在 WCOM™的每一步中，必须对所有参与人员进行新方法和新标准的培训。TWI 注重"在做中悟"，具有实用性，TWI 中的 JI 4 步法能够充分传授培训并加速学习过程，使培训效果倍增。

3）WCOM™关注发展组织内各级的领导能力。TWI 中的 JR 方法为员工的领导力提供了一种实用而简单的方法。良好关系的 4 个基础及 3 个模块中所教授的培训和提问技巧是使管理层现场走动，管理更加有效和鼓舞人心的关键。对 TWI 中 JR 课程的学习，可以增强团队绩效回顾和其他会议期间的辅导过程。

WCOM™的成功实施意味着组织中文化的改变，包括人员的思维和行为方式。TWI 会影响员工的思维，影响他们对工作的理解及与领导的关系。TWI 包括培训、辅导、学习和改善，而不仅仅是完成手头工作。这种思想创造了一种文化，能够支持 WCOM™蓬勃发展。

对员工贡献的认可和尊重营造了一种积极主动改善和创新的工作氛围。
TWI 各模块是支持组织逐步变革的强大实操工具。

- **工作关系模块**营造工作氛围。
- **工作方法模块**改善工作流程。
- **工作指导模块**对工作氛围和流程都有积极促进作用。

第 **4** 部分

开始与结尾

第 21 章　新的起点： 数字化

格诺特·谢弗（Gernot Schäfer）
莱昂纳多·伊诺森齐（Leonardo Innocenzi）

21.1　什么是数字化？

提到"数字化"这个词，我们就得从它的前身"信息化"说起。

1965 年，日本学者梅棹忠夫（Tadao Umesao）率先提出信息化的概念。信息化是指培养、发展以计算机为主的智能化工具为代表的新生产力，并使之造福于社会的历史过程，它代表了一种信息技术被高度应用，信息资源被高度共享，从而使得人的智能潜力及社会物质资源潜力被充分发挥，个人行为、组织决策和社会运行趋于合理化的理想状态。

在之后的数十年中，随着科学技术的发展，我们的需求逐渐从以传统 IT 技术为代表的"信息化"转向以云计算、互联网、大数据为核心的数字化。在 2011 年，Gartner 首次明确定义了数字化和数字化转型。

数字化：是通过二进制代码表示物理实体或活动。在生产运营方面，它描述了采用最新的数字技术改善组织流程，改善人员、组织与事物之间的交互或使开发新的业务模型。

数字化转型：是指利用数字技术来改变商业模式，并创造新的收入点和价值创造机会，这是面向数字业务的转变过程。

简单总结来说，信息化是将事物的信息通过 IT 技术简单、直接地提取出来，供人决策的过程，整个过程以人为主，以机器为辅；数字化则是在事物信息化的基础上，以提升生产力、改善生产关系为目标去处理分析信息，这个过程以机器为主，以人为辅。

不管是信息化还是数字化，都属于广义上的生产力，生产力决定生产关系，生产力的发展也必然会推动生产关系的进步，同时它也势必对我们的生产运营产生巨大的影响。

21.2　数字化的技术核心

数字化的发展离不开技术的进步，这些技术构成了数字化的整体框架，支撑数字化逐步向前发展。2013 年，"工业 4.0"概念的提出又将整体技术栈做出了一个更清晰、更全面的阐述。

工业 4.0 是指利用信息物理系统（Cyber Physical System，简称 CPS）将生产中的供应、制造、销售信息数据化、智慧化，最后达到快速、有效、个性化的产品供应（图 21.1）。

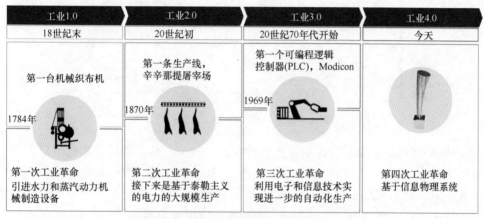

图 21.1　工业 4.0（来源：埃非索咨询）

CPS 是一个综合计算、网络和物理环境的多维复杂系统，通过 3C（Computation、Communication、Control）技术的有机融合与深度协作，实现大型工程系统的实时感知、动态控制和信息服务。CPS 实现计算、通信与物理系统的一体化设计，可使系统更加可靠、高效、实时协同，具有重要而广泛的应用前景（图 21.2）。

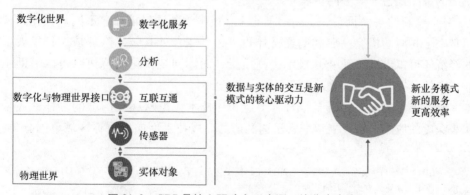

图 21.2　CPS 是核心驱动力（来源：埃非索咨询）

工业 4.0 之所以现在如此受追捧，与以下 4 个原因息息相关：

1）给生产率、响应敏捷度、业务模式等各方面带来了全方位的影响。图 21.3 统计了来自工业 4.0 奖项⊖获得者的真实数据。

来自工业4.0奖项获奖者的真实案例		
生产率	OEE	+35%
	人均产出	+70%
	报废	-55%
	能耗	-7.5%
敏捷度	交付周期	-33%
	库存	-48%
	上市周期	-28%
	换型时间	-30%

图 21.3　工业 4.0 带来的整体影响（来源：埃非索咨询）

2）时机成熟。随着技术的发展和规模经济效应，软、硬件成本已经降低到可以广泛应用的水平，如传感器费用在过去 10 年里降低了 50%；电池成本在过去 6 年里降低了 80%；数据的传输、储存和运算成本也大幅下降。技术成本的降低加速了技术壁垒的打破，使技术的规模化应用成为可能。

3）新的收入点。除了成本、灵活性、质量和安全性等常见的提升以外，工业 4.0 还能带来业务模式的改进甚至转变。以一家农业机械制造商为例，运用了工业 4.0 技术以后，他们在传统机械产品的基础上扩展了一套农业管理系统，涵盖了天气数据、种子优选、农业灌溉、车辆管理等功能，实现了业务模式从单纯的产品销售向服务的扩展。

4）全新的平衡机会。全新的工业 4.0 技术为不同经济体、不同规模化的公司带来了相同的机会。成熟的经济体可以借助工业 4.0 技术降低成本，发展中的经济体可以借助工业 4.0 技术提高质量，而不同规模化的公司也可以借助工业 4.0 技术提升自己，缩短差距。

经过多年的发展，时至今日，工业 4.0 技术无论从代表广度的多样性还是代表深度的应用上都发展得非常迅速和成熟。以技术面向的目标区域范围分类，

⊖　ROI-EFESO 的工业 4.0 奖项始于 2013 年，授予在工业界中推进杰出的数字化项目的企业，是工业 4.0 领域最有影响力的奖项。

我们通常将技术分为三类：IT 与 IIoT 基础设施、IT 技术与应用和先进制造技术。图 21.4 所示为一些常见的技术栈。

IT与IIoT基础设施	IT技术与应用	先进制造技术
云计算	BI、数据可视化	移动设备与可穿戴设备
IIoT平台	高级分析	增强现实与虚拟现实
企业IT系统	人工智能、机器与深度学习	机器人(协作、移动)
边缘计算	数字孪生	增材制造与个性化制造
无线连接与通信(5G)	区块链	无人驾驶飞机
信息安全	Web应用程序与小部件	AGV
传感器	机器人过程自动化(RPA)	互联机床
ID标签与室内定位		

图 21.4　常见的技术栈（来源：埃非索咨询）

通过这些基本技术元素的有机组合，就可以达到实际应用的目的。如图 21.5 所示，通过给传统机器人搭载工业相机，将目标物体的影像数字化，然后传递给边缘计算机，运用人工智能技术，分析出目标物体的位姿，再通过既定的逻辑预算和判断，将结果反馈给机器人，机器人根据结果执行相应的操作，以达到高级协作机器人的应用。

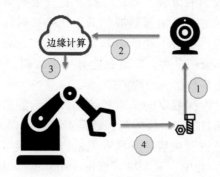

图 21.5　高级协作机器人

21.3　数字化的价值核心

技术是我们实现数字化的工具，但数字化追求的核心价值是什么？这些价值又是如何体现出来的？让我们一起认识一下埃非索的数字化成熟度金字塔模型（图21.6）。

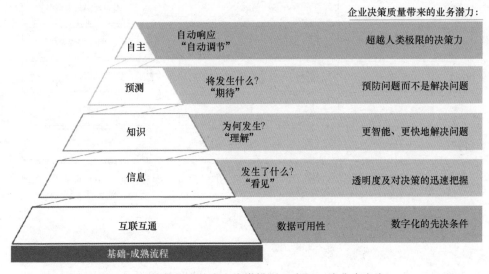

图 21.6　数字化成熟度金字塔模型（来源：埃非索咨询）

概括来说，数字化的核心价值驱动是数据，数字化价值源于对数据的采集、分析和应用。接下来让我们逐步解析这座金字塔：

基础：很多企业在做数字化升级或转型的时候，都往往忽视了流程的重要性。数字化的基础是成熟的流程，要进行数字化先要对业务流程进行梳理和诊断，确保数字化所面向的业务流程是成熟的，在必要时还要对业务流程进行优化或再造。在这一阶段，通常也建议做数据盘点工作，对流程中的主数据进行梳理和定义，掌握数据资产全貌，知道企业有什么数据，数据从哪来、往哪去，数据价值如何等，这也是数据治理的前提。

互联互通：通过对流程数据的采集和收集，达到数据可用性的目的，这是数字化的先决条件。通过前一阶段的流程数据盘点，可以为互联互通提供输入，明确需要采集的数据范围和内容。互联互通的方式有很多种，要结合具体的应用场景来分析和选择。其中，SCADA（Supervisory Control and Data Acquisition，数据采集与监视控制）系统是一个普遍采用的数据采集方式。

信息：有了数据以后，我们首先要做的是从数据中挖掘出"发生了什么"，这是洞悉数据的第一个阶段：看见。这个阶段的目标是实现数据的充分透明度和数据透明度所带来的快速决策能力。

知识：在"看见"数据以后，要"理解"数据，知道为何发生就是知识化的过程。这一阶段的目标是更智能、更快速地解决问题。

预测：通过对数据的分析和知识的积累、掌握的规律可以为我们提供预测问题发生的能力。这个阶段就从以往的解决问题转变为预防问题。

自主：自主决策是终极目标，它描述的是一种理想状态：系统的人工智能超越了人类水平，可完全替代人工进行自主响应、自主决策。

数据如何才能产生价值？让我们沿着这个模型继续探索价值的创造过程（图 21.7）。

图 21.7　数据的价值创造（来源：埃非索咨询）

孤立的数据价值是有限的，数据的价值可以通过横向和纵向两个维度的集成去创造。

纵向集成：面向的目标对象是独立的过程，如最典型的生产过程，它指的是从 ERP 的计划核心到执行层、再到设备层的纵向集成，实现计划、执行、控制的打通。纵向集成的目标是实现数据的高度透明化，继而进行客观可靠的数据分析，以期达成稳定高效的过程，同时提供开放协调的数据接口，为跨企业的横向集成做准备。

横向集成：横向集成代表的就是企业之间全价值链的集成，以供应链上、下游之间的协作为主线，通过价值链及信息网络的互联互通，推动企业间研产供销、经营管理与生产控制、业务与财务全流程的无缝衔接，从而实现产品研发、生产制造、经营管理等在不同企业之间的信息共享和业务协同。代表这种集成方式的数字化系统很多，如 CRM（Customer Relationship Management）代表的是工厂与客户之间的集成，SRM（Supplier Relationship Management）代表的是工厂与供应商之间的集成。有了横向集成，我们可以实现辅助决策、快速响应、稳定的计划和实时事件检测等能力。

这两个集成本身并不是孤立的，而是横向和纵向需要完全打通和互相协同，纵向集成可以理解为我们在横向集成中的关键活动节点，而这个活动节点本身最终的落地执行又需要纵向集成的密切配合。

通常，我们会建议企业先逐个完成业务过程的纵向集成，在业务系统完成纵向集成的基础上，应用信息集成技术，实现业务系统之间的横向集成，以数据集成为基础，解决核心业务系统的数据交换和数据共享，逐步实施流程集成。

数据科学：数据科学是利用计算机的运算能力对数据进行处理，从数据中提取信息，进而形成知识。这个概念可能有点陌生，我们不妨先从数据分析说起。在过去的很多年里，我们通常借助 Excel、MATLAB 这样的工具，使用简单的分析方法（如帕累托图、直方图、回归分析）对数据进行分析，我们称这个阶段为初级分析。初级分析只适用于有限的数据量，而且得出的结果往往比较浅显。而在面对巨量而无序的数据集时，我们就需要数据科学来帮我们进行快速、有效的分析。下面的两个例子可能可以帮助大家更好地理解数据科学。

有一个主营医疗器械的跨国企业客户，他们希望开发一个整合全球供应链的管理系统，提高采购和生产率，降低成本，并希望可以通过系统模拟出不同业务场景下的不同需求、不同的工艺和成本参数组合对供应链的影响。我们利用数据科学设计出了一套数字孪生系统，它可以快速而精确地模拟任何端到端供应链的虚拟场景，并根据给定的目标（库存成本最小化、短交付期、交付成本、价格等）找到最佳配置。

还有一个德国汽车企业，希望我们帮助他们分析生产线的工艺和质量数据。我们通过分析 155 个不同参数的组合，找出了前 N 个可能影响产品质量的工艺参数，而后构建了一个预测模型，训练后可以用于预测产品质量，其准确率可以达到 95%。

以上两个真实案例用到了当今数据科学中最热门的人工智能（机器学习、深度学习）技术，从中可以看到人工智能给当今工业带来的前所未有的驱动力，同时也可以预见，未来人工智能将会释放出更多元、更深入的数据价值。

21.4 数字化与 WCOM™

一直以来，我们将数字化定义为一种工具、一个新的生产力。这个新的生产力如何与成熟的 WCOM™ 互相驱动、互相协作？

对于这个问题，图 21.8 所示的 PHD 模型可以给出一个很好的答案。WCOM™ 聚焦在流程动力（Process）的改善；人员动力（Human Dynamic）关注如何提升人员能力以确保流程改善的持续性；数字化动力（Digital）一方面对人员能力提出了新的考验，另一方面也给人员能力的提升和流程的改善带来了新的工具和动力。这三者是相互结合、相互驱动的，如成熟的流程是数字化的基础，而数字化也可以加快改善进度、巩固改善成果。数字化技术的应用一方面要求人员具备相应的数字化能力，而另一方面又可以通过一些工具（如网络学院、在线学习、辅助培训和操作）等加快人员能力的建设。

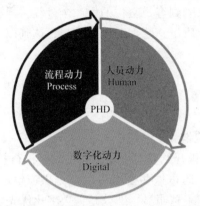

图 21.8　PHD 模型（来源：埃非索咨询）

为了更好地理解 WCOM™ 中的数字化，我们结合之前章节所介绍的 WCOM™ 知识，将 WCOM™ 成熟度分为 3 个等级：损失分析与驱动系统、损失预防与成果巩固、损失消除。将其与数字化成熟度模型相映射，我们就可以很好地理解了（图 21.9）。WCOM™ 的核心焦点是损失，而数字化的核心是数据，数据是损失分析、识别的基础，这两者的理论基础是相通的。

从理论的角度上看，数字化可以帮助 WCOM™ 更科学、更快速地识别损失，提供更多元化的损失消除方法，赋予更有效的损失预防方案。而从实际应用的角度上看，数字化还可以从各个流程上赋予新的动力：

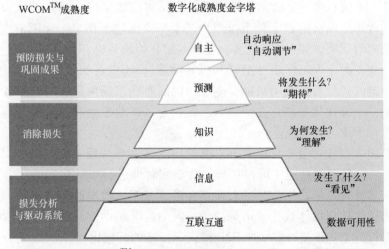

图 21.9　WCOM™ 成熟度与数字化成熟度（来源：埃非索咨询）

1. 未来工厂

随着工业 4.0 技术的日益成熟，它已经可以覆盖工厂的方方面面，一个不同于以往的全新生产模式应运而生，我们称之为"未来工厂"。图 21.10 所示为一个针对典型生产过程设计的未来工厂概念框架。

它涵盖了从供应商采购到客户交付的生产全过程，通过注入新兴的工业 4.0 技术，实现成本、效率、质量、管理的极大改善，达到以下 4 个层面：

- 基础数字化。
- 过程数字化。
- 管理数字化。
- 分析数字化。

2. 端到端数字化供应链

Gartner 公司从 2005 年开始发布全球企业供应链排行榜，每一年他们都会研究数百家企业的供应链，通过这些研究可以窥见供应链的趋势。从近年供应链调研来看，有一个趋势越来越明显，那就是：数字化优先。

2020 年下半年的一份调研报告显示，相比于往年，约 70% 的企业正在加速数字化供应链布局。在供应链领导者中，他们不约而同地全部达成了"数字化优先"的战略共识，目标是利用数字化无缝提升客户体验、提高自动化程度和供应链决策能力，最终达成端到端数字化供应链。

要实现端到端数字化供应链，横向和纵向的集成是必不可少的。首先，需要将企业内部的 ERP 平台、流程、数据和设备层纵向集成，实现企业内部高透明度的数据、高度可视化的过程管控和客观可靠的分析。其次，将客户端、供应商端与企业内部的系统横向集成，达成稳定的计划，具备快速响应、决策辅助和实时事件预测等能力。

图 21.11 所示为一个典型的端到端数字化供应链架构，涵盖了从采购到交付的全过程。供应链的数字化系统应用基本框架已趋于稳定，近年来，随着一些新兴技术的发展，如人工智能等，整体数字化的趋势也有了很多的变化。

在计划方面，人工智能（AI）和机器学习（ML）得到了越来越多的运用，使得供应链的实时管控成为可能，企业可以随时在市场份额、利润和客户服务之间得到一个最优化平衡；在物流方面，企业可以动态地监控运输过程，并在必要时进行干预、决策。

在 B2B（企业对企业）模式下，很多 CRM（客户管理系统）已经实现了企业和客户之间信息的打通，可以更早、甚至实时地进行事件检测。在 B2C（企业对个人消费者）模式下，一些企业正在尝试基于大数据的需求感知，通过采集非结构化的社交媒体数据、市场波动、内部需求和供应信息，运用数据科学对需求进行感知和预测，以增加 B2C 模式下 C 端的可视化。

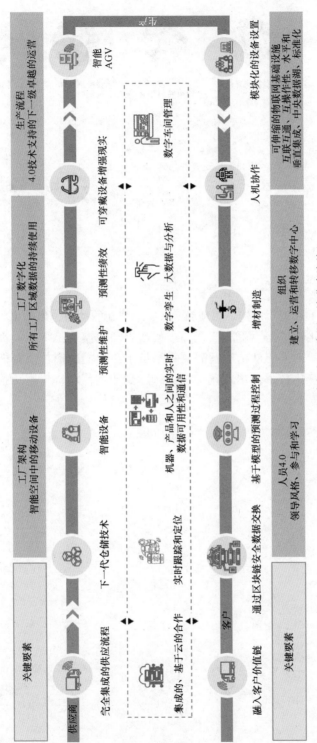

图 21.10　未来工厂概念框架（来源：埃非索咨询）

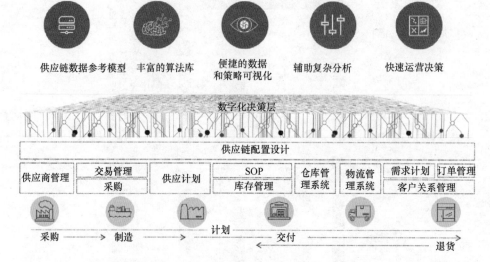

图 21. 11　典型的端到端数字化供应链架构

　　数字化赋予了工厂制造、供应链、WCOM™新的动力，但如果没有选择正确的技术，数字化转型是不可能实现的。数据驱动的模式是员工们都应该理解和运用的新能力，未来的卓越运营需要每个员工在他们的岗位上都能很好地运用数据驱动的数字化技术做出正确的决策，减少非增值活动，避免损失，全员聚焦在客户价值上。

第22章　一个统一体系方法的关键特征

诺拉·巴莱里奥（Noela Ballerio）　卡罗·巴隆切利（Carlo Baroncelli）

22.1　案例和最佳实践分析

本书第1章中接受采访的样板组织在世界舞台上可谓非同凡响。这些组织涵盖 B2B 到 B2C 业务，总部设在欧洲和美洲，公司场所和市场遍布五大洲，在全球拥有 1000 多家工厂，30 多万名员工，营业额约 1000 亿欧元。

所有接受采访的组织都已经导入 WCOM™ 体系达 10~15 年了。

我们向 5 位高层管理者提出了同样的问题，每个人都根据组织的经验，通过回复这些问题而讲述了独特的故事。

这些问题涵盖了在评估一个大型转型项目时需要考虑的要点。

1）选择 WCOM™ 方法来开始卓越运营之旅的原因是什么？

2）推行该体系的价值是什么？

3）实施过程中遇到的主要障碍和困难是什么？

4）对那些想开始这样一个体系项目的伙伴有什么建议？

在上述问题的基础上，我们需要考虑信息通信技术在过去几十年中带来的巨大影响力。

22.2　选择 WCOM™ 方法来开始卓越运营之旅的原因

第一个问题揭示了各组织启动 WCOM™ 的 5 个不同驱动力。

1）**第 1 个驱动力**是需要将多年来实施的不同层级的不同改进方法统一为一个**单一的管理模式**。建立这种模式最根本的需求是通过由履责团队保护的永久系统来统一优化和整合组织的主要流程，以便以自主的方式维持绩效成果。为了支持这一模式，必须将一种**共同语言**作为载体来创造对所推行体系实践的一个共同认知。我们的想法是分享经验、最佳实践和知识，使组织每个成员都能受益。

综合所有的答复，我们可以看到，无论是通过收购扩张起来的组织，还是自身发展起来的组织，都认为共同语言就像把各种砖头拼在一起的水泥，是必不可少的。由此我们可以推断，在一项新的大型举措开始时建立一种新的共同语言，有助于向新的目标靠拢、改变人们的理念、参与价值创造，特别是在实施 WCOM™ 体系的具体情况下，有助于改变原来以职能筒仓为导向的思维模式，如每个业务单元、部门或工厂都有自己的俚语、衡量指标的方式和"做事"的方式。

支撑单一管理模式的第 2 个需求是培养一个**领导力团队**，使其**不断接受以改善为主导的教育**，灵活应对组织不断变化的需求，并具有足够的能力，以领导整个组织实现转型方案设定的新目标。

2）**第 2 个驱动力是复原**。这是一种防御性的方法，组织必须从不断下降的业绩中恢复过来，从而启动与生存有关的 WCOM™ 体系。运营转型处于关键时刻，迫切需要恢复市场竞争地位，WCOM™ 体系被视为预防灾难的解决方案。在某些情况下，出现危机的原因可能是新技术选项的诞生威胁到了传统生产。

3）**第 3 个驱动力**是需要**实现成本竞争力**。这些组织所处的市场竞争非常激烈，然而，大家都不想仅仅实施单纯的成本削减活动，他们在 WCOM™ 中发现了一种可以深入地从根本上解决所有损失的方法，并且是以跨部门协作的方式来实现的。这些公司都已经采用 WCOM™ 作为他们主要的组织协作战略，以确保实现整体提升成本竞争力的方法。

4）**第 4 个驱动力**是提高客户的遵从度和亲密度，因为这些越来越成为成功的关键因素。WCOM™ 的精益流支柱和质量支柱是"让客户的声音在车间被听到"的一个强有力的杠杆，可以使管理层和操作人员明白自己需要更密切地关注客户的需求。

5）**第 5 个驱动力**是公司需要发挥组织的潜力来支持增长，通过有效地利用资本来释放资源以实施战略举措。我们知道，在许多部门，现有的生产能力没有得到充分利用，但机会往往只是被隐藏起来了。WCOM™ 体系创造了损失的清晰可见性，是挖掘所有可能的杠杆来充分利用公司资源的关键。

22.3　该体系的价值是什么？

1. 对组织成员的价值：文化和领导力

所有的公司都表示企业文化的改变是他们会考虑的一个方面。他们在采访中表示企业文化的改变是首要的，且对有形的财务数据的改善起到了决定性的作用。

对公司文化的认识是使目标和目的得以实现的最重要的一步。我们常说，每一个组织的设计都是为了实现它所能达到的结果。

阻碍组织向预期目标迈进的障碍大多隐藏在组织文化中，对这些障碍的认识是变革道路上的第一步。

　　可能发生的情况是，组织所定义的价值观/原则和其在日常工作中的演绎之间存在差距，这种差距必须被识别出来并进行填补。

　　除此之外，在本土文化和集团文化中，这套原则和信念可能是异质的，有不同的细微差别，有时还会有相反的观点。

　　一旦对组织文化的认识水平得到提高，就可以进行一些分析，以了解目标是否与文化相适应，或者是否必须采取一些纠正措施来恢复/改变价值观，以防它们不符合当前的需要。

　　WCOM™体系被认为是范式改变**组织思维模式**的工具，也是对**组织价值观的积极强化**，因为它为个人、业务单元、部门、工厂和地区之间的合作带来了新的解读方式。

　　关于组织的不同层次，在文化变革中，必须让**变革共同体**发挥重要作用。用变革管理大师 Kotter 的术语来说，它的作用是促进和领导该方案。在组织中建立这样一个实体是项目初始阶段所必需的。

　　我们说的是一个无关级别高低的团队，初期阶段涵盖了从车间到董事会的从各个层级招募的 20% 的人员，他们承担不同的角色和责任。

　　通常情况下，变革共同体聚集了那些自发的、自然而然地相信这个项目的人。变革共同体将推动这个项目，为每天的工作带来所需的能量，并一直维持下去：成员们将是那些自愿进行第一批试点的人，他们将是试点的快赢者，并向其他人展示这个项目的目标是可以实现的。

　　作为对领导力变革的补充，另一个对会对士气产生强烈影响的企业文化方面是在**车间工人和团队领导之间**建立的**自主性、责任性和相互依赖性**：这种关系的加强给从基层到组织的高层都带来了活力。

　　影响组织文化的另一个根本性变化是**中层管理人员**的作用。他们对项目的认同并不是理所当然的：从所有的访谈中，我们看到，在很多情况下，管理人员比工人更难参与到变革中。

　　WCOM™体系所涉及的变化对中层管理人员有着相当大的影响，因为他们必须从传统问题解决者的角色转变为培训者、教练和结果监督者。在许多组织中，传统上、中层管理人员因其在车间的技术能力而被提升到这个角色。当他们的任务转变为管理和发展员工时，技术技能就不再足够了：经理人员必须学会与车间工人之间建立稳固的专业关系，包括无瑕的流程管理。这意味着经理必须接受培训，以便成为员工的培训师和教练。这是一个非常大的范式转变，最初会在中层经理的工作新议程中产生一种空缺感，因为某些任务必须被取消，而其他能力必须得到发展。

一旦中层管理人员有足够的授权和能力以这种新的方式运作，且**高层管理人员**能够设定明确的目标和目的，那么除了我们之前提到的自下而上的流动，能量流也会自上而下地循环：每个人都开始觉得他们在体系中扮演着重要的角色，达到高的参与度。**流程变得相互关联且流畅**，透明度和分享变成了企业文化中的一种基本需求。

在思维模式转变中，**知识资本化和共享**发挥了另一个战略作用。在这个快速发展的时代，"知道什么"已经成为一种随手可得的"日用品"。问题已经转变为"知道为什么"和"知道怎么做"。在这里，**变革推动者**的作用不仅仅是提供知识，而且还要分享解决方案，并知道何时使用它们。

其中一个受访组织将这种知识渴求解释为需要"**有能力学会爱一些东西**"。要学会热爱事物，日常的**体验式方法**是唯一一条可能的道路，因为它不断地给人们提供表达自己、获得确认和结果及克服挑战的可能性。这满足了每个人内心深处对成就感的需求。

经验的资本化确保了成就，并在组织中每一个成员的光速助力下使其能够永久保持和获得可实现性。它让任何需要知识、解决方案和最佳实践的人都能轻松检索到，避免输给最后一刻的"补救"，这对组织成员的学习有着极大的促进作用。

如果我因为之前有人分享了解决方案而得以在短时间内解决我的问题，那么我觉得分享我的解决方案也有贡献的价值。

在一些组织中，这种行为是会被奖励的。对于个人的贡献得到奖励和认可的重要性，以及这对环境的积极多米诺效应，我们怎么强调都不为过。

在工厂遍布世界各地的情况下，知识资本化和共享对于企业确实很有帮助，其中流程标准化是一个关键点。

2. 有形的效益

如果我们看一下资产负债表中可衡量的**有形效益**，根据所有受访组织的说法，回报率与其关系紧密。一家公司向证券交易所宣称，**自项目开始后不到 6 年的时间里**，就节省了 25 亿欧元。

受访者还表示，材料浪费显著减少，产量（工艺和产品质量）也提高了。此外，通过制定 WCOM™ 项目中安全和环境支柱，环境的可持续发展在各组织议程中变得越来越重要，也因此得到了显著改善。安全和工作环境条件的全面改善减少了安全责任事故，并突出了这些变革在道德方面的相关性。

随着缺陷和故障的减少，OEE 的显著改善也带来了更高的生产率和更低的生产成本。

除此之外，我们还得到了更好的产能利用率，同时避免增加资本支出并维持增长。

另一个好处是流程速度的加快（产品上市时间、交货周期时间），这是一个关键的功能，在当前这样一个 VUCA 世界中竞争，时间是非常重要的竞争参数。

22.4　在执行 WCOM™ 方案时，有哪些主要的风险和困难？

我们认为，识别障碍是推动改进的最有力的资源：正是从障碍中耕耘，种子才得以自由生长。同理，正是从某些障碍中，文化得以以各种方式发展，并带来确定的成功。也正是通过找到并消除障碍，我们才得以释放人们的能量和潜力。

下面我们将列出遇到的主要障碍，它们诞生的土壤，以及它们作为改进机会的深层意义。

管理层的认同是必不可少的。首席执行官和高层管理者的作用是战略性的，用于使整个组织认同该计划。他们必须成为榜样，成为参考：如果每个人都看到他们"言行一致"，就会更容易知道该做什么，并以理想的方式去做。

管理团队的每一次意见错位或分心都会对组织其他成员的行为产生巨大影响。

领导者必须参与到体系发展的关键阶段，直接展示对员工工作的赞赏和认可。其中，有一个很好的方式就是让 CEO 和高层管理者参与到审核过程中来。

审核时刻应该是深入倾听和理解的时刻，也是学习的时刻。如果把它看成一个评判的时刻，很多问题就会被隐藏起来，就需要更多的时间来消除根因。如果建立起理解和学习的良好氛围，大家就会敞开心扉，既展示问题，也展示成绩，同时更多的改善机会也会被识别，并在下一次审核中得以跟踪。明白这一点的公司，他们的管理者喜欢做审核，员工也寻求被审核：透明度和积极性都非常高。

与体系实施有关的另一个初始阶段的风险是"**年度项目**"综合症。如今，几乎所有的企业每年都在推行一个或多个改进方案。对于 WCOM™ 体系，如果没有明确的沟通，可能会被视为一个阶段性项目，而不是一个需要长期推行的体系，而这绝对是有害的。

一种很常见的模式是"**非我所创症**"。组织成员觉得自己在工作中已经足够熟练且足以胜任，很难接受任何外部人员来教他们怎么做。这也有可能是，有时这种阻力来自于企业一种自满的环境，在这种环境中，自我参照度很高，外部的创新来源被视为威胁。灵活组织导向和市场导向的文化并不害怕面对外部的改进建议，因为他们知道外部公正的眼光会引导他们制定越来越高的目标。

另一个强大的阻力可能是采用授权模式的困难，该模式被嵌入 WCOM™ 体系中，旨在发展自主领导力。

在授权模式体系框架中，领导者负责提供目标和实现目标所需的明确标准。如何做，如何实现所需的产出，则是员工的责任。用 TWI 的术语来说，就是管理者成为领导者，他们的工作是通过员工的工作来获得结果。

另一个大问题可能是难以**获得人心**。

想要获得人心，项目发起人必须能够将体系所包含的有关如何积极改变团队工作生活的内容进行传播。

如果在体系发展中，公司的目标和个人的工作期望之间没有交集，阻力就会一直在藏在角落里，滋生出反对力量。

如果变革能给我们的生活带来一些积极的东西，我们就会积极参与变革。领导层必须能够回答员工这样的问题："我个人能够从中得到什么？"对于组织的每一个成员来说，这意味着要与他们的现实挂钩。如果不这样做，战略就不会被执行，人们也不会加入 WCOM™ 项目。

沟通的重要性往往被低估，这对团队的参与造成了严重的阻碍：有时在总部采取的非常漂亮的举措在其他地区根本不为人所知，反之亦然。个人和集体的利益应该始终包含在沟通内容中。重要的是要定期沟通和反复沟通，庆祝快速取得的胜利，并根据具体的组织文化确定更适合的沟通渠道。

从一开始就应该明确并分享有关 WCOM™ 体系项目开展或类似倡议提出的**原因**，采用满足组织人员所有不同需求的语言。如果做不到这一点，那么倡议就会被视为自上而下的命令，员工就不会有足够的动力去执行。反之，如果员工可以清楚了解背后的原因并认同这个做法，不仅对于组织而且对于个人也都是有好处的，那么他们就会全力以赴地执行。

企业组织就像遍布宇宙的星系，在这里，总部化管理的愿望可以与捍卫地方文化的努力相结合。在这种动态结合中，有时就会是"**改革不是从局部发生的**[⊖]"。

大多数情况下，这样的管理改进体系方案都是从中央部门开始的，并且得到了很好的支持，但也有从地区开始的，因为与总部相比，地区的人员稳定性可能较差，受企业文化的影响较小，受自上而下的决策的影响也较小。在这些现实情况下，地区组织学习和变革的需求可能更加迫切，同时这也是一个向总部展示成果的好机会。

应该考虑的是，如果一个方案在地区组织实施，然后扩展到总部，由于"**非我所创症**"，最初可能会遇到一定的阻力，因为在文化强大和根深蒂固的地方，对变革的开放性较小。一旦地区组织取得的成果得到验证，那么总部的认同感就会随之而来。

另一个障碍可能是在初始阶段对过于复杂的问题或阻力很大的领域强行推动变革。

访谈显示，变革的最佳支持者是那些自愿参与变革的工厂，因为他们相信变革，并对变革负责。他们能够承担风险，并向其他工厂证明，如果配备了资源和动力，并有适当的方法支持，事情是可以改变并能够取得成果的。

⊖ 源于 "The reform did not occur in the Vatican"。

在每个工厂里面，发起人也有必要识别意识上比较积极的和维持变革的团队人员。

进一步的障碍是，不能假设在试点之后实施方案的工厂会因为获得了经验而比试点学得更快。每一个实施该计划的工厂都是独一无二的，有其特有的学习期和学习速度。对于每一个新实施该计划的工厂来说，这都是实施过程中的"第一次"，有未知的障碍需要克服。这是一种新的做事方式，一种新的文化体验，以达到他们将其作为自己文化的结果。当然，工厂的学习过程将被引导到基于试点工厂的综合结果上。然而，变革在每个工厂扎根都有一个自己的时间，我们必须尊重它。

可能对变革产生不利影响的事情包括**难以挖掘合适的数据进行损失分析**：事实上，公司的数据传统上并不是"以零损失为导向"的，更多的是以对标和当前标准为导向，因此必须从不同的角度调查数据。人们需要手动收集数据，然后对其进行分析，以便找到对策并实施对策，这就造成了另一个障碍：项目的资源配置。我们在所有持续改善项目遇到的困难中都发现了类似的问题。但我们知道，资源配置和如何维持是一个优先级、参与度和人员动员的问题。本书有一半的篇幅集中在领导层必须如何面对这些问题上（图 22.1）。

图 22.1　变革转型项目中普遍的障碍

（来源：埃非索咨询）

22.5　信息技术在转型方案中的角色

从 5 个访谈的内容中我们可以看到信息和通信技术在过去 20 年里从根本上改变了改进方案的推动方式。由于**"事实型知识"**的广泛存在，知识转移的作用和角色已经发生了变化。

要全面了解过去 15 年发生的变化，必须考虑一个重要因素，那就是互联网的普及。

20 年前，因为无法大规模控制各地地区工厂的管理，跨国集团的地区工厂都采用授权和独立的运作方式。独立性和自主性是在市场环境中生存和征服市场不可缺少的要求。总部提供指导方针、目标，定期支持，访问和审计，以评估业绩与总部目标的一致性，但工厂经理指导现场所采用的管理方式很难被质疑，因为他/她在日常工作中本来就是独立的。

WCOM™的理念从一开始就坚信总部和工厂自上而下和自下而上的合作流程，坚信组织的所有部门都必须接受公司的愿景和价值观，并由其引导所有人以实现共同的目标。对绩效和行为的持续监控是实现这一目标的途径。网络作为一种自然而然的方式，有助于确保总部和地区的沟通，使线上虚拟团队能够继续线下团队已经开始进行但存在物理距离障碍的工作。

22.6　对开始这个体系之旅的人有什么建议？

对最后一个问题的回答反映了对克服障碍的关注。

主要建议是：

1）确保你的所有方案与战略保持一致：这是确保最高承诺和贯彻执行的唯一途径。

2）让领导层和所有组织都参与到方案中来，通过识别一批接受方案并能够始终坚持下去的人来确保整个组织自上而下的承诺。

3）用人们能够理解的相关语言在各层级传达想法和愿景，让人力资源部门和工会也参与进来。

4）认可和考虑"改革不是从局部发生的"这一现象，因为最好的想法和方法往往出现在公司的地区组织，而非总部，那里的范式和限制较少。

5）考虑（接受）文化差异，调整方案，使目标和指标可以实现。

6）谦逊地领导：一直倾听别人的意见是组织氛围的最佳温度计。

7）充满激情，向组织灌输"学会热爱某种事物"的能力。

8）分配必要的资源，并寻求专业知识方面的援助。

9）可持续发展是一项长期的成就：要有耐心，但也要努力尽快取得初步成果。

10）分享和认可成果，尤其是领导层的认可。

22.7　结论

以上详细的研究结果证实，在今天，要实现一个大型组织的转型，需要一个多维度的体系模型（图 22.2）。

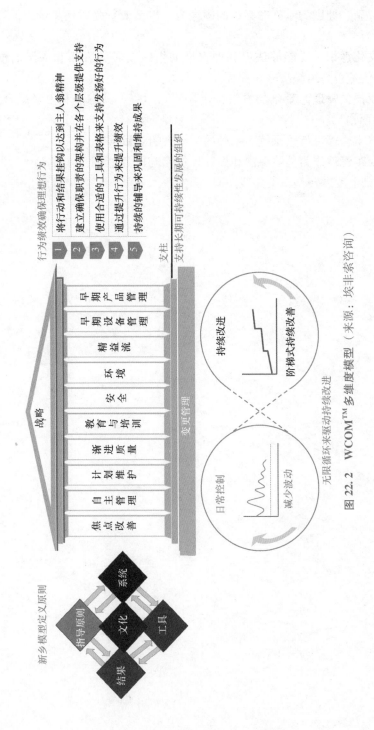

图 22.2　WCOM™ 多维度模型（来源：埃非索咨询）

1）以新乡原则为基础的**完善的领导力**，以绩效行为方法来确保原则中提倡的理想行为。

2）**文化意识**，要能够认识和理解推动组织发展的表面和深层的模式与原则，以评估是否与组织战略相一致。

3）**以损失管理为基础的方法**，旨在消除损失，其方法和工具融合了精益、TPM 和六西格玛。

4）以支柱等可持续系统为基础的**强有力的项目管理**。

5）**变革管理作为**消除障碍和提升人员参与的**赋能因素**，在 Kotter 变革管理步骤的基础上发展转型方案路线图。

附录 价值链支柱简介

诺拉·巴莱里奥（Noela Ballerio） 卡罗·巴隆切利（Carlo Baroncelli）

支柱组织是将普通的精益项目转变为长期可持续的卓越运营体系的关键要素之一。

支柱组织使一般的改进举措与有组织的、协调的体系方案之间产生了差异，体系中每一个工作计划都是为了实现具体的零损失。

1. 支柱是什么？

支柱是一个为了提高组织绩效的协作团队倡议，因此是任何成功的WCOM™项目的关键组成部分。

支柱路径就是每个特定领域内的"零损失"路线图。

图1所示为计划维护支柱路径。

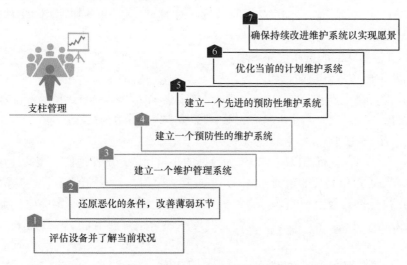

图1 举例：计划维护支柱路径

（来源：埃非索咨询）

支柱团队是在组织内建立的一个跨职能团队，其共同目标是将某一领域的损失归零。

它是一个由一整套改善和管理方法组成的系统，目的是消除由支柱负责的一系列具体损失，并且每个支柱对应的损失各不相同。该支柱支持组织实现其目标，与业务和生产紧密地联系在一起。

2. 为什么支柱一定是跨职能的？

支柱团队跨职能的基础假设是，关于企业中的问题，在这里我们谈的就是损失，本质上都是跨职能的：它们穿透了传统直线组织的职能部门的壁垒，隐藏在一个以上的职能部门之间，使得我们难以了解这些损失的真实情况。

支柱团队由来自不同职能部门的有积极性、有能力的领导和专家组成，他们被号召在一起协同工作，每个人都为共同的目标——向损失宣战——贡献自己的专长。

在实践中，他们相互协调，并对他们为实现目标而设立的所有改善小组和项目进行培训、指导和审核。

这样一来，支柱就成了组织的不同职能部门的"结合点（trait d'union）"，可以说它是组织的突破剂，打破了职能部门的壁垒，实现了清晰简单的信息和沟通。

一个支柱的实施至少需要 2~3 年的时间，但有些需要更长的时间；之后，在某一个时间点，支柱的所有活动就自然而然地成为组织日常工作生活的一部分，这就是支柱的最终目标。

支柱成员的组成是可变的。例如，自主管理支柱将由一名生产代表作为支柱负责人、一名质量职能代表、一名维护职能代表，以及其他相关职能人员组成。

3. 支柱团队的职责和优先事项

团队主要负责 6 项职责：

1）确定每个支柱相关的损失潜力（与指导委员会沟通），并尽量确保数据的完整性，将损失界定到可管理的颗粒度水平，确定优先事项，并妥善完成未来的改善小组规划。

2）管理正在运行的以减少损失为目标的小组团队，确保他们适当的使用相关工具和方法，提供必要的培训，消除阻碍成功的障碍，并鼓励他们所做的努力。

3）执行机器板上预先确定的审核计划，对已关闭小组所制定的改进流程的持续绩效进行审核。如果指标恶化（触发点不合适或被忽视），确保采取纠正行动。

4）标准化和整合预防制度。

5）制定和整合相关损失的知识管理流程。

6）不断改善支柱的"结构"。在支柱相关领域发展"一流"的专业知识和工作方法。

下面将介绍一系列支柱的主要内容。

4. 卓越制造支柱

表 1 焦点改善支柱

定义	该支柱支持指导委员会确定成本和产量改善战略，通过减少换型时间和人力非增值活动提高生产力和灵活性。它还负责维护工厂成本部署、全厂的 OEE 和生产力分析
使命	发展以损失为焦点、以成本部署为驱动力的持续改进文化 • 开发 OEE 和产量模型、生产力模型和差距分析，确定和部署焦点改善战略 • 在全厂范围内开发知识、方法和工具，以确保有效和可持续地识别和消除损失的能力 • 开发工厂控制系统，以确保持续应用达到世界一流标准
愿景	3 年内带领工厂实现生产力零损失
损失来源	• 特定的机器损失（如设置时间） • 劳动生产率

© 来源：埃非索咨询

表 2 自主管理支柱

定义	支柱组织生产操作人员直接参与异常的早期检测和简单的维护工作，包括日常检查和润滑 部署简单的预防性维护任务，让维修技术人员可以更多地关注工艺改进工作
使命	改善工厂条件，加强操作员的自主管理能力。因此，对设备、产品和生产环境的责任逐渐传递给操作人员。积极的文化变革也是这个过程的一部分
愿景	建立自主生产管理小组，由他们自己维护和检查机器，提供一个最佳的、稳定的生产过程，目的是减少异常情况并提高标准，以确保世界级的生产水平
损失来源	• 设备因污染、磨损、缺乏维护等不在基本状态而造成的损失 • 由于缺乏良好的现场管理和组织而造成的损失

© 来源：埃非索咨询

表 3 计划维护支柱

定义	该支柱定义了通过发展基于时间和基于条件的预防性维护系统来提高工厂可靠性和降低维护成本的系统。该支柱支持自主管理 所有这些都可以通过一个 3 阶段方案来实现，该方案分为 7 个步骤，并在 3 年内实施
使命	• 以最低的总维护成本建立和维持最佳的设备和工艺条件 • 开发世界一流的维护系统以支持生产运营
愿景	带领工厂在 3 年内实现可靠性、可用性和可维护性零损失

（续）

损失来源	<ul><li>故障停机</li><li>速度损失（如果不在 FI 中）</li><li>技术性短停</li><li>计划维护损失</li><li>劳动力/资源管理（内部和外部）</li><li>备件管理</li></ul>

© 来源：埃非索咨询

表 4　渐进质量支柱

定义	该支柱定义了提供产品质量的条件和过程变量 定义系统，以消除质量损失的来源，并通过产品/过程优化，最大限度地提高客户满意度 与现有的质量体系进行整合（如 ISO 9000）
使命	定义实施和维持并持续改善无缺陷生产的条件
愿景	3 年内带领工厂实现零缺陷
损失来源	<ul><li>索赔和投诉</li><li>不良</li><li>质量浪费</li></ul>

© 来源：埃非索咨询

表 5　教育和培训支柱

定义	员工对于技术或组织性的每一次变化，都需要做好准备 因此，所有员工都需要接受教育，以统一的和同时也有个人的方案培养他们的领导力，并通过培训提高他们的技术技能 教育和培训支柱有望成为整个价值链其他支柱的坚实基础 <ul><li>它开发与公司目标相关的培训系统</li><li>它制定所有职能领域的技能评估（差距分析）和发展</li><li>它支持角色的变化（如工厂的自主团队）</li><li>它通过培训支持所有支柱发展人员能力（技能和领导力）</li></ul>
使命	确保能力和组织发展是按照公司的持续改进历程进行的
愿景	所有员工的角色都与他们的技能相契合，才会被发现，并得到计划性的发展，以支持实现持续改进历程的最大收益
损失来源	<ul><li>由于缺乏领导力造成的损失</li><li>由于缺乏知识和技能，对质量、安全、可靠性和新设备的标准理解不深而造成的损失</li></ul>

注：教育和培训支柱并不局限于卓越制造，它延伸到整个价值链的卓越。

© 来源：埃非索咨询

表 6　安全支柱

定义	制定事故预防制度（人员和工作场所）
使命	安全支柱的使命是确保安全的工作场所，发展"零"事故系统，并倡导所有层面正确的安全行为 为了保证工作场所的安全，改善理念是第一优先级 事故类似于冰山，安全支柱提供了评估安全风险和制定预防或纠正应急措施的技术 实现"零"事故是一个企业行为方式：必须珍惜从过去的经验中吸取的教训 这一使命通过支柱路线来实现，从而使产品、工艺和系统设计能够有效地利用能源、原材料及其他资源
愿景	3 年内带领工厂实现零事故
损失来源	• 事故（损失的时间、小事故、未遂事件） • 安全风险

© 来源：埃非索咨询

表 7　环境支柱

定义	环境合规和事故预防系统
使命	支柱的使命是解决公司的生态环境责任问题，减少环境影响和环保成本。这意味着通过**改变公司的实践、流程、行为和管理系统**，将环境管理完全融入到卓越运营中，从而减少**损失** 在对工厂的环境管理绩效进行诊断后，支柱部署与工艺、建筑、公共设施和行为有关的一系列改善行动，包括水、能源、废物、污染物、噪声等，有助于丰富整个管理系统
愿景	公司环境管理达到零影响，换句话说就是生态可持续状态。公司通过部署卓越的环境方法达到了更高的绩效水平。卓越的环境为公司带来了新的价值链竞争力，也为公司带来了新的杠杆，使其能够预测并抓住挑战中的机会：化石能源的经济脆弱性、监管政策的影响，以及废物处理成本的提升
损失来源	• 污水、废渣、废气、固体废物处理…… • 能源过度消耗 • 环境事故 • 环境风险（灾害、洪水、火灾……） • 合规问题

© 来源：埃非索咨询

表 8　早期设备管理支柱

定义	开发一个支持新设备快速导入，并且实现无差错的、有计划的流程能力管理的支柱系统，实现易于操作和维护，并定义清晰的运营指导
使命	在新设备的规划和执行项目中实践实用的方法和测试方法，包括来自整个 WCOM™ 体系的经验总结，以便持续改进
愿景	生产流程具有最高的效率且降低寿命周期成本，使启动时间最小化

（续）

损失来源	• 预算超支 • 新设备安装或商业化方面的延误 • 新设备的性能与设计标准之间存在的差距 • 无法向客户供应（内部/外部）

© 来源：埃非索咨询

表 9　早期产品管理支柱

定义	该支柱开发一个系统，以满足客户/市场的需求，缩短从研发到商业化的周期
使命	通过早期产品管理支柱创新管理系统，缩短产品上市时间，降低产品生命周期成本
愿景	通过早期产品管理支柱 2 年左右的推进，理想的生命周期成本管理基本到位
损失来源	• 新产品导入延迟 • 产品与所选平台之间缺乏匹配性（工艺能力、广度、经济性……） • 新产品商业化带来的工艺问题和额外损失 • 新产品的绩效与客户需求的匹配存在不足 • 进而失去的销售机会

© 来源：埃非索咨询

5. 卓越供应链支柱

精益流支柱既属于制造支柱，也属于供应链支柱。

表 10　精益流支柱

定义	支柱致力于简化流程，使其精益化。精益流程主要的工具是价值流图，它有助于描述系统的现状，并进行必要的改善。引入前置期这一关键绩效指标，衡量办公室、生产、仓库、运输中所有子流程与客户需求相关的周期时间性指标
使命	通过消除工厂的生产制约因素，开发工厂计划体系，缩短交货期，从而降低成本
愿景	工厂拥有完美的价值流，零浪费
损失来源	• 周期时间损失（7 Muda）： 过度生产、等待、运输、过度加工、库存、移动、缺陷和返工造成的浪费 • 未实现 OTIF（按时足额交付）

© 来源：埃非索咨询

表 11　计划管理支柱

定义	计划管理支柱旨在提高"端到端"供应链计划管理绩效，从而改善客户服务，改善供应商管理，降低库存和复杂性，建立更具有协同性的计划管理流程
使命	以最低的总体业务成本提供客户价值和服务
愿景	发展预测、应对和满足客户需求的业务能力，使成本、服务和资产在延伸的供应链中得到优化

（续）

损失来源	<ul><li>过剩的成品库存</li><li>过多的在制品</li><li>过期库存</li><li>不必要的复杂性</li><li>低效的计划流程</li><li>客户订单未完成</li><li>供应商服务</li><li>货架上的可用性</li><li>客户索赔</li><li>预测的准确性</li><li>缺少材料/部件短缺</li><li>业务流程中的错误/返工</li><li>非增值服务</li></ul>

© 来源：埃非索咨询

表 12　物流焦点改善支柱

定义	该支柱提高了对客户的交付表现，从而实现运输优化、仓库优化及成本降低，提高了资源利用率，改善内部和外部合作
使命	通过有效的资产利用和人员管理，提高物流运营的执行力，以最佳成本交付所需的服务标准
愿景	确保以正确的数量、正确的地点和时间、适当的成本和质量水平向客户提供货物的实物物流能力
损失来源	交付损失的例子：<ul><li>损害赔偿</li><li>卡车利用率</li><li>仓库利用率</li><li>挑选效率</li><li>卡车等待时间</li><li>双重处理和返工</li><li>周期时间过长</li><li>客户交付流程效率</li><li>运输和仓库固定成本</li><li>低效率的路径选择</li><li>延迟交付</li><li>总体服务水平（OTIF）</li></ul>

© 来源：埃非索咨询

表 13　逆向流支柱

定义	逆向流支柱活动包括定义未来状态的愿景，定义与实物物流有关的关键绩效指标，制定和管理支柱总计划 建立与业务优先级相关的损失消除系统 根据目标管理改善小组（基于审核系统）

（续）

使命	提高需要退回、再利用或再循环材料的可见度，并制定有效的流程，以加快流动，减少流失，优化资产效率
愿景	以类似正向物流的专业标准管理逆向供应链
损失来源	• 资产流通时间 • 市场损失 • 分拣 • 材料短缺 • 损害赔偿 • 处理 • 运输效率低下

© 来源：埃非索咨询

6. 业务流程卓越支柱

表 14　世界级办公室管理支柱

定义	该支柱致力于消除与工作环境有关的所有损失，设计一个有序、整洁的工作场所并组织起来，以提高办公室的绩效
使命	支柱强调并消除所有的浪费来源，建立最佳条件并努力实现这些条件，使办公室工作变得可视和流畅
愿景	打造干净、整洁、高效的办公室，追求工作效率的提升
损失来源	工作效率损失： • 等待指示 • 等待机器 • 计划损失 • 工作量不平衡 • 搜索 • 步行 • 设置 • 可避免的体力劳动 • 低效的会议

© 来源：埃非索咨询

表 15　精益流程支柱

定义	该支柱负责消除与业务流程相关的所有损失，以端到端的视角设计一个没有浪费和面向客户的完美执行流程
使命	识别提供客户价值的重要流程，识别在当前流程结构中阻碍流动的浪费 识别损失，并定义哪些改进措施是必要的，以减少流程中的变量 使用精益原则（JIT，Jidoka，Heijunka，Flow，Pull）创造流动

（续）

愿景	一个完美的价值流。在这个价值流中，流程高速运行，没有停顿和不必要的工作
损失来源	交付损失： • 分批/频率 • 排队 • 速度损失（效率低下） • 返工 • 重复 • 质量 质量损失： • 超规格 • 检查/检验 • 错误

© 来源：埃非索咨询

7. 采购和成本管理卓越支柱

表 16　支出管理支柱

定义	该支柱支持采购业绩管理，关注产品或服务价格优化 在采购战略、寻找供应商、招标、谈判和定义节约控制系统方面发展采购能力，从而能够持续监测支出类别并从供应市场捕捉机会
使命	建立一个采购支出管理系统，通过采用最佳实践、基准和跨职能杠杆的方法，持续削减支出类别管理相关的商业损失
愿景	发展能力，确保以最佳的采购策略和最佳的市场采购价格获得产品/服务
损失来源	与商业损失相关的例子——价格过高 • 需求分散，产品种类复杂 • 缺乏竞争，过紧的规格限制了合格供应商选择 • 缺少价格/成本模型的应用，导致价格波动 与商业损失相关的例子——不良绩效 • 不控制支出，特立独行地购买 • 整个采购流程中的非增值活动 • 谈判技巧不佳，留给供应商的利润较高

© 来源：埃非索咨询

表 17　供应和供应商管理支柱

定义	该支柱支持采购团队与供应商建立有效的关系，以及所有供应链管理中与供应商相关的采购运营管理工作。该支柱为整个生命周期的供应商合同管理奠定了坚实的基础，其范围从衡量供应商的业绩以设定目标和不断改进，到整个供应链中融合卓越运营，最终建立融合上游供应商的流程，利用其创新和共同设计的能力

（续）

使命	创建供应商关系管理系统，以完善的合同管理为基础，从持续改进的角度，确保从设计到供应链、运营和服务的整个价值链的供应商整合和协作中杜绝损失
愿景	发展能力，确保从零损失的角度管理供应商关系和供应
损失来源	供应商绩效中损失的例子： • 交货问题（延误、未完成、不完整等） • 质量问题（缺陷、偏差、合规成本等） • 缺乏替代供应商资源 • 未开发的知识 • 声誉风险

© 来源：埃非索咨询

表 18　产品成本管理支柱

定义	该支柱支持先进的采购战略，通过优化需求、技术要求、复杂性、固有成本及与设计、绩效和最终客户价值的联系，提高公司产品和服务竞争力
使命	建立采购成本管理系统，以强大的成本分析和跨职能协作为基础，通过减少与需求、要求、设计等技术杠杆有关的所有技术损失，确保采购的产品和服务达到更高的性价比
愿景	培养成本管理能力，确保产品规格和产品采购相关的需求管理和产品设计带来的技术损失都实现了零损失
损失来源	与需求管理有关的技术损失的例子： • 规格过高/过低 • 缺乏对内部需求的挑战 • 预算编制过程中没有采购参与 与产品设计有关的技术损失的例子： • 没有模块化设计，在设计中没有减少模块复杂度 • 缺乏与供应商的共同设计

© 来源：埃非索咨询

8. 创新卓越支柱

表 19　创新管理支柱

定义	该支柱旨在培养员工的能力，以发现有价值的想法，并将其转化为可盈利的举措。通过协调产品设计组合与公司长期战略，加强竞争力。通过协调内部和外部资源（如开放式创新）参与产品和技术路线图发展，支持品牌、产品和流程等工作在所有早期阶段的创意生成
使命	通过新的盈利品牌、新的产品、更好的定位来加强价值创造
愿景	凭借卓越的创新品牌和产品，公司在目标市场上领先于竞争对手

（续）

损失来源	错失机会的原因： • 上市时间的延迟 • 不切实际的项目 • 未满足的市场需求 • 因缺乏创意而失去生命周期利润

© 来源：埃非索咨询

表 20 精益敏捷开发支柱

定义	精益敏捷开发支柱将产品组合计划中选出的项目转化为实际的产品和服务并及时投放市场，从而实现研发的卓越性。它按照独特的精益敏捷范式塑造组织和流程，缩短项目周期并提高研发人员的生产力
使命	通过顺畅的项目流程、尊重市场节奏、利用正确的能力和知识资本化，提高项目启动的响应性和可靠性
愿景	精益敏捷开发系统全面实施后，流程基于瓶颈资源进行平衡和拉动；项目根据速度和交付周期按泳道组织；项目资源分配灵活。 事前对风险进行管理，避免往复。 阶段性审查制度到位，能够清晰地发现潜在问题，并且制定项目停止制度
损失来源	生产力的浪费（由于散乱、混乱交接和一厢情愿的想法，产生较低的项目的价值，降低成功率）

© 来源：埃非索咨询

表 21 精益设计支柱

定义	这一支柱的目的是通过更具成本效益的产品和供应链设计来提高竞争力。在产品设计和供应链管理流程中，重点通常只放在降低材料成本上，很少关注总体成本。例如，更精益的工厂和降低复杂度带来的成本是这一支柱的主要价值
使命	以非常高效、精益的供应链，用最低的运营成本实现客户要求的功能（价值流高效设计）
愿景	新一代产品/服务的整体总成本得到优化
损失来源	• 产品设计的内在损失（如非增值材料成本与所需功能对比） • 供应链设计中的损失

© 来源：埃非索咨询